페미니스트이면서 그리스도인일 수 있을까? 나의 이 고민에 놀라운 지혜를 선물해 준 책이다. 저자는 복음주의 안에서 왜곡된 '성경적 여성' 사상에 대해 날카롭고 의미 있는 질문을 던진다. 밀도 있게 제시되는 역사적 사례들은 기독교 역사에서 지워진 여성들의 얼굴을 다시 드러내 준다. 저자의 지적 탁월함, 성경을 바라보는 통찰력, 성스럽기까지 한 열정은 보수적이고 교조적인 그리스도인들이 과거를 건너 현재에 이를 수 있도록 손을 내밀고 있다.

김도영 영화 <82년생 김지영> 감독

『처치 걸』은 복음주의 배경에서 성장하여 중세 역사를 전공한, 한 여성이자 아내 그리고 어머니인 저자의 '신앙적 독립 선언'이면서 '신학적 전쟁 선포'다. 그런 이유 때문일까? 무엇보다 이 책은 재미있다. 자신이 겪은 세뇌와 차별의 경험을 토대로 성경과 역사를 종횡무진 누비며, 교회 내 여성의 본래 자리를 찾아가는 저자의 기획과 필력이 예사롭지 않다. 독자들은 한번 잡은 이 책을 쉽게 내려놓지 못할 것이다. 또한 이 책은 도발적이다. 저자는 교회 내 가부장적 전통에 대해 전면전을 선포한다. 해박한 역사적 지식, 경험으로 얻은 여성의 시각 그리고 정연한 논리와 날카로운 통찰이 유기적으로 통합된 저자의 성경 해석은 기존 사상을 전복시킨다. 이 책이 한국 복음주의 독자에게 일으킬 반향이 무척 기대된다. 일단 읽어 보라.

배덕만 기독연구원 느헤미야 교회사 전임연구위원, 백향나무교회 담임목사

'상호보완주의 신학'이 역사적 산물임을 아는 역사가이면서, 동시에 텍사스 남침례교 전통 안에서 헌신된 신앙인으로 사는 것이 과연 가능할까? 이미 진보 진영에서는 논쟁이 끝난 '성경적 여성'의 계보를 복음주의의 언어로 다시 짚어 가는 수고를 그녀는 왜 굳이 하는가? 그 답은 저자의 서문에 있다. 그녀의 자녀들이 "더 나은 기독교 세계"에서 살 수 있기를, "하나님이 너희를 부르신 그대로 너희가 자유롭기를" 바라기 때문이다. 공동체적 인간에게 요구되는 '상호보완'적 삶이라는 성경적 원리는 틀리지 않았다. 다만, 그것을 성별로 고착시킨 반(反)성경적 '주의'가 틀렸을 뿐이다. '주의'에 사로잡혀 예수님이 주신 자유를 맛보지 못하던 사람들이 이 책을 통해 눈뜨게 되기를 소망한다.

백소영 강남대학교 기독교학과 교수, 『페미니즘과 기독교의 맥락들』 저자

한마디로 논쟁적인 책이다. 복음주의 기독교의 주요 입장인 소위 상호보완주의(저자에 따르면 가부장제)가 성경의 가르침이 아니라는 이 책의 주장이 모든 독자를 설득할 수 있으리라 생각하지는 않는다. 나 또한 저자의 모든 주장과 성경 본문 해석을 쉽게 받아들일 수는 없었다. 그런데도 이 책이 던지는 화두는 묵직하게 느껴진다. 무엇보다 이 책을 통해 오랜 세월 가부장적 한국 사회에서 남자로 살아온 나의 성경 읽기에 많은 한계가 있음을 다시 생각해 볼 수 있었다. 나와 같은 한국 남성 목회자들과 신학자들이 성경이 말하는 여성성에 관하여 더 깊이 고민하는 데 출발점으로 이 책이 사용되기를 기대한다.

송태근 삼일교회 담임목사, 사단법인 미셔널신학연구소 이사장

미래를 지배하려거든, 과거를 지배해야 한다. 조지 오웰의 말이다. 교회가 자신의 역사를 여성의 경험을 통해 이해하는 데 실패하면, 기독교에 대한 이해는 심각한 손상을 입는다. 『처치 걸』은 그리스도인 여성에 대한 관점에 가부장제가 미친 영향을 심도 있게 역사적으로 조사한다. 이 책이 없었다면 우리는 우리 자신 또는 우리 신앙을 온전히 알 수 없다.

미미 하다드 국제 CBE(Christians for Biblical Equality) 회장

『처치 걸』은 보수 복음주의 기독교에 충격파를 보낼 것이다. 힘 있는 개인의 증언을 제시하고, 교회 안 여성의 역할 논쟁에 성패를 가를 만한 신학적·성경적 쟁점들을 촘촘히 다루며, 역사가로서 과거가 현재에 무엇을 말하는지를 이해한다. 여기서 우리는 저자가 확신을 갖고 가부장제와 상호보완주의에 도전하고 있음을 알 수 있다. 이 책은 판을 뒤엎을 게임 체인저다.

존 피 메시아 대학교 역사학 교수

용기와 평정심으로 쓴 이 소중한 신간 한 권에서, 저자는 '성경적 여성'이 성경의 명령이 아닌 사회·역사적 구조임을 보여 준다. 개인의 깊은 이야기를 나누면서 목적을 갖고 도전하는 이 책은 널리 그리고 신중하게 읽힐 것이라 믿는다. 특히 이 책을 즉각 묵살하고 싶어 할 가부장적 개신교 복음주의 집단에게도 말이다.

토드 스틸 베일러 대학교 트루엇 신학교 신약학 교수

『처치 걸』은 현시대 미국 종교에서 벌어지는 논쟁에 특별히 사려 깊고 가치 있는 공헌이 될 책이다. 이 책에서 저자는 이 주제로 이끈 자전적 경험, 본보기로 제시한 문헌, 역사적 학식을 결합해 감탄스러울 정도로 명쾌한 글을 보여 준다. 그 결과로서 이 책은 설득력 있는 동시에 감동적이다.

필립 젠킨스 『신의 미래』 저자

나는 상호보완주의 세계에서 살아 보지 않았지만, 많은 학생과 그들의 교회에 끼친 이 피해를 아주 가까이에서 보아 왔다. 자신의 여정에 대한 저자의 신랄한 보고서는 성경 및 교회 역사에 대한 상호보완주의 해석이 파산했다는 그녀의 이야기를 긴박하고 설득력 있게 만든다. 그녀의 결론을 빌려 말하자면, 이제 이런 희롱을 멈춰야 할 때다!

베벌리 로버츠 가벤타 베일러 대학교 신약학 교수

저자는 이른바 '성경적' 여성이 그리스도보다 문화를 얼마나 더 많이 반영했는지를 드러냄으로써 우리의 얕팍한 역사적 토대를 뒤흔든다. 저자는 그녀의 신앙 공동체에서 배제되었던 가슴 아픈 자신의 여정으로 우리를 데려가, 모든 여성과 남성은 하나님의 형상대로 창조되었다는 단순하지만, 파격적인 진리로 살아야 함을 저돌적으로 입증한다.

제마르 티스비 윗니스(The Witness Inc.) 최고경영자, *The Color of Compromise* 저자

이 책은 지금껏 내가 읽어 온 책과 다르다. 저자는 기독교 역사에 대한 광범위한 연구를 바탕으로, 기독교와 성에 대해 안다고 생각했던 모든 것을 뒤집는다.

크리스틴 코브스 듀 메즈 칼빈 대학교 역사학 및 젠더학 교수, *Jesus and John Wayne* 저자

『처치 걸』은 최근 몇 년간 다른 많은 책이 부분적으로 해 온 작업을 단 한 권에 끝냈다. 이 책은 이른바 성경적 여성이 실제로 성경적이지 않음을 입증한다. 잘 연구된 이 책에서 저자는 교회 역사와 신학을 탐구하고 분석하지만, 이는 결코 지루하고 두꺼운 전공 서적이 아니다. 그녀는 이 문제에서 독자들에게 인도적 측면도 상기시킬 수 있도록 개인적인 이야기를 엮어 낸다. 성인이 된 뒤 내내 나는 이런 책을 기다려 왔다. 마침내 이런 책이 출간되었다니, 정말 설렌다.

조너선 메릿 「디 애틀랜틱」 기고자, *Learning to Speak God from Scratch* 저자

중세 교회사 전문가인 저자가 자기 전문 지식으로 교회의 여성 논쟁에 기여한 방식이 대단히 마음에 든다. 저자의 주장에 완전히 동조하지 않을 수 있지만, 나는 여성들이 교회 역사를 이끌어 왔고 지금도 이끌고 있는 다른 방식을 인정할 때가 되었다는 그녀의 말을 지지한다. 나는 그리스도가 그분의 교회 안 여성들이 다른 이들을 가르치도록 부르셨다는 그녀의 말을 지지한다. 그리고 나는 소위 상호보완주의가 성경의 권위를 옹호하는 이들에게 유일한 선택도, 심지어 좋은 선택도 아니라는 그녀의 말을 지지한다. 그녀가 이 책을 써 주어서 기쁘다.

에이미 버드 *Recovering from Biblical Manhood and Womanhood, No Little Women* 저자

『처치 걸』은 때로는 고통스럽고 때로는 기쁨으로 벅찬 저자 본인의 이야기로 들어가는 여정일 뿐 아니라, 성가대 가운이나 3대지 설교, 기독교 국가주의보다 기독교적이지 않은 '성경적 여성'이라는 보수 기독교 교리의 비밀스러운 방으로 들어가는 여정이기도 하다. 저자가 폭로하는 복음주의의 상호보완주의에 나타난 잘못된 신학적 해석들은 그 수를 헤아릴 수 없을 만큼 많다. 나는 이 책을 내려놓을 수 없었다.

스캇 맥나이트 노던 신학교 신약학 교수

IVP(InterVarsity Press)는
캠퍼스와 세상 속의 하나님 나라 운동을 지향하는
IVF(InterVarsity Christian Fellowship)의 출판부로
생각하는 그리스도인을 위한 문서 운동을 실천합니다.

ⓒ 2021 by Beth Allison Barr
Originally published in English under the title
The Making of Biblical Womanhood by Brazos Press,
A division of Baker Publishing Group
P.O. Box 6287, Grand Rapids, MI 49516, U. S. A.
All rights reserved.

Used and translated by the permission of Baker Publishing Group
through rMaeng2, Seoul, Republic of Korea.

This Korean translation edition ⓒ 2023 by Korea InterVarsity Press
156-10 Donggyo-ro, Mapo-gu, Seoul 04031, Republic of Korea.

이 한국어판의 저작권은 알맹2를 통하여
Brazos Press와 독점 계약한 IVP에 있습니다.
신 저작권법에 의하여 한국 내에서 보호받는 저작물이므로
무단 전재와 복제를 금합니다.

처치 걸

'성경적 여성'을 형성한 역사 속 결정적 장면들
The Making of Biblical Womanhood

처치 Church 걸 Girl

베스 앨리슨 바 이민희 옮김

Ivp

배움의 길에서 나를 선생으로 만났던 여성들을 위해
나에게 도움과 조언을 구했던 여성들을 위해
귀 기울일 준비가 된 복음주의 여성들과 남성들을 위해
이 이야기는 당신들을 위한 것입니다.

그러나 무엇보다, 이 이야기는 나의 자녀들을 위한 것입니다.
엘레나와 스티븐,
하나님이 너희를 부르신 그대로
너희가 자유롭기를 바란단다.

차례

감사의 글 13
들어가는 글 17

하나 가부장제의 시작 31
둘 만일 성경적 여성이 바울에게서 온 것이 아니라면? 65
셋 취사선택한 중세의 기억 105
넷 복음주의 여성이 치른 종교개혁의 대가 141
다섯 영어 성경 바깥으로 밀려난 여성 173
여섯 신성화된 종속 201
일곱 복음 진리가 된 성경적 여성 229
여덟 여성이 해방될 시간 263

주 287

감사의 글

내 삶에 머문 사람들 덕분에 이 책이 나올 수 있었습니다. 브라조스 출판사 Brazos Press의 편집자들과 팀에 큰 감사를 전합니다. 케이틀린 베이티 Katelyn Beaty는 이 프로젝트를 믿어 주었고, 가장 절실하게 도움이 필요했을 때 나를 이끌어 주었습니다. 멜리사 블록 Melisa Block은 내가 어느 부분에서 더 말해야 할지를 알려 주었고 내 뜻이 충분히 전달된 시점을 파악하도록 도왔습니다. 두 분 덕분에 이 책이 훨씬 나아졌습니다. 브라조스 출판사와의 작업은 처음부터 끝까지 기쁨이었습니다. 감사드립니다.

베일러 대학교 동료들의 지원이 없었다면, 이 프로젝트는 완성되지 못했을 것입니다. 베일러 대학교의 대학원 학장 래리 라이언 Larry Lyon은 이제 막 부학장이 된 내게 글 쓸 공간을 마련해 주었습니다. 베일러의 역사학과장 배리 핸킨스 Barry Hankins는 다른 프로젝트보다 이 책에 더 집중할 수 있도록 내게 특권을 주었습니다. 그는 이 책의 중요성을 이해했고 내 편에 서 주었습니다. 배리에게 감사를 전합니다. 그리고 물론 나의 글쓰기 친구들, 카라 포 알렉산더Kara Poe Alexander, 레슬리 해너Leslie Hahner, 테리사 케네디Theresa Kenneday가 이 책을 쓰는 데 필요한 기술들을 갈고닦도록 도왔습니다. 10년간 여러분이 나와 함께 이 책을 쓴 것이나 다름없습니다. 지난 10년 동안 여러분이 나를 더 나은 사람이 되도록 이끌어 주었습니다. 레슬리, 마법처럼 나를 움직여 준 당신의 생각들에 정말 감사합니다.

지난 20년간 나는 영국 전역의 기록 문서 보관 담당자들의 도움을 받았습니다. 이 책에서 언급한 몇몇 사본과 관련해 런던의 영국 도서관British Library, 옥스퍼드의 웨스턴 도서관Weston Library 열람실 직원들의 도움과 인내에 대해, 그리고 워민스터의 롱리트 하우스Longleat House 도서관과 기록 문서 보관소 직원들에게 특별히 깊은 감사를 전합니다. 또 이 프로젝트를 위해 재정을 지원해 준 루이빌 연구소Louisville Institute에도 감사를 전합니다.

2016년과 2017년, 가장 힘들었던 시절을 나와 함께 걸었던 친구들은 킴과 브랜던, 캐롤과 마이크, 제니퍼와 크리스, 도나와 토드 그리고 베일러 대학교의 동료 데이비드입니다. 그들은 내가 억울함만 곱씹지 않고, 치유받고 통찰을 얻도록 도와주었습니다. 신앙과 역사 학회Conference of Faith and History는 교회 공동체를 잃어버린 나에게 풍성한 공동체가 되어 주었습니다. 여러분의 학회장으로 섬길 수 있어서 큰 영광입니다. 개인적으로 알지는 못하지만, 사라 베시Sarah Bessey의 책『언짢은』Out of Sorts은 딱 필요한 순간에 내 영혼을 위로해 주었습니다.

　　이 책은 '참회의 자리 공동체'Anxious Bench Community가 아니었다면 절대 존재할 수 없었을 것입니다. 크리스토퍼 게르즈Christopher Gehrz, 크리스틴 코브스 듀 메즈Kristin Kobes Du Mez, 필립 젠킨스Philip Jenkins, 데이비드 스워츠David Swartz, 안드레아 터핀Andrea Turpin은 내가 직업적·개인적·영적 측면에서 자신감을 갖게 해 주었고, 덕분에 블로그에 글을 올릴 수 있었으며 결국 이 책이 나오게 되었습니다. 책 제목에 관해 생각을 나누어 준 이는 바로 존 터너John Turner입니다. 내 기사들의 지적 재산권을 인정해 준 '파테오스'Patheos와 그곳의 모든 작가에게도 역시 감사를 전합니다.

　　이 책은 내 모든 학생을 위한 책입니다. 특히 린네스, 리즈 그리고 애나를 위한 책입니다. 여러분은 2016년, 그 끔찍한 한 주간 나와 함께해 주었습니다. 여러분은 내가 할 수 있다고 생각한 것보다 더 용감해져야 했을 때, 내게 용기를 불어넣었습니다. 그리고 테이, 당신은 나와 함께 이 여정을 시작했습니다. 나는 당신이 이 여정의 마무리를 볼 수 있어 정말 기쁩니다. 캐서린과 리즈, 여러분의 편집에 대한 도움도 감사합니다.

　　이 책은 또한 1997년에 내게 기회를 주었던 교수님을 위한 것입니다. 주디스, 당신은 내게 다른 핵심을 볼 눈과 이에 관해 연구할 도구들을 주었습니다. 당신이 내게 항상 그러했듯, 나도 나의 학생들에게 당신과 같은 조언자가 되기를 마음 깊이 바랍니다.

　　마지막으로 덧붙일 중요한 말은, 이 책은 삶의 모든 걸음을 함께해 준 가족들을 위한 것입니다. 부모님 캐시와 크로퍼드 앨리슨, 두 분은 항상 나를 위해 싸우셨습니다. 두 분의 견고한 믿음과 사랑이 나를 강하게 만들었습니다. 남편 젭, 당신은 항상 나와 함께 싸웠습니다. 만일 목사들이 내 남편처럼 진실하고 신실하다면 교회는 분명 전혀 다른 장소가 될 것입니다. 나의 아이들 스티븐과 엘레나, 너희는 내가 더 나은 기독교 세계를 위해 싸우는 이유란다. 너희는 나를 기쁨으로 채우고, 매일 내게 소망을 더해 준단다.

들어가는 글

나는 활동가가 될 생각은 조금도 없었다.

텍사스 작은 마을, 내가 속한 남침례교라는 세상은 신성하게 제정된 여성women의 역할에 관해 설교했다. 설교뿐 아니라 교회 학교의 성경 공부, 좋은 마음으로 건네는 교사들의 조언까지, 모든 면에서 여성은 결혼과 양육에 집중해야 한다는 내용과 더불어 교회와 가정에서는 보조 역할로 부름받았다고 했다. 한번은 우리 교회 설교단에서 한 여성이 말하는 것을 들은 기억이 난다. 그녀는 독신 선교사였는데, 한 어른이 내게 설명하기를, 그녀는 그저 (설교가 아니라—편집자) 자신의 경험들만 말하고 있는 거라고 했다. 이런 합리화가 그녀를 더 낯설어 보이게 했다. 설교단에 선 독신 여성은 비정상이었다. 남편 뒤에 선 결혼한 여성이 정상이었다.

제임스 돕슨James Dobson(미국 복음주의 작가, 심리학자, 가정 및 결혼 상담가. 미국의 가정 관련 법률안 제정에 관여하는 등 보수 입장에서 미국 사회에 큰 영향력을 끼쳤다—옮긴이)은 라디오 정규 방송을 통해 전파까지 선점하면서, 어디에나 존재하게 되었다. 내가 10대였을 때 그의 책 『영원한 사랑』 Love for a Lifetime을 뒤적였던 적이 있다. 나의 신체적 연약함과 정서적 변덕은 생물학적으로 미리 결정되었으며, 그것이 신성하게 창조된 나의 남성을 위한 보완체로 나를 이끌어 주리라고 쓰여 있었다. 돕슨은 천성이 달라 갈라선 부부들을 돕는, 결혼을 강화하는 글을 썼다. 그는 "조용하고 속을 드러내지 않는 남편에게 아내는 실망한다"라고 말하면서 "아내는 남편이 직장에서 하는 생각과 겪은 일들, 자녀를 어떻게 보고 있으며 특히 그녀에 대해 어떻게 느끼고 있는지를 알고 싶어 한다. 반면 남편은 어떤 것은 말하지 않는 것이 더 낫다고 생각한다. 이는 고전적인 싸움이다"라고 썼다.[1] 이 몇 문장으로, 돕슨은 정상 그리스도인 가정의 형태 그리고 아버지가 직장에서 아내와 자녀가 있는 집으로 돌아가는 모습을 내게 각인시켰다.

    내가 가진 관주 성경의 주해가 뒷받침하는 엄선된 성경 구절들은 설교, 성경 공부, 기도와 엮여서 성경이 여자female의 종속을 지지한다는 그림을 매끄럽게 그려 냈다. 여성은 남편을 원하며 그가 여성을 지배하도록 만들어졌다(창세기). 여성은 하나님을 신뢰하면서 완벽한 남편을 기다려야 한다(룻기). 남성은 공적 자리에서 목소리를 내고, 반면에 여성은 사사로운 일에 목소리를 낸다(고린도전서, 디모데전서). 여성이 어떤 책임을 져야 한다면, 그것은 죄악이거나(하와) 남성들이 자기 일을 제대로 하지 못했기 때문이다(드보라). 남성이 리더십을 제대로 수행할 수 없을 때 일시적으로 나서는 경우가 아니라면, 여성의 지위는 지원하고 보조하는 역할이었다.

내가 이해한 성경적 여성biblical womanhood이란 다음과 같았다. 하나님은 주로 여성을 순종하는 아내, 정숙한 어머니, 기쁨에 찬 가정주부가 되도록 만드셨다. 하나님은 남성이 가정에서는 남편과 아버지로서, 교회에서는 목사, 장로 그리고 집사로서 앞장서도록 만드셨다. 나는 이런 성 위계가 신성한 제정이라고 믿었다. 엘리자베스 엘리엇Elisabeth Elliot은 여성성이란 받는 것이라는 유명한 글을 썼다. 남성이 제공하고, 보호하며, 착수할 때 여성은 복종하고, 도우며, 반응한다. 성경적 여성은 순종하는 여성이다.[2]

내 세상은 40년 넘게 이랬다.

더는 그럴 수 없는 어느 날이 왔다.

그날, 나는 더는 참을 수 없어 교회를 나왔다. 이보다 석 달 전인 2016년 9월 19일, 나의 첫 박사 과정 학생이 학위 자격 및 논문 진행 시험을 구술로 치르던 때, 남편이 청소년 목회직에서 해고되었다. 그는 이 역할을 20년 넘게, 이 교회에서만 14년이 넘게 수행해 왔다. 급작스럽게, 은밀하고 고통스럽게, 남편은 한 달치 퇴직 수당을 가지고 떠나라는 말을 들었다. 우리에게 벌어진 일을 전해 들은 후 몇몇 친구가 우리가 영원히 감사해야 할 만큼 우리를 위해 싸웠다. 그들 덕분에 실직을 석 달 뒤로 미뤘고, 교회 청소년들에게 알리고 대비하는 작업과 인수인계할 시간도 충분히 가졌다. 그 친구들은 또한 다섯 달의 추가 퇴직 수당도 확보해 주었다. 그들이 우리에게 숨 쉴 여지를 준 것이다.

거의 석 달 뒤 12월의 어느 일요일, 교회를 떠나는 날 우리에게 일어났던 심각한 일이 마침내 현실로 다가왔다.

나는 누군가 교회 로비에 마련한 탁자 앞에 섰다. 탁자 한편에는 작은 상자가, 다른 편에는 글귀가 담긴 액자가 있었고, 우리 가족의 사진도 있었다. 액자에 뭐라고 적혀 있었는지 기억 나지는 않는다. 아마도 성경 구절들 또는 교회가 우리 사역에 대해 감사해하는 글이 있었을 것이다. 종이 더미 옆에 필기구들이 있었다. 사람들은 작별의 메모를 써서 상자 안에 넣을 수 있었다.

우리에게 메모를 남긴 분들 다수가 진심이었음을 안다. 대부분은 우리가 떠나는 것을 정말 안타까워했고, 그 상황에 당황했다. 어떤 이는 마음이 상해서 화를 냈다. 어떤 이는 투명하지 못한 교회의 모습에 흔들렸다. 또 다른 이는 가까웠던 우리와의 우정이 끊길지도 모른다고 슬픈 예감을 했다. 이들이 남긴 말들, 진심 어린 작별 인사들에 나는 감사한다.

그러나 나는 상자 배후에 깔린 마음, 그 탁자를 마련한 이유가 이들을 위해서라고는 생각하지 않는다. 이는 겉치레일 뿐이었다. 조심스럽게 차려진 탁자는 남편과 내가 떠나게 된 이야기를 조작했다. 그 탁자는 우리가 떠나는 것이 양 떼를 돌보는 목자들의 선한 결정이었음을 전달하는 데 일조했다. 어쨌든 여러분도 목회자들이 떠날 때 이런 공적 작별의 장을 제공했을 것이다. 그들이 새로운 자리로 가거나 학교로 돌아가거나 선교사가 될 때 말이다.

그러나 우리에게 일어난 일은 그런 게 아니었다. 남편은 여성 사역 문제에 대해 교회 지도부에 이의를 제기했고 해고당했다.

머릿속에 여러 장면이 가득 찼다. 9월 19일 남편에게 받은 문자 메시지다. "회의가 잘되지 않았어." 우리와의 우정 때문에 청소년 사역에서 쫓겨난 동역자들의 깨진 마음과 혼란, 모든 사실을 털어놓지 못한 채 우리가 떠난다는 소식을 전해야만 했던 그 끔찍한 밤에 마주한 청소년들의 얼굴, 청소년들에게 소식을 전하는 동안 감시를 위해 방 주변을 서성이며 지키던 장로들의 그림자, 더는 아버지가 사역하는 청소년 모임에 함께할 수 없음을 알게 된 아들의 가슴 아픈 눈물. 나는 학회 조직 위원 역할 때문에 남편 홀로 텍사스에서 가장 힘든 한 주를 겪도록 두었고, 그간의 어느 밤은 불안을 억누를 수 없어서 버지니아의 어두운 정원을 걷고 또 걸었다.

나는 안에서 날것 그대로 격렬하게 올라오는 슬픔, 분노, 의로운 분개를 느꼈다.

그래서 떠났다. 나는 즉시 교회 문밖으로 걸어 나갔다. 탁자 옆에 서 있던 내게 말을 걸려는 사람들을 포함해, 로비에 서 있던 사람들을 지나쳤다. 내게 이야기하려는 장로 중 한 명을 지나쳤다. 나는 교회 밖으로 나가 바로 내 차에 올라탔다. 나는 그 탁자와 교묘히 구성된 이야기를 떠났다. 주로 중산층이며 백인으로 이루어진 나의 교회가 전파했던 이야기, 하나님이 제정하신 대로 모든 것이 잘되었으며 잘될 것이라는 그 이야기를 떠났다. 나는 곧장 집으로 차를 몰았다.

그리고 노트북을 켜서 글을 쓰기 시작했다.

단어들이 그저 흘러나왔다.

내 인생의 다른 장면들이 찰칵거리며 서로 부딪혔고, 초점이 선명해졌다.

성인이 된 이래 나는 남편과 함께 사역했다. 우리가 배워 온 '성경적 여성'이 성경이 가르치는 바와 일치하지 않는다는 회의가 점점 커졌음에도 우리는 상호보완주의적 관점을 따르는 교회들에 남아 있었다. 나는 점차 바뀔 거라고 또 내가 가르치며 경력을 쌓은 여성의 긍정적인 본보기가 되었다고, 스스로에게 되뇌었다. 나는 상호보완주의 complementarianism(여성은 돕는 자로, 남성은 지도자로 하나님이 창조하셨다는 견해)에 근본적으로 여성 혐오가 깔린 것은 아니라고 스스로에게 되뇌었다. 나는 어떤 교회도 완벽하지 않으며, 교회 안에서 일하는 것이 체계를 바꾸는 데 가장 좋은 방식이라고 스스로에게 되뇌었다. 그래서 나는 체계 안에 머물렀고 침묵했다.

나는 남침례교회에서 일하고 남편과 함께 신학교를 다녔던 한 여성이 안수받지 않았으므로 교회에서 더 적은 급여를 받았을 때 침묵했다. 역설적으로 그녀가 안수받지 못한 이유는 소속 교단이 남침례교였기 때문이다.

우리 교회에서 신혼인 한 여성이 다른 여성들과 수련회에 참석한 후 가족 보험까지 들어 주는 직장을 그만두었을 때 나는 침묵했다. 강경한 상호보완주의자였던 수련회 강사가 그녀에게 적합한 장소는 가정이라고 이 여성을 설득했다. 들은 바로는 이 결정으로 재정적 문제를 포함하여 집안에 갈등이 생겼다고 한다. 그녀는 더는 교회에 오지 않았다. 그녀에게 무슨 일이 생겼는지는 전혀 알 길이 없다.

목사가 성 역할에 관해 설교하고, 결혼한 한 부부가 이를 간증했던 때 나는 침묵했다. 그 아내는 남편의 의견에 정말로 동의하지 않더라도 말로는 동의해야 한다고 여성들에게 권했다. 하나님이 그들의 순종을 영예롭게 할 것이었다.

청소년 교회 학교가 10대 남학생들이 포함된 수업이었기 때문에 내가 그곳에서 가르치는 일이 허락되지 않았을 때 나는 침묵했다. 아무도 할 수 없게 되자 특별 허락을 받고서야 나는 그들의 토론을 이끌 수 있었다.

나는 침묵했다.

최악의 일이 벌어지고 석 달이 지난 그 일요일, 나는 힘든 진실을 깨달았다. 침묵했으므로 내가 그 문제의 일부가 되었다는 사실이다. 차이를 만드는 대신, 예수님의 이름으로 여성을 억압하고 해를 입히는 체계에 연루되었다.

모든 것 가운데 가장 힘든 진실은 나는 상호보완주의 신학이 틀렸음을 알기 때문에 우리 교회의 다른 누구보다 나에게 막중한 책임이 있었다는 점이었다.

그 작은 탁자를 바라보면서 나는 우리 교회 대다수 신자가 지도자들이 그들에게 말하는 신학적 견해에 관해서만 알게 된다는 사실을 깨달았다. 내가 교회에서 성경적 여성에 대해 단 한 가지 설명을 들었던 것처럼, 상호보완주의를 지향하는 교회에서 사역하는 많은 복음주의자는 그들이 들어 온 것만을 알았다. 곧 그들이 신학교에서 배운 내용만, 그들의 영어 성경 역본에 달린 주석들에서 읽은 내용만, 교회 학교에서 교회사에 관해 역사가들이 아닌 목사들이 집필한 책으로 배웠던 내용만 말이다.

그 아침, 나는 슬픔에 더해 수치스러웠고, 그래서 괴로웠다.

느끼겠지만 나는 상호보완주의 신학, 곧 '성경적 여성'이 틀렸음을 알고 있었다. 이것의 근거가 되는 한 줌의 성경 구절들은 그것들이 놓인 역사적 맥락에서 벗어나 읽히고 있으며, 성경의 나머지를 해석하는 렌즈로 사용된다는 사실도 알고 있었다. 성경 본문을 그것이 놓인 역사적이고 문화적인 맥락에서 읽는 대신 성경 본문에서 여성에 관한 문화적 가정들과 관습들을 찾아 읽는 것은, 벤 위더링턴Ben Witherington III이 지적했듯이 꼬리가 개를 흔드는 꼴이다.³ 수많은 성경 본문 및 역사적 증거가 상호보완주의 모델로 그린 성경적 여성 및 그 이면에 놓인 신학과 충돌한다. 때때로 나는 우리가 여전히 이 전투 중에 있다는 사실에 할 말을 잃는다.

역사가로서 나는 문명이 시작될 시점부터 여성들이 억압에 맞서 싸웠다는 사실도 알았다. 나는 성경적 여성이 예수님이 제시했고 바울이 선언했던 자유보다, 메소포타미아 및 그리스의 고대 세계에 대해 학생들과 논의할 때 그들에게 가르쳤던 비그리스도교의 여성 억압 체계와 더 비슷하다는 사실을 알았다. 그리스도인으로서 우리는 세상에서 구별되도록 부름받았다. 그런데도 여성을 대할 때 우리는 종종 다른 모든 이와 똑같아 보인다.

역설적으로 상호보완주의 신학은 있는 그대로 자연스러운 성경 해석을 옹호한다고 주장하지만, 실제로는 타인을 지배하려 들고 권력과 억압의 위계를 세우고자 하는 죄 된 인간의 욕구로 타락해 버린 해석을 옹호한다. 나는 이런 위계들보다 그리스도적이지 못한 것이 무엇인지 떠올릴 수도 없다.

노트북 화면을 보면서 로비의 그 탁자가 왜 나를 그렇게 화나게 했는지를 고심하다가, 상호보완주의를 지향하는 교회들에 내가 왜 그토록 오래 머물러 있었는가에 관한 힘든 진실을 깨달았다.

편안해서였다.

내가 진심으로 변화를 꾀할 수 있으리라고 생각해서였다.

내 남편이 직장을 잃을까 봐 두려워서였다.

내 아이들의 삶이 엉망이 될까 봐 걱정해서였다.

청소년 사역을 정말 좋아해서였다.

내 친구들을 사랑해서였다.

우리가 섬겼던 청소년들 때문에, 내 남편이 그의 직장에 가져왔던 변화 때문에, 경제적 안정 때문에, 우리가 사랑했고 함께 웃으며 삶을 나눈 친구들 때문에 그리고 우리의 편안함 때문에, 나는 침묵을 선택했다.

내게는 좋은 이유들이 있었다. 그러나 나는 틀렸다.

신학교 총장을 역임한 페이지 패터슨 Paige Patterson이 강간 피해 생존자로 추정되는 사람에게 한 조언, 곧 범죄를 신고하지 말고 강간범을 용서하라고 한 사실을 알고 있었던 이들처럼 되어 버린 것이었다. 그들은 끄집어내어 말하는 대신, 침묵을 지켰고 그가 권력을 누리도록 허락했다.[4] 나는 마치 레이철 덴홀랜더 Rachael Denhollander(전 미국 체조 선수, 현 변호사이자 활동가. 미국 체조 대표팀과 미시간주립대 체조팀 주치의였던 래리 나사르의 성폭력을 2016년 처음 폭로했다. 이후 전·현직 체조 대표 선수들이 피해 사실을 밝혔고, 2018년 나사르는 성폭력으로 징역 360년을 선고받았다. 그에게 피해당한 성폭력 생존자는 500여 명에 달한다―옮긴이)를 지지하지 못하게 한 그녀의 교회 사람들처럼 되어 버린 것이었다. 덴홀랜더가 자신의 교회가 속한 사역 집단인 그레이스 처치스 Sovereign Grace Churches에 성적 학대를 은폐했다는 혐의를 제기하자, 그녀의 교회 식구들은 그녀에게서 돌아섰다. 그녀는 피해자 영향 진술서에 이렇게 밝혔다. "나는 성폭력 피해자들을 옹호하면서 내가 소중히 여겼던 존재들, 나의 교회와 우리의 가장 가까운 친구들을 잃어야 했다."[5] 나는 앤디 새비지 Andy Savage가 과거 청소년 목회 시절 가한 성폭력을 고백했을 때, 이에 기립 박수로 응답한 그의 교회 구성원들처럼 되어 버린 것이었다.[6] 나는 여성을 혐오하고 남성성에 중독(전통적 남성성에 관한 고정관념에 집착함으로써 사회와 남성 자신에게 해를 끼치는 행동들―편집자)된 설교를 일요일마다 듣는 마크 드리스콜 Mark Driscoll 교회의 구성원들처럼 되어 버린 것이었다.[7] 여성들에게 그들을 해친 강간범을 용서하라고 조언하면서 동시에 강간에 대한 여성 피해자의 책임을 가르쳐 온, 소위 마음 좋은 교회 구성원들처럼 되어 버린 것이었다.[8] 학대에 대한 비난은 주로 학대한 사람에게 있지만, 아무것도 하지 않고 가만히 방관한 사람도 그 비난을 함께

진다. 나처럼 침묵한 그리스도인들은 여성 혐오와 학대 둘 모두가 교회 안에 만연하도록 묵인했다. 우리는 여성들을 억압하며, 예수님이 행하고 가르치신 모든 것에서 정반대에 선 가르침들을 고스란히 유지하도록 묵인했다.

남편은 진실성에 대해 설교하면서 1994년에 개봉한 영화 〈퀴즈쇼〉Quiz Show의 내용을 예로 든 적이 있다. 주인공 찰스 밴 도런Charles Van Doren은 명성과 성공을 위해 기꺼이 타락의 길을 간다. 한 주 한 주 지나면서 그는 퀴즈쇼에서 이기기 위해 속임수를 쓴다. 마침내 그의 속임수가 드러나고 그가 그의 아버지에게 자신이 어떤 일들을 했는지 고백해야 했을 때, 컬럼비아 대학교의 존경받는 교수인 그의 아버지는 "네 이름은 내 것이다!"라는 강력한 말로 그에게 맞선다. 찰스 밴 도런은 부패한 체계에 자신이 연루되도록 내버려 둠으로써, 자기 자신뿐 아니라 그의 아버지도 수치스럽게 만들었다.

"네 이름은 내 것이다!"

나는 그리스도인이기에, 나는 그리스도의 이름을 품고 있기에 그분의 이름은 나의 이름이다. 페이지 패터슨 같은 그리스도인들은 그들이 해를 입힌 이들에게 죄의 책임이 있다. 그러나 예수님의 이름으로 패터슨이 이런 짓을 했고 동료 그리스도인들이 침묵을 지켰기 때문에, 그의 죄책은 우리의 책임이기도 하다. 나는 이를 알고 있었다.

그 아침, 나는 하나님께 눈물로 내 죄책을 고백했다.

노트북 화면을 마주한 곳에서 나는 결정을 내렸다. 나의 소망은 예수님 안에 있기에 나는 그분의 교회를 포기하지 않을 것이다. 그날 나는 나의 교회 바깥으로 걸어 나갔으나, 교회 자체를 떠난 것은 아니었다.

나는 포기하지 않을 것이다.

이는 내가 알고 있는 사실을 나 자신에게 더는 감출 수 없음을 의미했다.

이 책은 나의 이야기다.

성경 연구들, 목사의 아내로서 겪은 경험들, 중세 및 근대 초의 교회 역사 속 여성을 주목하고 연구하는 역사가로서의 훈련과 교육들에서 내가 애써 가며 모은 것들은 진실이다.

이 책은 나의 복음주의 세계 안의 사람들을 위한 책이다.[9] 내가 여전히 알고 지내며 사랑하는 여성들과 남성들을 위한 책이다. 내 말이 향하는 이는 당신이다. 그리고 내 이야기를 들어주었으면 하는 이도 당신이다.

나의 경험들만이 아니라 역사가로서 내가 제시하는 증거들을 듣기를 바란다. 나는 예수님의 탄생, 죽음, 부활을 믿는 역사가다. 여전히 복음주의 전통 안에서, 침례교인의 정체성을 지닌 역사가다.

고백하건대 이는 상호보완주의 체계가 예수님의 이름으로 해를 입히는 추악함과 트라우마에 노출되었던, 벼랑 끝으로 몰렸던 내 개인적 삶의 경험들이다. 나는 예수님의 이름으로 여성과 남성 모두를 억압하고 해를 가하는 성 위계에 더는 침묵할 수 없다. 이 끝으로 나를 데려온 것은 경험이 아니었다. 그것은 역사적 증거였다. 역사적 증거는 어떻게 성경적 여성이 벽돌 쌓이듯 차곡차곡 세기를 거쳐 구축되었는지를 내게 보여 주었다.

이것이 내 마음을 변하게 했다.

어쩌면 당신의 마음 또한 변하게 할 것이다.

하나

가부장제의 시작

2019년 5월, 성경적 남성과 여성 위원회 Council on Biblical Manhood and Womanhood(성에 관하여 상호보완주의 견해를 주창하는 미국의 복음주의 단체—옮긴이)의 전 회장인 오언 스트라한 Owen Strachan 은 "혼란한 시대 속 신성한 질서: 여성 설교권에 관하여"라는 제목으로 한 편의 글을 썼다. 그는 창세기 1:1 "태초에 하나님이 천지를 창조하시니라"를 인용하면서 본론으로 바로 들어갔다. 이어 스트라한은 확신에 차서 하나님은 남편이 그의 아내를 지배하는 신성한 질서를 창조하셨고 이 질서는 창조의 시작 때에 수립되었다는 자신의 주장을 이어 갔다.

구약에서는 남성이 먼저 창조되었고, 신약에서는 자기 아내의 **머리됨** headship이라는 권한을 소유한다. 아담은 그의 가정의 대표로 임명받았다. 그는 가정에서 권위를 부여받았다. 이 권위는 성경 이야기에서 알 수 있듯 그리스도와 같은 방식으로 형성되었다.…남성이 가정에서 갖는 리더십을 근거로 남성들은 교회에서 영적 리더십과 보호를 제공하도록 부름을 받았다(딤전 2:9-15). 장로들은 설교하고 가르치며 하나님의 양들을 인도한다. 오로지 남성들만 장로직으로 부름받았고, 아내와 자녀들의 머리로서 탁월한 남성들만 장로 후보로 고려될 수 있다(딤전 3:1-7; 딛 1:5-9).[1]

남성이 이끈다. 여성은 따른다. 성경이 우리에게 그렇게 말한다.

한동안 나도 그렇게 믿었다. 이는 나의 10대와 청년 시절 사방에서 울려 퍼졌다. 나는 우리 마을에 있는 남침례교회의 누군가가 초대해 주어서 참석했던 빌 가서드Bill Gothard의 집회에서 이 말을 들었다. 나는 내 관주 성경의 주석에서 이 말을 보았다. 나는 참석했던 거의 모든 결혼식에서, 각 설교자가 에베소서 5장을 읽을 때 크고 분명하게 언급되는 이 말을 들었다. 내 삶의 배경에서 남자male의 머리됨은 익숙한 콧노래처럼 들렸다. 여성은 남편을 지지하도록 부름받았고, 남성은 아내를 이끌도록 부름받았다. 이는 오류 없는 하나님 말씀에 따라 제정된 명백한 진실이었다.

그런데 이건 **너무 지나치게 익숙한** 이야기였다.

내가 역사가로 훈련받던 초창기에도 그리스도인들이 말하는 남자의 머리됨이라는 주장이 나를 괴롭혔다. 물론 오로지 그리스도인들만 여성의 종속을 신성한 질서로 주장하는 것은 아니다. 역사적으로 그리스도인들은 가부장제 patriarchy 시합에 꽤 늦게 참여했다. 그리스도인들의 성 양상 gendered patterns이 주류 문화가 기정사실로 받아들인 것과 다르다고 주장할지 모르지만, 역사는 다른 이야기를 들려준다. 내가 20년 넘게 가르쳐 온 세계사 자료들을 근거로, 기독교 가부장제가 비기독교 세계의 가부장제를 얼마나 심각하게 모방하는지 제시해 보겠다.

가부장제는 무엇인가?

먼저, 가부장제를 이야기해 보자.

얼마 전까지도 복음주의자들은 가부장제에 대해 많이 이야기했다. 현재 남침례교의 윤리 및 종교 자유 위원회 Ethics and Religious Liberty Commission of the Southern Baptist Convention의 회장 러셀 무어 Russell Moore는 보수 기독교가 인정하는 성 위계를 말하기에 **상호보완주의**보다 **가부장제**가 더 좋은 단어라고 선언했다. 그는 워싱턴 D.C.의 캐피틀힐 침례교회 Capitol Hill Baptist Church의 목사 마크 데버 Mark Dever에게 자신은 상호보완주의를 지지하지만, 그 단어 자체는 싫어한다고 말했다. 무어는 "저는 '가부장제'라는 단어를 선호합니다"라고 말했다.[2] 무어는 복음주의가 **가부장제**라는 단어를 포기하는 것이 이 시대의 세속에 굴복하는 것이라고 경고했는데, 이전에도 학술지 논문들에서 비슷한 주장을 했다. 가부장제에 부정적인 함의가 있다는 사실은 무어에게 그 단어를 포기해야 하는 좋은 이유가 아니었다. 그는 "우리는 '복음주의'

도 여러 문맥에서 부정적인 용어임을 기억해야 한다. 우리는 「플레이보이」Playboy나 「미즈」Ms. 잡지의 편집자들이 아니라, 가부장들patriarchs(족장들을 의미하며 개역개정은 '조상들'로 옮겼다 — 옮긴이)과 사도들이 우리 신앙의 문법을 정의하도록 해야 한다"라고 썼다.³ 가부장제라는 단어 자체가 성경적이므로, 성경적인 그리스도인들은 이를 자랑스럽게 사용해야 한다는 것이다.

『성경적 여성으로 살아 본 1년』 A Year of Biblical Woomanhood의 저자로 잘 알려진 레이첼 헬드 에번스 Rachel Held Evans가 2012년에 작성한 블로그 게시물에서 나는 **가부장제**라는 단어에 관한 복음주의의 대화를 처음 알게 되었다.⁴ 그녀도 오언 스트라한이 가부장제라는 단어를 사용했음을 알아챘다. 나는 물론 그 참고 문헌을 찾아 읽었다. 스트라한의 글을 읽었을 때 웃어 버린 것도 기억난다. 그의 솔직한 접근은 무어처럼 **가부장제** 단어를 선호하는 복음주의자들과 **상호보완주의**라는 단어를 사용하려는 이들(성경적 남성과 여성 위원회의 현재 회장인 데니 버크 Denny Burk 등) 사이에서 절충안을 제공했다.⁵ 스트라한은 "수천 년 동안 하나님을 따르는 이들은, 가부장제라고 일컬어졌고 지금은 상호보완주의라고 일컬어지는 것을 실천해 왔다"라고 설명한다.⁶ 상호보완주의는 가부장제다. 오언 스트라한이 옳다(적어도 이와 관련해서는 말이다).

그래서 가부장제는 무엇인가? 역사가 주디스 베넷 Judith Bennett은 **가부장제**가 영어로 주로 세 가지를 뜻한다고 설명한다.

1. 그리스 정교회의 총대주교(콘스탄티노플 대주교) 같은 남

자 교회 지도자들
2. 가정에서 남자 호주들(아버지/남편)의 합법적 권력
3. 남자의 권위와 여자의 복종을 조장하는 사회

베넷처럼 우리도 세 번째 의미에 주목할 것이다. 베넷이 썼듯이 "페미니스트들이 집회에서 '헤이, 헤이, 호, 호, 가부장제는 저리 가라'고 구호를 외칠 때, 우리는 그리스 정교회의 교회 구조나 가족 안에서 아버지의 군림 같은 특정 형태가 아니라, 여성이 남성에게 종속되었던 일반적 체계에 관해 말하는 것이다."[7] 가부장제의 세 번째 의미는 처음 두 의미를 포함한다. 남자 교회 지도자들의 전통과 남자 가장의 권위는 일반적으로 남자의 권위와 여성의 복종을 조장하고 부추기는 문화에서 작동한다.

미국 복음주의가 적절한 예다. 미국 사회에서 여성과 권력에 관한 인식에 중점을 두었던 2017년 바나 연구 Barna study는 성별, 나이, 정치적 선호, 종교 정체성(복음주의, 개신교, 가톨릭, 실천적 그리스도인)을 비롯하여 인구 통계별로 여성에 대한 태도가 어떠한지를 비교하기 위해 세 가지 여론 조사를 수행했고 증거를 도출했다. 이 연구로 여성이 가정 바깥에서 일하는 것을 "가장 거리끼는" 집단이 복음주의자들이라는 사실이 드러났다. 52퍼센트만이 "남성보다 여성의 노동 인구가 더 많아지는 미래 가능성을 납득할 수 있었다"(일반적인 미국인보다 20퍼센트 이상 낮은 수치다). 복음주의자들은 여성 CEO에 대해서도 가장 크게 불편해했다. 이 연구는 복음주의자들이 여성을 목사로 수용하는 비율 역시 가

장 낮다는 것도 보여 준다(39퍼센트). 복음주의자들에게 이런 태도들은 연결되어 있다. 여성의 영적 권위를 제한하는 것은 여성의 경제적 힘을 제한하는 것과 관련 있다. 이 연구가 밝혀 주듯, 이런 결과들은 "아마도 가정에서 여성의 주된 역할을 돌보는 사람이라고 여기는 보다 전통적인 해석 때문이다."[8] 가정과 교회 안에서 여성을 종속시키는 복음주의 가르침들은 재직 중인 여성에 대한 태도에도 영향을 미친다.[9] 즉 베넷의 틀로 보면 교회와 가정에서 남자가 갖는 권위는 여성을 남성에게 종속시키는 더 광범위한 문화적 관행에 속해 있다. 가부장제는 한 영역으로 한정되지 않는다.

복음주의 문화에서 가부장적 태도가 얼마나 분명하게 나타나는지 훨씬 구체적인 예를 살펴보자. 몇 년 전 남편이 청소년 목사로 사역했을 때 우리 교회는 비서를 찾고 있었다. 남편은 우리 친구 중 한 사람을 그 자리에 추천했다. 그 친구는 정말로 부업이 필요했고 이미 교인이라는 장점도 있었다. 하지만 그 친구는 남성이었다. 그리고 남편은 그를 교회 비서직에 추천했다. 다른 목사 한 사람이 이에 반응했다. 그 목사는 이 남성이 정말로 전화 받는 일을 원할지 물었다. 전화 받는 일에 여성을 채용하는 것은 괜찮지만, 이 일은 남성의 위신을 떨어뜨릴 터였다. 사실 너무나도 품위가 떨어지는 일이어서 그 친구의 재정적 어려움에도 그 목사는 그를 채용하지 않으려 했다. 여성에게 적합한 그 일이 남성의 위엄에는 미치지 못했다.

여성에게 적합한 일보다 남성을 우위에 두는 이런 예는,

남성이 하는 일을 여성이 하는 일보다 훨씬 높게 평가하는 더 큰 사회적 양상에 들어맞는다. 내 고향 텍사스의 웨이코에는 여성이 남성보다 많으며, 세 군데 지역 고등 교육 기관 중 두 곳도 여성이 남성보다 많다(베일러 대학교 Baylor University와 매클레넌 커뮤니티 칼리지 McLennan Community College는 여성이, 텍사스 주립 테크니컬 칼리지 Texas State Technical College는 남성이 많다). 그러나 웨이코의 여성은 남성보다 연간 수입이 평균적으로 2만 달러 가까이 적다. 남성과 여성 사이의 임금 격차가 가장 크게 벌어지는 자리는 관리직과 상위 행정직이며, 남성이 연간 거의 12만 달러를 버는 반면 여성은 7만 8천 달러밖에 벌지 못한다. 여성이 하는 일은 말 그대로 남성이 하는 일보다 가치가 떨어진다.[10]

일의 형태든 금전적 가치든 여성이 하는 일의 가치를 낮게 평가하는 이런 양상은, 여성과 여성의 기여보다 남성과 남성의 기여를 더 중시하는 일반적 체계인 가부장제의 한 예다. 러셀 무어는 가부장제의 이런 일반적 체계가 상호보완주의의 성 위계와 같지 않다고 주장한다. 그가 말했듯 기독교 가부장제는 "이교도 가부장제"가 아니다.[11] 무어는 여성들을 해치는 "약탈적 가부장제"를 경고하면서도 남자의 권위와 여자의 복종을 옹호하는 체계를 계속 지지한다. 아내는 오직 "그녀의 남편에게" 복종해야 하고 아버지가 "책임의 뚜렷한 표지" 역할을 하는 질서 있는 가족 구조가 모두에게 더 이로운 삶을 만든다고 그는 주장한다.[12]

그래서 그가 옳은가? 기독교 가부장제는 다른가?

기독교 가부장제도 그저 가부장제일 뿐

"그런데 파트타임으로만 일하는 거죠?"

"그래서 일주일에 몇 시간이나 집을 비우나요?"

"오, 수유했어요? 일하면서는 안 그러는 줄 알았어요."

"당신이 남편보다 돈을 더 버는데, 남편은 괜찮대요?"

이는 내가 지난 20년간 받아 온 질문 가운데 몇 가지일 뿐이다. 한 목사의 아내이며 자녀들이 있는데도 경력을 계속 쌓아 가려 하는 나는, 내가 가르친 대학교의 일부 학생들을 포함해서 내가 속한 복음주의 공동체의 많은 이를 당혹스럽게 했다. 특히 한 학생이 목소리를 높였다. 그의 신학적 관점은 보수적이었고 아내와 어머니로서(특히 목사의 아내로서) 계속 가르치기로 한 나의 선택에 우려를 표했다. 그는 강의 중에 너무 자주 문제를 제기했고, 그의 방해를 최소화하려고 애쓰면서 강의 자료를 다시 써야 했다. 나는 성공하지 못했다. 한번은 그 학생이 교실에서 강의 자료를 보여 주기 전에 남편과 함께 강의 자료를 정리해 보라고 내게 제안했다. 나는 화가 났고 불안해졌다. 내 강의 자료들을 남편의 권위에 굴복시키라는 제안을 그 스스로 합당하다고 생각했다는 것이 나를 화나게 했다. 학기마다 여자 교수라는 나의 소명과 여성의 복종에 관한 보수 기독교의 기대가 충돌하게 될까 봐 걱정했기 때문에 이 일은 나를 불안하게 했다.

러셀 무어가 "기독교 가부장제"와 "이교도 가부장제"의 구분을 시도한 글을 읽었을 때, 나는 이 학생과의 경험이 떠올랐다. 무어에 따르면 "이교도 가부장제"는 여성들이 모든 남성에게 복종하도록 부추기지만, "기독교 가부장제"는 아내가 자기 남편에게 복종하는 것에만 관심을 둔다.[13] 무어는 2018년 그의 저서에서 창조 세계에서 남성과 여성은 "서로에 대한 통제권을 전혀 부여받지 않았다"라고 강조하며, 수년간 가부장제에 대한 그의 논의를 부드럽게 이어 왔다. 그런데도 그는 여전히 남자의 머리됨에 집착한다. 그는 "성경은 전반적으로 여성이 남성에게 순종해야 한다는 생각을 무너뜨린다"라고 썼지만, 아내의 복종을 "신성한 리더십을 자발적으로 인정하는 태도"를 함양하는 것으로 설명했다.[14] 따라서 그의 전반적인 태도는 변하지 않는다. 전반적으로 여성은 남성에게 복종하지 말아야 한다(이교도 가부장제). 그러나 아내는 자기 남편에게 복종해야 한다(기독교 가부장제).

시도는 좋았다고 생각한다. 내 수업을 들었던 그 보수적인 남학생에게는 그렇게 말하면 먹힐지 모르겠다. 그 학생은 내가 남편의 권위 아래 있다고 여겼기 때문에, 대학교 강의실에서 자신에 대한 나의 권위를 받아들이려 하지 않았다. 무어가 아무리 '이교도 가부장제'와 '기독교 가부장제'를 분리하고 싶어 해도, 그렇게 할 수 없다. 두 체계 모두 남성의 손에 권력을 쥐어 주고 여성에게서 권력을 빼앗는다. 두 체계 모두 여성에게 그녀의 목소리가 남성의 목소리보다 덜 가치 있다고 가르친다. 무어는 여성이 "전반적으로"가 아니라 오직 "그녀의 남편에게" 복종해야 할 책임이 있다고 주장할지 모르지만, 그는 목사직과 장로직에서 여성을 배제함으로써 이 주장을 약화시킨다.[15] 남성은 (단순히 그들의 성 때문에) 교회 회중에게 설교하고 영적 권위를 수행할 잠재성을 갖지만, 여성은 (단순히 그녀들의 성 때문에) 그렇지 않다면 그것은 "전반적으로" 남성에게 여성에 대한 "전반적인" 권위를 부여한다. 내 수업을 들은 그 보수적인 남학생은 나의 남편과 나의 목사, 두 사람의 권위 아래에 내가 있다고 간주했고 그에 맞추어 나를 대했다.

기독교 가부장제는 우리 가정의 울타리 안에 한정되지 않는다. 그것은 우리의 설교단 뒤에 머물지 않는다. 복음주의 남성이 교회에서는 여성 리더십을 부정하지만 직장이나 강의실에서는 여성의 권위를 인정하는 식으로, 옷에 붙은 이름표 스티커를 떼듯이 그것을 벗겨 낼 수 없다. 우리 교회의 비서 채용 사례는 어떻게 기독교 가부장제가 우리 일상의 태도와 관행에 넘쳐흐르고 있는지를 보여 준다. 바울의 본문들을 아무리 엄격하게 해석해도 왜 남성이 교회 비서로 일할 수 없는지를 타당하게 설명할 어떤 신학적 이유도 제시할 수 없다. 단지 여성이 하는 일이 남성이 하는 일보다 덜 가치 있다고 여기는 세속 가부장제에서만 그 답을 얻을 수 있다.

어떤 이름으로 불리든지 가부장제는 가부장제다. 상호보완주의는 남침례교 Southern Baptist Convention, SBC 헌법의 1998년 수정 조항인 "침례교의 신앙과 메시지"대로 여성이 남성과 동등하다고 주장할지 모른다. "남편과 아내는 둘 다 하나님의 형상대로 창조되었기 때문에 그들의 가치는 하나님 앞에서 동등하다."[16] 하지만 '동등한 가치'를 불공평한 역할들로 드러내는 그들의 고집이 이를 반박한다.

역사가 배리 행킨스Barry Hankins는 1998년 6월에 남침례교가 승인한 논쟁적인 성명문의 '핵심 구절'을 인용한다. "교회가 그리스도의 머리됨에 기꺼이 복종하듯, 아내는 남편이 가진 섬기는 리더십servant leadership에 은혜로 자신을 복종시켜야 한다. 그녀는 자기 남편처럼 하나님의 형상대로 존재하기에 그와 동등하며, 하나님은 그녀에게 자기 남편을 존경할 책임과 그의 조력자로서 가정을 관리하며 다음 세대를 양육하고 섬겨야 할 책임을 부여하셨다."[17] 분명 여성이 하는 일들(가사부터 자녀 양육, 전화 받는 일까지)은 가치 있고 소중하다. 하지만 같은 일들을 남성이 하기에는 적합하지 않다고 여겨질 때 진실이 드러난다. 게다가 남성이 (종종 더 적은 권위, 결과적으로 더 낮은 보수를 받는) 여성의 일을 하면 위신이 떨어지듯, 여성도 (더 많은 권위와 더 높은 보수를 받는) 남성의 일을 하는 데 제약이 있다. 이런 방식으로 기독교 가부장제는 주류 사회의 가부장제를 모델로 삼는다. 내 고향에서 여성이 하는 일이 남성의 일보다 (연간 거의 2만 달러의) 가치가 떨어졌듯, 우리 교회의 목사도 여성이 하는 일을 남성이 하는 일보다 덜 가치 있다고 여긴다. 러셀 무어가 **가부장제** 용어를 선호한 것은 옳다. 현실적으로 사용하기에 딱 맞는 용어이기 때문이다. 그러나 기독교 모델은 다르다고 생각한 그는 틀렸다.

사실 역사를 통틀어서 여성에 대한 처우를 보면 현재는 과거와 끔찍하리만치 흡사하다. 시간이 흘렀는데도 남녀의 임금 격차가 거의 변하지 않았다는 사실은 중세 역사가인 나를 두렵게 하고 마음을 온통 사로잡기도 한다. 주디스 베넷은 이 놀라운 현실을 이렇게 묘사한다. "오늘날 잉글랜드에서 일하는 여성들이 임금 부분에서 겪는 경험은 700년 전 여자 노동자의 경험과 같다. 그들은 남성들이 번 임금의 4분의 3만 집으로 가져간다. 1360년대 여성들은 남자 임금의 71퍼센트를 벌었고, 오늘날에는 약 75퍼센트를 벌고 있다."[18] 이런 역사적 연속성, 베넷이 "가부장제 평형"patriarchal equilibrium이라고 부르는 것은 성경적 여성이라는 생각에 얄팍한 지지를 보탠다. 그러나 자세히 살펴보면 가부장제의 역사적 기원은 성경적 여성에 관한 복음주의의 개념을 뒷받침하기보다 약화시킨다. 여성이 남성보다 지위가 낮은 성 위계는 거의 모든 시대와 모든 인구 집단에서 찾아볼 수 있다. 교회가 여성이 설교하고, 지도하고, 가르치고, 때로는 가정 바깥에서 일할 수 있는 능력을 부인할 때 교회는 여성들을 종속시킨 오랜 역사적 전통을 잇는다.

그러면 역사의 시작으로 가서, 아니면 최소 우리가 가까이 갈 수 있는 데까지 가서 나의 세계사 수업에서 학생들이 가부장제에 대해 무엇을 배우는지 보자.

기독교 가부장제의 역사적 연속성

1839년 한 젊은 잉글랜드 학자가 스리랑카로 향하는 도중 딴 데에 관심을 빼앗겼다. 그의 이름은 오스틴 헨리 레이어드 Austen Henry Layard로, 고대 앗시리아 (현재의 이라크) 중심부의 모래 언덕에서 자신의 여정을 멈춰 세웠다. 그는 님루드와 니느웨 같은 위대한 앗시리아 도시들의 유적을 발견했다. 요나를 기억하는가? 니느웨는 하나님이 요나에게 회개하도록 설교하라고 명령하셨던 도시인데, 앗시리아 사람들은 너무나 흉악한 백성이라 요나는 이 명령에 저항했다. 그들은 적의 가죽을 산 채로 벗겼고 오락거리로 생포한 사자들과 검투사처럼 싸웠다. 그들은 이렇게 생선으로 내려치듯(애니메이션 "베지 테일"의 요나 편 그 장면을 떠올리지 않을 수 없다) 잔인한 식이었지만, 꽤 세련되고 정교했다.

한때는 가장 사나운 도시의 성벽들이었고, 지금은 바스러져 무너지는 지구라트의 깊숙한 곳에는 거대한 도서관이 묻혀 있었다. 도서관에는 인간이 존재한 이래 가장 오래된 이야기 가운데 하나인, 전사이자 왕 길가메시 이야기의 점토판 조각들이 소장되어 있었다. 남아 있는 원문의 연대를 추정하자면, 앗시리아 제국의 위대한 마지막 왕 아슈르바니팔Ashuranipal의 기원전 7세기 도서관까지 거슬러 올라간다.[19] 그러나 이야기 자체는 고대 근동에 퍼진 여러 각색본과 더불어, 훨씬 이전부터 잘 알려져 있었다.[20]

길가메시는 여신인 어머니 덕분에 신이었지만, 지상의 아버지 때문에 필멸의 저주도 받았다. 그의 아버지는 그에게 위대한 수메르의 도시 우루크의 왕좌를 물려주었다. 이는 길가메시가 반역사적Semi-historical patriarchal equilibrium 인물임을 의미한다. 고대 문헌은 길가메시가 기원전 2750년경 우루크의 제1대 왕조, 다섯 번째 왕으로 통치했다고 전한다.

나는 『길가메시 서사시』 The Epic of Gilgamesh에서 눈을 떼지 못한다. 등장인물들은 결점투성이다. 지루함을 느끼는 왕은 자신의 명성을 높이기 위해 전쟁을 벌인다. 충성스러운 하수인은 그의 가장 친한 친구를 꼬드긴다. 경멸당한 여성은 너무 화가 나서 시체가 되살아나는 전염병을 땅 위에 퍼뜨리려 한다. 이런 극적인 우여곡절들을 고려할 때, 이 이야기가 아직도 할리우드 블록버스터 영화로 만들어지지 않은 것이 놀랍다. 이 이야기는 많은 성행위와 초자연적 괴물들을 포함해 수위 높은 사건들로 가득하다.

    그러나 나를 이야기로 끌어들인 것은 초자연적 괴물들이 아니다. 그토록 강력하게 내 시선을 붙든 것은 인간 경험의 연속성이다. 심지어 4천 년 전 사람들도 오늘날과 거의 동일하게 행동했다. 내가 가장 좋아하는 부분 중 하나는 길가메시가 그의 가장 친한 친구인 엔키두를 질병으로 잃고 난 후 겪는 후유증 이야기다. 놀랍도록 현대적인 울부짖음으로, 길가메시는 세상 사람들에게 자신의 슬픔에 동참하도록 요구한다.

> 눈물을 흘리며 슬퍼하라. 우리가 함께 걸었던 길들이
>   눈물로 범람하게 하라............................
>   ....
> 우리의 발을 부드럽게 감쌌던 강이 그 제방에서 범람하게
>   하라, 눈물이 나의 먼지투성이 뺨을 부풀게 하고 스쳐
> 흐르듯.
> 구름들과 별들이 너와 더불어 죽음을 향한 시합에서 경주
>   하게 하라.[21]

우리는 친구의 몸 위로 고꾸라진 그를 볼 수 있다. 우리는 마치 우리 자신의 슬픔이 메아리치듯, 그의 슬픔을 느낄 수 있다. 우리는 아직도 4천 년 전 사람들과 같은 방식으로 사랑하고 슬퍼한다. 우리는 여전히 고통에 울부짖는다.

『길가메시 서사시』 전반에 인간 슬픔이 날것으로 흐른다.

가부장제 현실도 그렇게 드러난다.

야만인 엔키두를 개화시킨 매춘부부터 현명한 선술집 주인, 길가메시가 그의 침대로 데려간 처녀들까지, 여성들은 길가메시 이야기 전반에 걸쳐 중요한 역할을 하며, 심지어 주요 순간마다 이야기를 진척시킨다. 예를 들어 길가메시가 통제 불능일 때 매춘부인 샴하트는 엔키두를 유혹해 우루크로 들어가 이 폭군에게 도전하게 한다. 샴하트는 그녀 스스로 이 일을 하지 않는다. 한 사냥꾼은 자기 덫을 흐트러뜨려 동물들을 보호하는 야만인 엔키두 때문에 지쳐서, 샴하트를 향해 엔키두에게 가서 "여성이 어떤 매력과 힘을 가졌는지 보여 줘라"하고 명령한다.[22] 그녀는 엔키두에게 자기 몸을 보이고(한번은 실수로 이 만남에 관한 너무 정확한 번역을 나눠 줘서 수업 중에 당황했던 적이 있다) 성행위와 문명을 가르치면서 7일 밤을 그와 함께 보낸다.

샴하트와 엔키두의 에피소드가 전체 이야기의 방향을 바꿔 놓는다. 길가메시는 샴하트를 통해 엔키두를 만난다. 격렬한 전투 후, 길가메시는 엔키두를 이길 수 없음을 깨닫고 그를 동등한 존재로 받아들인다. 그 둘은 떼려야 뗄 수 없는 사이가 된다. 이때부터 길가메시는 자기 왕국의 젊은 남성들을 전쟁터로 몰아내고 젊은 여성들을(심지어 결혼한 여성들을) 그의 침대로 끌고 들어가 자신의 지루함을 달래는 대신, 엔키두의 죽음으로 끝맺을 일련의 모험과 불멸을 향한 자신의 탐구를 시작한다. 달리 말해 샴하트는 전체 이야기에서 기폭제 역할을 한다.

이야기 전체에서 샴하트 같은 여성들은 중대한 역할을 맡는다. 하지만 종교학자 리브카 해리스Rivkah Harris가 강조했듯, 여성들은 절대 앞장서는 역할을 차지하지 않는다.[23] 심지어 샴하트도 남자 권위자 인물(사냥꾼)이 시키는 대로만 한다. 길가메시 서사의 여성들은 주로 조력자 역할을 한다. 남성을 위해 그리고 남성에 관해 기록된 이 서사시 모음집은 여성을 "지지하고 보조하는" 존재로 그린다.[24] 여성들은 서사 내내 일하고 말하고 움직이지만, 그들의 주된 역할은 남성의 육체적 욕구를 충족시키고 남성에게 조언과 위안을 주는 일이다. 선술집 주인 시두리가 가장 좋은 예다. 그녀는 길가메시가 탐험으로 지치고 엔키두의 죽음으로 슬픔에 압도되었을 때 술과 위로를 건넬 뿐 아니라, 길가메시에게 몇 가지 조언을 해 준다. "우리가 할 수 있는 가장 최고의 것은 지금 노래하고 춤추는 거예요. 따뜻한 음식과 시원한 술을 즐기세요. 당신이 사랑으로 생명을 불어넣은 아이들을 소중히 대하세요. 달콤하고, 청량한 물에 편안히 몸을 담그세요. 당신이 선택한 아내와 즐겁게 노니세요."[25] 여성은 가정의 화목을 지키는 사람이었다. 심지어 혼란하고 위험했던 고대 수메르 세계에서도 여성은 음식, 성행위, 행복한 가정생활로 위안을 제공했다.

어떤 의미에서 『길가메시 서사시』는 역사가 상호보완주

의의 편이라는 앨버트 몰러Albert Mohler의 주장을 뒷받침한다. 현재 켄터키주 루이빌에 있는 남침례 신학교 총장인 몰러는 "남성들이 리더십 자리에서 우위를 차지하고 여성들의 역할이 가정, 자녀, 가족 중심으로 주로 규정되어 왔음은 부인할 수 없는 명백한 역사적 현실이다"라고 쓴다. 몰러는 계속해서 성경의 증거가 이런 역사적 연속성의 핵심을 찌른다고 말한다. "반복되는 역사는 성경이 분명하게 드러내는 것, 곧 하나님이 그분의 형상으로 인간을 남자와 여자로 만드셨음을 확증한다.…하나님의 영광을 반영하는 책임을 서로 다른 방식으로 맡은 남성과 여성의 모습으로 성경이 성별 상호보완성이라는 아름다운 초상화를 제시한다고 우리는 이해한다."[26] 4천 년도 훨씬 전에 여성이 가정과 가족을 돌보는 사람이자 집 안에서 남성을 지지하는 사람이었듯, 페미니즘의 파괴적인 (그리고 "비성경적인") 영향만 아니었다면 아마도 오늘날까지 여성은 계속 그러했을 것이다. 이렇게 광활하게 흘러온 역사적 연속성으로, 몰러는 상호보완주의가 하나님의 계획이 틀림없다고 확신한다.

역사의 시작에서 남성과 여성에 관해 이야기하는 『길가메시 서사시』에는 가부장제가 존재한다. 신이 가부장제를 고안했기 때문이며, 기독교의 가부장제 서사 역시 마찬가지다. 가부장제는 하나님의 신성한 계획이므로 여성은 자신의 조연 역할을 자랑스럽게 주장해야 한다. 과거의 여성은 현재의 여성이 그러하듯 복종했고 계속해서 복종해야 했다. 여성이 주연인 마블 영화들 및 스타워즈 3부작 같은 최근 대중문화의 서사들 때문에 많은 상호보완주의자가 화를 내는 것은 당연하다. 데니 버크는 "나는 스타워즈에서 (그리고 더 일반적으로 액션 영화들에서) 남자 영웅들/주인공들을 멀리하려는 움직임을 알아차렸다. 남성을 구하는 여성 전사 주인공들이 요즘 유행이다[레이, (진 어소), 원더 우먼, 일레븐 등]."[27] 그를 비롯한 다른 이들이 보기에 여성 전사에는 하나님의 질서를 전복하는 페미니즘의 사안이 반영되어 있다.

그러나 바로 이 가부장제의 연속성 때문에 우리는 잠시 멈춰야 한다.

가부장제는 세계의 역사적 관습이기 때문에 옳게 보인다. 고대 메소포타미아에서 여성은 소유물로 취급되었다. 여성에게는 교육의 기회가 적었다. 여성은 대부분 자신이 남자와 맺은 관계로 정의되었다. 법이 아내인 그녀들의 힘을 박탈했다. 그녀들은 법이 후원하는 육체적 폭력에 복종해야 했다. 그리고 그녀들은 역사적 서사 안에서 자신을 위해 거의 목소리를 낼 수 없었다. 2016년에 마르텐 스톨Marten Stol이 『고대 근동의 여성』Women in the Ancient Near East이라는 제목으로 수행한 포괄적 연구에서 결론 내리듯, "고대 사회에서 여성은 남성보다 훨씬 더 좋지 않은 대접을 받았다.…이 책이 끝나 갈 때 우리의 독자 누구나 애석한 한숨을 내쉬며 책을 덮을 것이다."[28]

현대를 사는 나의 학생들은 어째서 바빌로니아 법이 간통 혐의를 받는 아내를 남편이 익사시키도록 허용했는지 멈칫한다. 그러나 이 학생들은 가정에서 파트너가 가한 살해, 파트너의 폭력으로 벌어진 자살 피해자 중 94퍼센트가 여성인 텍사스주에

살고 있다. 미국 여성의 약 25퍼센트가 가까운 파트너에게서 신체적 폭력을 수차례 경험한다는 사실은 말할 것도 없다.[29] 이런 증거는 고대 메소포타미아에서 현대 미국에 이르기까지, 가부장제뿐 아니라 그 뒤의 가장 어둡고 취약한 부분도 이어져 왔음을 보여 준다. 여성이 남성보다 더 좋지 않은 대접을 받게끔 해 온 관습들이 수천 년의 역사 동안 지속되었음을, 그리스도인들은 자랑거리로 여길 것이 아니라 우려해야 하지 않을까? 세상과 다르다고 불리는 그리스도인들이라면 여성을 **다르게** 대해야 하지 않을까?

가부장제가 신성한 제정이 아니라 인간이 저지른 죄의 결과라면 어떻게 될까? 가부장제가 하나님의 창조가 아니라 타락 후에야 창조 세계에 쓸려 들어왔다면 어떻게 될까? 가부장제의 결실이 그렇게 부패한 이유가, 심지어 그리스도의 교회 안에서도 그런 이유가, 가부장제가 항상 부패한 체계였기 때문이라면 어떻게 될까?

가부장제를 하나님이 제정하셨다고 단정할 게 아니라 가부장제가 죄 많은 인간의 손이 만든 산물은 아닌지 물어야 한다.

서사 뒤집기

내 안에서 가부장제에 대한 기독교 서사가 처음으로 뒤집힌 때를 기억한다.

노스캐롤라이나 대학교 채플힐 캠퍼스University of North

Carolina at Chapel Hill에서 저녁에 진행되는 여성학 세미나가 끝나면, 나는 남편이 2교대로 일하는 더럼의 칠리스 식당으로 향했다. 우리는 둘 다 풀타임 대학원생으로, 나는 채플힐 캠퍼스에서 역사학 박사 과정에 있었고, 그는 사우스이스턴 침례신학교에서 목회학 석사 과정 중이었다. 그가 지역의 한 침례교회에서 (주간 100달러 정도를 벌면서) 파트타임 청소년 목사로 일하는 동안 나는 학교에서 (연간 1만 1천 달러 정도의) 급료를 받았다. 남편이 서빙을 해서 번 돈으로 우리는 공과금을 낼 수 있었다. 그 식당에서 우리는 반값으로 식사할 수도 있었다. 오늘 같은 저녁마다 그가 2교대로 일하고 있을 때 나는 칸막이 쳐진 자리에 앉아 그 식당에서 우리가 가격을 지불할 수 있는 유일한 음식을 즐겼다(반값으로 산 다이어트 콜라의 무료 리필은 말할 것도 없다). 우리는 너무 어렸고, 너무 가난했고, 너무 바빴다. 그 저렴한 음식은 뜻밖의 선물이었다.

하지만 그날 밤 나는 저녁을 먹고 싶지 않았다. 여성학 세미나에서 주고받은 대화가 계속 맴돌았다. 한 학기 내내 우리는 여성학 세미나에서 여성의 지위에 대해 읽고 토론했다. 고대부터 현대 세계에 이르기까지 역사는 여성이 억압당하고 학대받고 무시당하고 침묵해야 하는, 가부장제의 지속에 관해 이야기해 주었다.

그 밤에 그 이야기가 내게 절실히 다가왔다. 그 대화는 남침례교 회장이자 사우스이스턴 침례신학교의 총장인 페이지 패터슨을 향했다. 패터슨이 남침례교 세상에서 영웅이 된 이유는 우리의 세미나에서 그가 반감을 산 이유와 같았다. 바로 성 역할에 관한 그의 견해였다.

패터슨은 남자가 지도하고 권위를 휘두르도록 신성하게 창조되었고, 여성은 따르고 복종하도록 창조되었다고 설교했다. 남침례회는 1984년 여성이 두 번째로 창조되었음을 강조한 결의안을 처음 작성하고, 1998년 아내는 그녀의 남편에게 복종해야 한다는 성명서를 작성한 데 이어, 패터슨과(그리고 역설적으로 그의 아내와) 같은 생각을 하는 남자들의 영향으로 신앙 성명서를 다시 작성했다. 그 복종 성명서는 재빠르게 수정안이 되었고(그리고 그 당시에는 논쟁의 여지가 없었다), 곧 남자만 담임목사로 사역할 수 있다는 "침례교의 신앙과 메시지 2000"에 최종적으로 추가되었다.[30]

세미나에서는 패터슨의 견해뿐 아니라 그를 지지했던 수천 명의 여성 때문에 아연실색한 분노가 터져 나왔다. 1998년 총회에서 우리는 패터슨의 아내 도로시 Dorothy Patterson가 여성의 복종에 대한 입장을 고수하고자 그토록 단호하게 싸웠다는 사실도 놓치지 않았다. 그녀는 "남편과 아내 모두 서로에게 은혜로 복종해야 한다"는 구절이 남편과 아내 사이의 유사함, 심지어 평등을 내포한다는 이유로 이에 반대했다. 그녀는 결혼 관계에 신성한 위계가 존재하며 여성은 **오로지** 자기 남편의 리더십에 "은혜로" 복종하도록 부름받았다고 주장했다.[31] 한 여성이 리더십 자리에서 여성을 배제하기 위해 이토록 책임을 갖고 애쓸 수 있다는 것이 정말이지 모순 아닌가?

그러나 도로시 패터슨 같은 여성들이 왜 그렇게 격렬히 여성의 복종을 지지하는지가 나를 괴롭힌 질문은 아니었다. 나는 많은 여성이 이것을 지지하는 이유를 알고 있었다. 왜냐하면 우리는 남자의 머리됨이 신성한 제정이라고 믿기 때문이다. 나는 여성이 교회에서는 남성 목사들의 영적 지도력을 따르고, 가정에서는 남편의 영적 리더십을 따르도록 하나님이 제정하셨다고 배웠다. 기독교는 세상과 다르게 보여야 하므로, 세속 연구 집단인 공립 대학교의 여성학 전공 세미나에서 기독교의 성 역할 이해에 대해 반대가 일어나는 것은 당연했다. 세상은 페미니즘을 장려하고 남자와 여자의 역할 간 경계를 모호하게 하지만, 기독교는 일상에 명확성과 질서를 가져다주는 신성한 성 위계를 장려했다. 나는 도로시 패터슨의 세계에 속했기 때문에 도로시 패터슨이 주장하는 바를 이해했다.

그러나 나는 그때도 고민했다. 그리스도인들은 여성을 포함한 모든 사람의 존엄을 유지하기 위해 근본적으로 다른 방식을 취하라는 명령을 받았다. 그 학기 동안 나는 기독교의 성 역할이라는 이상도 역사적으로 그다지 특별하지 않음을 깨달았다. 여성들을 대하는 우리의 방식이 다르게 보이기는커녕, 그리스도인들도 다른 모든 사람과 똑같아 보였다.

근대 초의 신앙에 관한 케이트 날브슨Kate Narveson의 책이 나오기 전이어서 그때 나는 그녀가 성경을 일상에 접목한 사람들을 아름답게 묘사한 글을 아직 읽지 못한 상태였다. "성경 구절," 그녀는 이렇게 불렀다.[32] 그날 밤 나는 성경 구절을 떠올렸다. 태어날 때부터 침례교도였던 나는 어린 나이에 성경을 읽고 공부하도록 배웠고, 평생 내 머릿속에는 항상 성경이 떠다녔다. 나의 가슴이 하나님께 응답해 달라고 울부짖던 그 밤에 내 머릿속에

한 성경 구절이 지나갔다. 나는 창세기 3:16의 단어들을, 곧 타락의 저주 부분을 밤하늘에 아로새긴 듯 기억해 냈다. "내가 네게 임신하는 고통을 크게 더하리니 네가 수고하고 자식을 낳을 것이며 너는 남편을 원하고 남편은 너를 다스릴 것이니라." 하나님은 하와가 죄 짓고 금지된 나무에서 열매를 따 먹은 후, 에덴동산에서 하와에게 이 단어들을 말씀하셨다. (중세 학자인 내가 사용하는 주된 성경 중 하나인) 라틴어 불가타 성경에는 이 구절이 다음과 같이 나온다. "슬퍼하는 중에 너는 자식을 낳아야 할 것이고, 너는 네 남편의 힘 아래 있어야 할 것이며 그는 너를 지배할 것이다."[33]

바로 여기, 성경이 가부장제의 탄생을 설명하고 있었다.

최초의 인간이 저지른 죄가 인간 가운데 권력의 위계를 최초로 구축했다.

신학자이자 고든 콘웰 신학교의 전 학장이었던 앨리스 매튜스Alice Mathews는 그녀의 책 『성 역할과 하나님의 백성』Gender Roles and the People of God에서 성경이 가부장제의 탄생을 바라보는 관점을 아주 잘 설명한다. 그녀는 이렇게 말한다.

> 창세기 3:16(하나님이 여성에게 말씀하시는 구절)은 우리가 처음으로 인간관계에서 위계를 보는 지점이다.…위계는 짝을 이룬 최초의 인간을 위해 제정하신 하나님의 뜻이 아니었으나, 그들이 그분의 명령을 무시하고 금지된 열매를 먹기로 선택했을 때 부과되었다.…하와가 그녀의 근원(아담)에게

종속된 순간, 아담은 이제 그의 근원(땅)에 종속되어야 할 것이다.…가부장제가 탄생한 순간이었다. 그들이 저지른 죄의 결과로 하나님이 본래 창조 세계에 의도하신 바와 반대로 남성은 이제 여성의 주인이 되었고, 땅은 남성의 주인이 되었다.[34]

가부장제는 하나님이 원하신 것이 아니었다. 가부장제는 인간이 저지른 죄의 결과였다.

그날 밤 내가 새롭게 깨우친 것은, 신학적으로는 꽤 오래된 통찰이었다. 모든 사람이 이미 가부장제가 타락의 결과임을 알고 있었다. 복음주의신학회의 전 회장이었던 스탠리 건드리 Stanley Gundry는 2010년 어떤 글에서 이를 있는 그대로 서술했다. 성경 본문에 계속 나타나는 가부장제는 "단순히 시대와 문화의 현실에 순응한 것이다. 이는 인류를 위한 하나님의 이상이 반영된 것이 아니다."[35] 가부장제는 사람들이 만들었지, 하나님이 제정하신 것이 아니다.

20세기 초 중국에 파송된 여자 선교사였던 캐서린 부슈널 Katharine Bushnell의 견해도 비슷했다. 그녀는 가부장제가 여성에게 위험하다고 경고했다. 그녀는 창세기 3:16의 '원하다'desire라는 단어 대신 '향하다'turning라고 번역하기를 선호했다(개역개정에서 "원하고"로 번역된 히브리어 '테슈카' teshukah는 '…을 뒤쫓다'라는 의미의 '슈크' shuk에서 유래된 단어로 '손을 뻗치다'라는 의미다—편집자). 그녀는 이 구절을 "너는 네 남편에게로 향하고, 그가 너를 다스릴 것이다"라고 번역했다.³⁶ 타락 이전 아담과 하와 모두 하나님의 권위를 따랐다. 타락 이후에는 죄 때문에 여성이 먼저 그녀의 남편을 향하게 되었고, 하나님 대신 그녀의 남편이 그녀를 다스리게 되었다.

나는 역사가 크리스틴 코브스 듀 메즈Kristin Kobes Du Mez가 부슈널의 해석을 "여성에 대한 빅토리아 시대의 이해를 뒤집은" "신학적 쿠데타"라고 묘사한 방식을 좋아한다. "부슈널이 보기에, 여성에 대한 남자의 권위는 하나님의 뜻에 모순되었고 하나님에게 대항한 인류의 처음 반역을 영속화시켰다"라고 듀 메즈는 설명했다. 따라서 여성들이 "하나님이 아닌 남성들에게 종속되는 한, 하와의 죄를 계속 저지르게 되었다." 부슈널에게 가부장제는 단순히 저주의 결과가 아니었다. 이는 타락 자체에 그 뿌리가 있었다. 아담은 스스로 하나님의 권위를 주장하며 반역했고, 하와는 하나님 대신 아담을 따르며 반역했다.³⁷

나는 10대에 앨리스 매튜스를 몰랐다. 나는 캐서린 부슈널에 대해서도 정확히 알지 못했다. 나는 제임스 돕슨, 팻 로버트슨Pat Robertson, 팀 라헤이와 베벌리 라헤이Tim and Beverly LaHaye(미국을 생각하는 여성들Concerned Women for America의 창립자) 엘리자베스 엘리엇, 패터슨 일가 같은 복음주의 작가들과 인플루언서들이 절정에 달한 1980년대 후반, 교회의 청소년 집회에 참석했다. 그들의 가르침에 영향을 받은 헌신, 성경 공부, 결혼 서적, 양육 조언 등이 총체적으로 기독교 출판계를 포화시켰다.³⁸ 여성에게 주어지는 메시지는 무시무시하게 한결같았다. 기독교 여성은 자기 남편의 권위에 복종한다. 곧 남성이 이끌고, 보호하고, 제공하는 동안 여성은 가정과 가족을 돌본다. 예를 들어 1994년 돕슨이 왜 남성이 생계를 책임지는 유일한 가장이어야 하는지에 대해 쓴 글을 보자. "이런 남성성의 이해가 가족의 안정에 얼마나 중요한지 강조할 수 있다면 좋겠다.…오늘날 가족 제도에 가장 큰 위협을 가하는 것 가운데 하나는 보호자 및 부양자의 역할이 약화된 것이다. 남성은 이런 역할에 이바지하도록 계획되었다.…만일 이를 빼앗긴다면 아내와 자녀를 향한 그들의 헌신이 위태로워진다."[39] 10여 년 전 돕슨은 남편의 주기적인 구타로 겁에 질렸지만 결혼생활을 유지하고 싶어 하는 한 여성에게, 이혼은 해결책이 아니며 대신 화해를 위해 노력해야 한다고 상담했다.[40]

나 같은 복음주의 여성들은 복종하는(되도록 집에 머무는) 아내와 지도자인(되도록 생계를 책임지는) 남편을 하나님이 계획하신 결혼 생활이라고 배웠다. 고등학생 때 '디사이플 나우'Disciple Now라는 청소년 행사에 참석한 적이 있다. 행사 대표가 하나님은 특별히 여성을 아내가 되고 자기 남편에게 헌신하도록 계획하셨다고 설명했다. 내 기억에 교회에서 이런 말을 들은 건 그때가 처음이다. 그러나 그것이 마지막은 아니었다. 듀 메즈가 "하나님이 주신 성별 차이를 옹호하는 성명서"라고 부른 책, 존 파이퍼와 웨인 그루뎀의 『성경적 남성과 여성의 회복』*Recovering Biblical Manhood and Womanhood*이 그해 출판되었기 때문이다.[41] 파이퍼와 그루뎀은 창세기 3:16의 "남편은 너를 다스릴 것이니라"는 명령이 타락의 결과임을 인정하면서도, 여전히 남자의 머리됨은 타락 **이전에** 하나님이 제정하셨다고 주장한다. 그들은 "그러나 이 시점에서 타락 이전에도 존재했던 아담의 사랑하는 리더십의 본질에 관해 침묵하는 것은, 타락한 '통치력'과 하나님이 제정하신 머리됨을 한데 묶은 뒤 배제해 버렸다는 인상을 준다. 다시 성경의 취지가 무시된다. 바울은 남성의 지도자로서 책임을 설명하기 위해 저주나 타락에 호소하지 않는다. 그는 항상 타락 이전에 하나님이 하신 행동들에 호소했다"라고 쓴다.[42]

몇 년 후에 그루뎀은 그 유명한 『조직신학』 Systematic Theology: An Introduction to Biblical Doctrine 초판을 출판했다. 그는 "아담의 겸손하고 사려 깊은 리더십과, 타락 전에는 이 리더십에 이성적이고 자발적으로 일어났던 하와의 복종이 저주 때문에 **왜곡되었다**"라고 주장하면서, 『성경적 남성과 여성의 회복』에서 전개한 내용을 확장했다.[43] 그 이후 나머지는, 그들이 말하듯 역사다. 복음주의 여성에게 제시된 기정사실은 남자의 머리됨과 여자의 복종이라는 하나님의 계획이 영원하고 신성한 조건이라는 것이었다.

마침내 나는 역사적 가부장제의 추악함과 잔인함을 직면하자마자, 여성들을 대할 때 그리스도인들이 세상과 다르기보다는 다른 모든 사람과 똑같다는 것을 깨달았다. 구타당하는 여성이 그녀의 남편과 남기를 원했을 때 이를 지지한 돕슨은, 여성의 위치는 남성의 힘 아래 있다고 동의한 4천 년 이상의 역사에서 그저 하나의 목소리일 뿐이다.

가부장제의 역사적 진실

많은 면에서 평등주의자(남성과 여성 간 성경적 평등을 주장하는 이들)와 상호보완주의자(여성을 남성에게 종속시키는 성경적 성 위계를 주장하는 이들) 사이의 논쟁은 교착 상태에 빠졌다.⁴⁴ 존 파이퍼와 웨인 그루뎀 같은 상호보완주의자들은 남자의 머리됨이 타락 이전에 존재했다고 주장하는 반면, 앨리스 매튜와 필립 페인Philip B. Payne 같은 평등주의자들은 이것이 타락 이후에야 발생했다고 주장한다. 그러나 내가 가부장제의 시작에 대해 깨우쳤을 때, 성경 본문만이 아니라 성경 본문이 역사적 증거와 너무 잘 맞아떨어진다는 점이 나를 설득시켰다. 다시 말해서 창세기 3:16의 해석에 대한 논쟁은 단지 상반된 의견들이 난무하는 경우가 아니다. 가부장제의 기원에 관한 역사적 증거로 이 대화를 진척시켜 보자.

이 말이 무슨 의미인지 이제 보여 주려 한다.

1986년에 거다 러너Gerda Lerner는 가부장제가 "군사주의, 계급주의 그리고 인종 차별주의"와 연결된 역사적 구성물이라는 유명한 주장을 펼쳤다.⁴⁵ 러너에 따르면 『길가메시 서사시』는 역사뿐 아니라 가부장제 자체의 시작을 보여 준다. 이 이야기는 가장 초창기의 복잡한 인간 사회의 출현 중 하나인 문명에 관해 증언한다. 인간은 농경 사회를 형성하고 조직적인 공동체를 구축하자마자, 다른 이들을 통치하기에 적합한 누군가를 지정하면서 권력의 위계 또한 구축하기 시작했다.

이쯤에서 잠시 멈추자. 이 책은 나의 이야기다. 곧 목사의 아내이자 학자인 한 백인 여성이 남성의 머리됨과 여성의 복종이라는 복음주의 가르침을 거부한 경험에 관해 쓴 책이다. 나는 여성을 위해 가부장제에 맞서 싸우지만, 가부장제에 상처받는 이는 단지 여성들만이 아니다. 성서학자 클래리스 마틴 Clarice J. Martin은 가부장제가 여성의 삶의 경계를 규정하는 한편, "지배당하게 될 '타자들'로서 종속시킬 민족과 인종"까지 규정한다는 사실을 다시 한번 일깨운다.[46] 가부장제는 구조적 인종 차별 및 체계적 억압과 함께 걷는다. 역사 내내 너무나 한결같이 그래 왔다.

그리스도인들이 가부장적 억압의 얽히고설킨 서사들을 애써 푸는 방식, 곧 한 집단에는 부드러우면서 다른 집단에는 가혹하게 구는 방식은 나를 좌절시킨다. 마틴은 "아프리카계 미국인의 성경 해석에서 하우스타펠른 Haustafeln(가정 규례)"이라는 그녀의 획기적인 논문에서 도발적인 질문을 던진다. "흑인 남자 설교자들과 신학자들이 노예에 대해 설교하고 신학적으로 연구할 때는 해방적 해석학을 사용하면서, 어떻게 여성에 대해서는 문자주의적 해석학을 사용할까?"[47] 나는 백인 설교자들과 신학자들에게 똑같이 묻고 싶다. 우리가 노예 제도를 다룬 성경 구절들을 당시의 역사적 맥락이라는 틀 안에서 바르게 이해할 수 있을 때, 우리는 노예 제도가 그리스도의 복음을 거스르는 사악한 체계임을 더 잘 파악할 수 있다. 우리는 여성에 대한 성경 본문에도 똑같은 기준을 적용할 수는 없는 것인가? 마틴은 아프리카계 미국인 성경 해석자들이 "여성을 다루는 성경 서사들에 대해 위계적 해석학"을 사용하기를 멈춰야 한다고 도전한다.[48] 그렇게 해야 모든 흑인이 진정 자유로워진다.

그녀가 옳다. 거다 러너 같은 역사가들이 오래전부터 알고 있었던 것을 이제 예수님을 따르기로 다짐한 그리스도인들도 깨우칠 때가 되지 않았는가? 가부장제가 인종 차별을 포함해 얽히고설킨 억압 체계의 일부라는 역사적 현실을 무시하는 것을 그만두어야 하지 않겠는가?

가부장제에 대한 러너의 기념비적 연구의 여러 측면이 이후 역사가들에 의해 도전받고 수정되었지만, 가부장제가 문명의 시작과 함께 출현했다는 그녀의 주장은 여전히 유효했다. 근대의 성과 역사에 관한 대표 학자인 메리 위즈너행크스Merry Wiesner-Hanks는 "인과 관계가 명확하지는 않지만, 세계 곳곳에서 농업의 발전은 여성의 종속이 심화되는 것과 동시에 이루어졌다"라고 말한다. 남자의 노동력과 남자의 권력 모두 차츰 재산 소유와 그에 수반하는 농업 노동에 연결되었다. 이는 상속을 위해 여자아이보다 남자아이를 더 선호하고, 여성을 재산 소유자나 농업 노동자인 남자에게 더 의존하도록 만들었다. 위즈너행크스는 계속해서 "몇 세대에 걸쳐 여성이 자원에 접근할 수 있는 가능성이 줄어들었고, 남자의 지원 없이 여성이 생존하기가 점점 더 어려워졌다"라고 말한다.[49] 농경 사회가 인류 문명의 심장부가 되면서 여성은 남성에게 점점 더 의존해야 했다. 학자이자 그리스도인으로서 나는, 하나님이 하와에게 그녀가 자기 남편의 힘 아래 있을 거라고 말씀하실 때 동시에 하나님이 아담에게 농업 노동이 인간 생존을 위해 필요할 거라고 말씀하셨다는 사실이 매우 놀랍다. 성경과 역사의 기록에 따르면 가부장제는 농업 공동체가 출현하면서 함께 나타났다.

역사는 하나님이 가부장제를 제정하셨다기보다는, 가부장제가 인간에게서 기원했음을 암시한다. 문명 그 자체다. 고대 수메르의 『길가메시 서사시』부터 고대 인도의 『라마야나』 *Ramayana* (고대 힌두교의 대서사시―옮긴이) 같은 다른 문헌들에 이르기까지, 초기 문명들에서 발견하는 증거들은 남자에게(특히 특정 계층의 남자들에게) 특권을 주고 여성을 종속시키는 성 위계가 어떻게 발전되었는지를 보여 준다. 가부장제는 문자 그대로 인간의 노동력으로 만들어지고 유지되는 권력 구조다.

성경은 이런 상황에 맞서는 혁명이나 다름없다.

성경 서사에는 분명 가부장제가 존재하지만, 매튜스는 "성경 안에서 묘사된 것과 지시된 것" 사이에는 차이가 있음을 기억하라고 권한다.[50] 남자 유대인의 독점적 리더십부터 여성에게 가혹하게 적용된 간통죄 처벌법 그리고 바울의 글들까지, 신약성경 내 인간의 가부장제가 메아리로 울려 퍼진다. 초대교회는 유대교와 로마 세계 모두에서 자신의 위치를 이해하려고 노력했고, 이 세계의 많은 부분이 교회의 이야기 속으로 스며들었다.

동시에 우리는 전통적 성 역할을 전복하고 여성을 지도자로 강조하는 많은 놀라운 구절을 볼 수 있다. 예수님에게 물 한 잔을 건네는 우물가의 사마리아 여인으로 시작해서, 제자들처럼 예수님의 발아래 앉아 배우는 베다니의 마리아, 예수님이 그녀의 믿음을 확증해 준 (대다수 제자가 보여 준 부족한 믿음과 반대로) 마르다가 그렇다. 나는 최근 사도행전 9장에 여성 제자로 나오는 다비다에 관해 성서학자 페비 디커슨Febbie C. Dickerson의 묵상 내용을 보고 웃고 말았다. 디커슨은 묻는다. "나는 설교자들이 그 리스어를 배웠고, 그래서 '한 특정 여자 제자'a certain female disciple 라는 다비다의 신원이 아마 그녀가 많은 여자 제자 중 하나임을 가리킨다는 점을 깨닫는다면, 어떤 일이 벌어질지 궁금하다."[51] 성경에 나온 여성들은 우리가 그들이 어떤 이들일지 상상했던 것 이상이다. 그 여성들은 그들에게 명해진 상호보완주의라는 틀에는 맞지 않을 것이다.

베스 무어Beth Moore는 인터넷에 게재된 여성 사역에 관한 오언 스트라한의 글에 남긴 그녀의 답변에서 이런 인식을 드러낸다. "나의 요청은 여성과 관련한 모든 문제에 대해, 마태복음 1장부터 요한계시록 22장의 전체 본문과 씨름해 달라는 것이다. 권위 있는, 곧 하나님의 숨결이 들어간 디모데전서와 고린도전서 14장의 바울이 사용한 단어들과 씨름해 달라는 것이다. 더불어 동일하게 영감을 받은, 그가 남긴 다른 단어들과도 씨름하는 것 그리고 바울이 더불어 사역했던 많은 여성을 이해해 달라는 것이다. 다른 무엇보다 우리는 여성을 향한 그리스도 예수 그분의 태도를 살펴야 한다."[52] 평생 성경에 몰두한 무어는 성경에 나오는 여성들의 실제 삶과 성경적 여성 사이의 괴리감을 인식한다.

성경은 가부장적 세계에서 기록되었으므로 성경 안에는 가부장제가 존재한다. 역사적 맥락을 고려할 때 가부장적 태도와 행동으로 구멍이 숭숭 뚫린 성경의 이야기들과 구절들에는 놀라운 점이 없다. 정말 놀라운 사실은 얼마나 많은 성경 구절과 이야기가 가부장제를 지지하기보다 약화시키는가 하는 점이다. 심지어 존 파이퍼도 1984년에 드보라와 훌다를 어떻게 해석해야 할지 모르겠다고 인정했다.[53] 역사적 맥락을 고려할 때 성경에서 설명하기 가장 어려운 구절은 갈라디아서 3:26-28이다. "너희가 다 믿음으로 말미암아 그리스도 예수 안에서 하나님의 아들이 되었으니 누구든지 그리스도와 합하기 위하여 세례를 받은 자는 그리스도로 옷 입었느니라. 너희는 유대인이나 헬라인이나 종이나 자유인이나 남자나 여자나 다 그리스도 예수 안에서 하나이니라." 이것이 급진적인 것이다. 이것이 기독교가 나머지 인류 역사와 매우 다른 점이다. 이로써 남성과 여성 둘 다 자유로워진다.

    기독교를 예수 그리스도처럼 보이게 만들려고 싸우는 대신, 우리 주변 세상처럼 보이게 하려고 싸우는 데 우리가 그토록 많은 시간을 소모한다는 사실이 역설적이지 않은가?(지치는 것은 말할 것도 없다) 반대로 해야 하지 않을까? 진보적인 기독교 작가이자 활동가 그리고 『예수 페미니스트』*Jesus Feminist*의 저자인 사라 베시Sarah Bessey가 가부장제는 "인류를 위한 하나님의 꿈"이 아니라고 한 말이 절대적으로 옳다.[54] 갈라디아서 3장의 세계가 예수님의 세계와 더 비슷하지 않은가? 가부장제는 기독교 역사의 한 부분일지 모르지만, 그렇다고 기독교가 될 수는 없다. 이는 단지 우리에게 역사적이고 (매우 인간적인) 성경적 여성의 뿌리를 보여 줄 뿐이다.

둘
—

만일 성경적 여성이
바울에게서 온 것이 아니라면?

"저는 바울이 싫어요!"

학생들에게서 이 말을 얼마나 자주 들었는지 모른다. 학생 대다수는 침묵하라고(고전 14장), 남편에게 복종하라고(엡 5장), 남성들을 가르치거나 그들에게 권위를 행사하지 말라고(딤전 2장), 집안일을 하라고(딛 2장) 들었다. 그러니까 그들은 바울을 이용해 이들을 불리하게 만드는 방식 때문에 놀라 겁먹은 젊은 여성들이다. 그들은 하나님이 가족과 가정에 집중하면서(골 3장; 벧전 3장) 남자의 머리됨을 따르도록 여성을 계획하셨고(고전 11장), 여성에게 가정 바깥의 일들은 필요할 때나 자녀들이 집을 떠난 이후에만 이루어져야 하는 부차적인 일이라고 배웠다.

몇 년 전, 한 학생이 강의 과제물에 대해 논의하고자 내 연구실을 찾아왔다. 얼마 지나지 않아 그녀가 정말 이야기 나누기 원한 것은 그녀의 소명에 관해서임이 확실해졌다. 그녀는 내게 물었다. 하나님이 당신을 어머니이자 목사의 아내 그리고 교수로 부르셨나요? 가정 바깥에서 일하기 때문에 죄책감을 느낀 적이 있나요? 남편이 도와주셨나요? 교회 사람들은 어떻게 생각했나요? 그녀는 교회 및 가족의 기대와 그녀의 직업적 소명을 조율하려고 노력 중이었고, 보수적 배경 출신이면서 경력을 쌓고 싶은 여성 그리스도인으로서 자신이 느낀 좌절감을 나누어 주었다. 그녀는 최근 아버지와 나눈 대화로 몹시 화가 나 있었다. 그녀는 전공에 대해 고민하다가 아버지에게 조언을 구했다. 아버지는 그녀가 결혼할 것이고 어쨌든 일은 하지 않을 것이므로 전공이 그다지 중요하지 않다고 말하면서 달래려 했다. 그녀는 충격을 받아 "아빠, 절대 쓸 일 없는 제 학위를 위해서 저를 4년이나 대학교에 보내 주신 건가요?"라고 되받아쳤다.

가정 바깥에서 일하는 여성들을 향한 이 아버지의 태도는 놀랍지 않다. 2017년의 바나 연구가 보여 주듯, 보통의 미국인들이 여성의 리더십 역할을 더 편안하게 여기고 여성들이 직장에서 마주하는 주요 장애물들을 더 잘 이해하는 반면, 복음주의 그리스도인들은 여기에 미치지 못한다.[1] 복음주의 태도 가운데 가장 심각한 차이가 드러나는 경우는 아마 여성이 특정 리더십 역할을 맡았을 때일 것이다. 2016년 나는 여성이 남성에 대한 권위를 가질 수 없다는 여성을 향한 웨인 그루뎀의 태도가 그로 하여금 절대 여자 대통령 후보를 지지할 수 없게 만들었다고 논평한 바 있다.[2] 바나 연구는 이에 대해 내가 옳았음을 시사한다. 그루뎀 같은 백인 복음주의 지도자들이 대통령직에 도전하는 도널드 트럼프Donald Trump를 지지하기 위해 집결한 사실과 여자 대통령에 대해 보인 가장 낮은 수준의 조력은 서로 부합한다. 적어도 복음주의자이면서 공화당을 지지하는 일부 유권자들에게(27-35퍼센트), 힐러리 클린턴Hillary Clinton의 문제는 그녀가 민주당 후보라는 것뿐 아니라, 그녀가 여성이라는 점이었다(복음주의자 유권자 27퍼센트, 공화당 유권자 35퍼센트가 여자 대통령이 불편하다고 말했다).[3] 3년 후 엘리자베스 워런Elizabeth Warren의 대통령직 도전이 성별이라는 손도끼에 찍혀 나갔을 때, 나는 그다지 놀랍지 않았다.

사상은 중요하다. 이런 복음주의의 신념, 여자의 복종은 변하지 않는다는 그들의 주장은 바울을 어떻게 해석하는지에 뿌리를 둔다. 성경적 남성과 여성 위원회는 상호보완주의에 관한 그들의 개관을 창세기 2장으로 시작하지만, 그들은 이 창조 서사를 고린도전서 11장과 디모데전서 2장에 근거하여 읽는다.[4] 바울이 상호보완주의 가르침에 관한 모든 측면의 틀을 구축한다. 복음주의자들은 바울의 본문들을 영구적이고 신성하게 제정된 성 역할의 차이를 의미하는 것으로 읽는다. 남성은 여성이 행사할 수 없는 권위를 휘두른다.

남성이 이끈다. 여성은 따른다. 바울이 그렇게 말했다.

학생들이 바울을 싫어하는 게 이상한가?

그런데 만일 우리가 바울을 잘못 읽은 것이라면 어떻게 될까? 우리가 청소년 사역을 한 지 얼마 안 되었을 때 남편과 나는 아이들을 데리고 주말 복음주의 집회에 참석했다. 강연자 중 한 사람이 그의 비밀 전도 무기가 "만일 당신이 틀렸다면?"이라는 질문이라고 밝혔다. 그 집회는 거의 기억나지 않지만, 이 질문은 나를 사로잡았다. 역사가인 나는 내 연구에서 이 질문이 유용하다는 것을 알았다. 내 결론이 틀렸다면? 기꺼이 증거를 재고할 수 있을까? 가르치는 사람으로서 나는, 특히 학생들이 다른 생각을 내게 제시할 때 이 질문이 유용하다는 것을 알았다. "만일 내가 틀렸다면?"이라는 질문 덕분에 나는 다른 사람들에게 더 잘 귀 기울일 수 있었다. 이 질문은 나를 겸손하게 만들었다. 이 질문은 나를 더 나은 학자로 만들었다.

그래서 이제 나는 이 질문을 상호보완주의 복음주의자들에게 건네고 싶다. 만일 당신이 틀렸다면? 만일 복음주의자들이, 바울이 자기 글들이 이해되기를 바랐던 방식 대신 현대 문화의 렌즈로 바울을 이해해 왔다면? 복음주의 교회들은 여성 리더십을 인정하는 것이 동시대 문화적 압력에 굴복하는 것을 의미한다며 이를 우려한다. 그러나 만일 교회가 여성 리더십을 거부함으로써 동시대 문화적 압력에 굴복하고 있다면? 만일 '있는 그대로 자연스러운' 읽기 대신, 바울 본문에 대한 해석과 그에 따른 리더십 역할에서 여성의 배제가 우리 주변의 태도와 사고방식에 굴복한 결과라면? 과거 그리스도인들이 리더십에서 여성을 배제하기 위해 바울을 사용했을지 모르지만, 이것이 여성의 종속이 성경적임을 의미하지는 않는다. 이는 단지 오늘날 그리스도인들이 과거 그리스도인들과 같은 실수를 반복하고 있음을 의미한다. 예수님이 우리에게 보여 주신 세상 대신 우리 주변의 세상에 순응함으로써 여성을 대하는 우리의 방식을 빚어 가는 것일지도

모를 일이다.

그래서 학생들이 "바울이 싫어요"라고 소리칠 때, 나는 이렇게 반박한다. 여러분이 싫어하는 건 바울이 아니라고, 여성을 억압하는 성경적 성 역할을 합의하는 데 바울의 편지들이 기초가 된 그 방식을 싫어하는 거라고 나는 말해 준다. 뛰어난 바울 학자인 베벌리 로버츠 가벤타Beverly Roberts Gaventa는 복음주의자들이 "신학적 명제와 윤리적 지침을 옹색하게 복제하려고 바울 서신의 어구를 분석"하는 데 너무 많은 시간을 소모해서, 바울의 더 큰 목적을 놓치고 말았다고 한탄한다. 우리는 하나됨에 대한 바울의 요구를 획일성을 지켜 내기 위해 감시하는 일 정도로 축소해 버렸다. 우리는 그리스도의 몸이라는 "급진적 특성"을 성별과 권력의 견고한 위계와 거래해 버렸다. 가벤타가 호소하듯 복음주의자들은 "바울과 **더불어** 생각"하는 대신 바울을 우리 자신의 문화 전쟁을 위한 무기로 바꾸어 버렸다.[5] 신약 학자인 보이킨 샌더스Boykin Sanders는 여성에 관하여 바울을 바로잡아야 할 때라고 주장한다. "남자도 여자도 아니다"라는 제목 아래 굵은 활자로 그는 "이곳 흑인 교회의 교훈은 교회 일에서 성차별이 용납될 수 없다는 점이다"라고 주장한다. 바울은 우리에게 성차별이 "세상의 방식으로 귀환"하는 것이며, 우리가 "그리스도 십자가 복음의 새로운 세상"으로 부름받았음을 보여 준다.[6]

복음주의 현실에서 진실은, 바울을 우리에게 맞추는 데 너무 집중하느라, 우리 자신을 바울의 요구에 맞추는 것을 잊어 버렸다는 것이다. 곧 그리스도 안에서 하나됨을 잊어버렸다.[7] 우리는 더 나은 이야기를 선택하고 "십자가에 못 박힌 그리스도 복음의 새 세상"을 받아들이는 대신, 인간이 항상 해 온 방식을 지속하기로 선택했다. 그것은 바로 우리 자신의 위계와 권력의 탑을 세우는 일이다.

우리는 바울을 다르게 읽을 수 있으므로

중세 시대에 한 사제가 내가 가장 좋아하는 결혼 설교를 썼다. 도로시 세이어즈Dorothy L. Sayers가 살인을 소재로 한 고전 추리 소설 『아홉 번의 종소리』 The Nine Tailors, 블루프린트(또 하나의 내가 좋아하는 책)에서 그를 인용했고 내 마음을 사로잡았다. 하지만 그 사제의 이름을 아는 사람은 많지 않다. 그의 이름은 존 머크John Mirk로 14세기 말, 15세기 초에 잉글랜드 서부에서 살았다. 그의 설교 모음집 『축일』 Festial은 잉글랜드에서 유명해졌는데, 실은 너무나 유명해져서 1547년 최초의 공식 개신교 설교집이 어느 정도 이 책의 영향에 대응하기 위해 쓰였다. 종교개혁 전야까지 『축일』 설교들이 인쇄되었다는 증거가 있으며, 설교들의 가톨릭 교리에도 불구하고 『축일』은 엘리자베스 1세 여왕 치세 내내 설교되었다.[8]

『축일』 설교가 남편과 아내의 결혼 관계를 어떻게 묘사하는지 귀 기울여 보자. "따라서 하나님의 명령으로 한 남성이 비슷한 나이, 비슷한 조건, 비슷한 출생의 아내를 취해야 할 것입니다." 본문은 "이를 위해 한 남성은 아버지와 어머니를 떠나고 그녀를 그의 일부로 끌어들이며, 그녀는 그를 그리고 그는 그녀를 사랑하기에 진정으로 함께할 것입니다. 그리고 그 둘은 하나의 육체가 될 것입니다"라고 이어진다.⁹ 이 설교는 위계보다 어떻게 남성과 여성이 "진정으로 함께" 사랑할지, "하나의 육체"가 될지를 강조한다. 사제가 여성의 결혼반지를 축복할 때, 그는 이것이 "시작도 끝도 없으신 하나님을 나타냅니다. 그녀가 만물보다 하나님을 사랑할 것이고, 그다음에 그녀의 남편을 사랑할 것임을 보여 주기 위해, 그녀의 심장까지 이어지는 혈관이 지나는 손가락에 이 반지를 낍니다"라고 선언한다.¹⁰ 반지는 아내의 헌신이 첫째 하나님에게, 둘째 그녀의 남편에게 향한다고 선언한다. 설교는 창세기 1-3장과 마태복음 22장, 요한복음 2장을 자유롭게 인용하면서 성경으로 가득하지만, 바울을 인용하지는 않는다. 에베소서, 골로새서, 디도서, 심지어 아내에게 자기 남편에게 복종하기를 요구하는 유명한 신약성경의 책 베드로전서도 전혀 참고하지 않는다. "가정 규례"(엡 5:21-6:9; 골 3:18-4:1; 벧전 2:18-3:7; 딛 2:1-10)로 알려진 신약성경의 이런 구절들은 성 역할에 관한 현대 논의들을 모조리 차지했고 아내는 자기 남편의 권위에 "은혜롭게 복종"해야 한다는 1998년 "침례교의 신앙과 메시지" 수정 조항의 토대를 놓았다.¹¹ 그러나 역사가 크리스틴 피터스Christine Peters가 말한 것처럼 머크의 중세 설교는 "결혼 생활을 잘하기 위해 여자가 복종해야 한다고는 거의 강조하지 않는다."¹² 머크는 아내가 자기 남편에게 순종해야 한다고 선언하지 않는다. 사실 그의 설교는 하와가 곤경에 빠진 이유가 그녀가 자기 남편을 너무 많이 사랑해서이며, 그래서 결혼반지는 아내가 자기 남편에게 속했다는 상징이 아니라, 아내에게 **하나님을 최우선으로 여기라**고 다시 한번 일깨우기 위해서임을 강조한다.[13]

연구 중에 나는 중세 후기 잉글랜드 설교들에서 학생들이 반발했던 바울의 구절들을 거의 설교하지 않았다는 사실을 발견했다. 이는 현대 복음주의 세계의 설교와 충격적으로 다르며, 중세 세계가 고대와 현대 세계만큼이나 가부장제에 빠지기 쉬웠으리라는 사실을 고려한다면 굉장히 놀랍다(이에 관해서는 다음 장에서 더 다룰 것이다).[14] 우리가 여성에 대한 바울의 글들에 관해 배워 온 것, 곧 바울의 글들은 이끄는 남성과 따르는 여성이라는 하나님의 의도를 지지하는 끊어지지 않는 실타래로 기독교 역사 내내 계속해서 사용되었다는 이야기와도 충격적으로 다르다.

이는 정말 사실이 아니다. 가톨릭 신앙을 예로 들어 보자. 복음주의자들은 가톨릭 전통이 여성에게 서품하지 않기 때문에, 가톨릭 전통 역시 결혼에서 남자의 머리됨을 지지하기 위해 바울을 이용하리라 생각한다. 그렇지 않다. 또는 적어도 지속적으로 그렇게 하지는 않았다. 종교학자 대니얼 시어Daniel Cere에 따르면, "가톨릭 전통에서 [결혼] 종속을 지지하는 공식 교리적 가르침은 없었다."[15] 중세 역사가 앨퀸 블레마이어스Alcuin Blamires는 성, 권위, 그리스도의 몸에 대한 중세 가톨릭의 가르침을 어지럽혔던 (현실적이고 성경적인) "성가신 역설들"에 관해 설명한다.[16] 예를 들어 죄지은 남편은 아내에게 초라한 지도자로 판명되었고, 중세 설교자들은 남자 권위의 "최종적 결론"을 애매하게 전했다. 머크의 결혼 설교가 말하듯 여성은 "제일의 남편"인 예수님에게 먼저 충성할 의무가 있기에, 15세기 초의 책이 주장했듯 아내는 남편을 맹목적으로 따라서는 안 된다. 중세 여성에게 머리이신 예수님은 남편의 권위를 능가할 수 있었다. 때때로 여성이 주도권을 잡을 수도 있었다. 유명한 12세기 철학자 피에르 아벨라르 Peter Abelard는 예수님에게 기름을 부은 여성에 관한 성경 이야기를 다룬다(마 26:6-13; 막 14:3-9; 눅 7:37-50). 아벨라르는 "남성이 아닌 여성이 그리스도의 머리됨과 연결된다"라고 말하며, 이어서 "[그녀가] 진실로 그를 '그리스도'로 임명한다"라고 쓴다. 예수님은 여성이 자신에게 기름 붓도록 허락하심으로써, 곧 그때까지 오로지 남성들만 행했던 왕에게 기름 붓는 일을 여성에게 허락하심으로써 남자의 머리됨을 뒤집으신다. 블레마이어스는 아벨라르의 주장이 "여자를 몸으로, 남자를 머리로 여긴 관습적인 성 구분의 충격적 전위"라고 묘사한다. 여성이 예수님에게 기름 부은 일은 아벨라르가 보기에 "명명 행위"다. 블레마이어스는 "이 여성은 성자 중의 성자에게 그리스도가 되시도록 기름을 붓는다."[17]

하고 싶은 말이 남았지만, 핵심은 이렇다. 복음주의는 남자의 머리됨에 그토록 집착하지만, 과거와 현재의 그리스도인들은 그 정도로 확신하지 않았다. 1998년 사도적 서한 apostolic letter에 드러난 요한 바오로 2세의 입장이 이를 잘 보여 준다. 그는 결혼에서 남자의 머리됨과 여자의 복종을 정당화하기 위해 에베소서 5장의 바울의 글들을 이용하는 것은 그 구절로 노예 제도를 정당화하는 것과 다를 바 없지 않겠냐고 암시한다.[18]

아내의 복종을 강조하는 것이
바울의 목적이 아니었으므로

그러면 아내들의 복종, 곧 복음주의자들이 신약성경의 가정 규례에서 끌어온 관념에 관해 이야기해 보자. 앞서 보았듯 역사적 맥락은 가정 규례를 포함한 바울 글들의 **요점이** 아내의 복종이 **아니었음을** 암시한다. 만일 바울이 가정 규례를 포함한 이유가 어떻게 그리스도인들이 로마 제국의 성 위계를 따라야 하는지를 지시하기 위해서라기보다, 그들이 살아가는 로마라는 환경에서 다르게 살아야 함을 가르치기 위해서였다면? 만일 가정 규례가 여성에게 신약성경의 "공포의 텍스트"texts of terror가 아니고, 이것이 로마 가부장제에 대한 저항 담화로 읽힐 수 있다면?[19]

액면대로('있는 그대로, 문자적 해석'을) 받아들이면 가정 규례는 가부장적 구조, 곧 여성과 자녀 그리고 노예에 대한 가장(남편, 아버지)의 권위를 신성시하는 것으로 읽힌다. 골로새서 3장 본문이 이를 잘 보여 준다. "아내들아 남편에게 복종하라 이는 주 안에서 마땅하니라. 남편들아 아내를 사랑하며 괴롭게 하지 말라. 자녀들아 모든 일에 부모에게 순종하라 이는 주 안에서 기쁘게 하는 것이니라. 아비들아 너희 자녀를 노엽게 하지 말지니 낙심할까 함이라. 종들아 모든 일에 육신의 상전들에게 순종하되 사람을 기쁘게 하는 자와 같이 눈가림만 하지 말고 오직 주를 두려워하여 성실한 마음으로 하라"(18-22절). 로마 가부장제에 관해 잘 알지 못할 수 있는데, 남자 후견인 제도는 로마법이었다. 아내는 법적으로 자기 남편의 권위에 복종해야 했다. 결혼하지 않은 여성은 그녀의 아버지나 가장 가까운 남자 친척들의 권위에 복종해야 했다. 여성은 재산을 소유하거나 사업을 할 수 없었다. 여성은 자신을 대신해 행동할 남성이 없다면 합법적 거래나 금융 거래도 할 수 없었다. 이런 역사적 관점으로 보면, 1세기 로마 문헌들(신약성경)에서 1세기 로마 세계 속 아내의 현실이 반영된 논의를 발견한다 해도 그리 놀랍지 않다. 아내가 자기 남편에게 종속되었다는 바울의 진술은, 정확히 로마 세계에서 예상할 수 있는 내용이었다.[20]

현대 복음주의자인 우리는 이를 이해하지 못한다.

바울은 초대교회 그리스도인들에게 다른 모든 사람처럼 살라고 말한 것이 아니다. 그리스도인들은 달라져야 한다고 말했다. 레이첼 헬드 에번스는 기독교 가정 규례를 로마 가부장제의 "예수 리믹스"라고 설명한다.[21] 학자들은 **리믹스**remix라는 용어를 좋은 표현으로 추천한다. 예를 들어 신약학자 캐럴린 오식Carolyn Osiek과 마거릿 맥도널드Margaret MacDonald는 에베소서 가정 규례에 내재한 윤리적 가르침은 그리스 로마 세계와 "대립"하므로, 순응의 흔적이라기보다 "가정 규례는 궁극적으로 신도들이 구별되었음을 보여 준다"라고 주장한다.[22] 올바르게 읽는다면 시민 루Shi-Min Lu가 쓴 대로, 가정 규례는 여성들을 자유롭게 할 뿐 아니라 로마 세계의 "강압적 요소들"로부터 모든 집안 구성원을 자유롭게 한다.[23] 바울은 그리스도인들에게 로마 가부장제를 강요하지 않았다. 바울은 그리스도인들에게 어떻게 복음이 그들을 자유롭게 했는지 말하기 위해 예수 리믹스를 사용했다.

바울이 제시한 비슷한 두 구절의 가정 규례에서 예수 리믹스를 확인해 보자.

골로새서 3:18-19	"아내들아 남편에게 복종하라. 이는 주 안에서 마땅하니라. 남편들아 아내를 사랑하며 괴롭게 하지 말라."
에베소서 5:21-22, 25, 28, 33	"그리스도를 경외함으로 피차 복종하라. 아내들이여 자기 남편에게 복종하기를 주께 하듯 하라.…남편들아 아내 사랑하기를 그리스도께서 교회를 사랑하시고 그 교회를 위하여 자신을 주심같이 하라.…이와 같이 남편들도 자기 아내 사랑하기를 자기 자신과 같이 할지니 자기 아내를 사랑하는 자는 자기를 사랑하는 것이라.…그러나 너희도 각각 자기의 아내 사랑하기를 자신같이 하고 아내도 자기 남편을 존경하라."

현대 그리스도인들인 우리는 여기서 즉각 남성의 권위를 듣는다. **아내들아, 남편에게 복종하라.** 그러나 1세기 그리스도인으로서 바울의 원래 회중들은 그 반대로 들었을 것이다. **남편들아, 아내를 사랑하며 괴롭게 하지 말라. 남편들아, 아내 사랑하기를 그리스도께서 교회를 사랑하시고 그 교회를 위하여 자신을 주심같이 하라.** 기독교의 가정 규례는 오늘날이 아니라, 로마 세계

안에서 초점을 찾아야 한다.

4세기 철학자 아리스토텔레스Aristotle의 말을 가져오자. 서양 문화에 가장 큰 영향을 미쳤던 가정 규례 중 하나가 아리스토텔레스의 『정치학』Politics에 나온다. 그의 말을 들어 보자.

> 우리는 가정 운영에 세 부분이 있음을 보았다. 하나는 노예를 지배하는 주인의 통치이며…, 다른 하나는 아버지, 세 번째는 남편이다. 우리가 보았듯 남편과 아버지는 아내와 자녀들을 통치한다. 둘 다 자유롭지만 그 규칙은 다르다. 자기 자녀들에게는 관대함으로, 자기 아내에게는 헌법의 규칙으로 다스린다. 자연의 질서에는 예외가 있을 수 있지만 선천적으로 남자가 여자보다 명령에 더 적합하다.…[남자와 여자 사이의] 불평등은 영원하다.…남성의 용기는 명령할 때, 여성의 용기는 순종에서 볼 수 있다.…모든 계급은 각자의 특별한 속성을 지닌다고 여겨져야 한다. 시인이 여성에 관해 말하듯 "침묵은 여성의 영광이지만 이것이 똑같이 남성의 영광은 아니다."[24]

차이가 느껴지는가? 아리스토텔레스는 특별히 남성에게 그들이 다스릴 방법 그리고 그들에게 통치할 권리가 있는 이유를 글로 썼다. 그는 자신의 담론에 소수자들을 포함하지 않는다. 가정의 통치는 주인, 아버지, 남편인 로마 남성의 영역이다. 담론은 오로지 남성들을 대상으로 한다.

대조적으로 기독교의 가정 규례는 가정 교회의 모든 사람들, 남성과 여성, 자녀, 노예를 대상으로 한다. 모든 이가 이 담론에 포함된다. 신학자 루시 페피아트Lucy Peppiatt는 이것이 기독교가 로마 가부장제를 전복할 수 있었던 기독교의 "비결"이라고 쓴다. 기독교 가정 규례는 남자 우두머리가 가진 후견권만을 염두에 두는 대신 로마 가정의 모든 구성원을 향했기 때문에 "여기에는 남성, 여성, 노예, 어린이에게 부여된 일반적 지위와 그들에게 주어진 기대가 전복되는 것을 포함한다."[25] 기독교 가정 규례는 가정 안에서 말하고 행동하는 남성에게 권위를 부여하는 대신 그리스도 안에서 신앙으로 함께 맺어진 공동체를 공유하는 구성원들에게 각자의 권위를, 곧 그들 자신을 위해 듣고 행동할 권리를 부여한다. 이는 로마의 가부장 구조와 근본적으로 다르다. 가정 교회의 기독교 구조는 로마 제국의 가부장 세계에 **저항한다**.

남자의 권위를 강조하는 것이 바울의 목적이 아니었으므로

기독교 가정 규례가 남성의 권위를 형성하는 방식을 로마 가부장제에 저항하는 서사로도 읽을 수 있다. 아리스토텔레스는 남성의 권위를 정당화하고자 글을 썼다. 그는 남성과 여성 사이의 영구한 불평등을 강조했다. 남성의 본성은 명령하는 것이고 여성의 본성은 순종하는 것이다. 기독교 가정 규례는 다른 내용을 담는다. 골로새서 3장에서 바울은 짐작건대 (아리스토텔레스가 그랬듯) 책임자로 추정되는 남편들이 아니라 **먼저 아내들**을 부르며 가정에 대한 그의 논의를 시작한다. 페피아트와 스캇 맥나이트 Scot McKnight 둘 다 눈여겨보듯 바울의 말에는 남편의 권력과 권위에 대한 강조가 결여되어 있다. 그 대신 바울은 아내들이 (열등해서가 아니라) **주께** 복종하고 남편들은 자기 아내를 사랑해야 하며 괴롭게 하지 말라고 강조한다. 맥나이트는 "아내들에게 전하는 지시의 논거는 남편의 권위, 권력, 리더십, 위계에 근거하지 않는다"라고 말한 데 이어 "논거는 근본적으로 다른 곳에 있다. 그것은 바로 주님의 삶의 방식에 기초한다"라고 말한다.[26] 로마의 가장들이 아니라 예수님이 기독교 가정의 책임자시다.[27]

마찬가지로 에베소서 5장을 로마 가부장제에 대한 저항 서사로도 읽을 수 있다. 많은 학자는 가정 규례에 대한 바울의 전체 논의가 21절 "그리스도를 경외함으로 피차 복종하라" 아래 있다고 주장한다. 에베소서의 가정 규례가 이 절부터 시작하는 것으로 읽을 때, 모든 것이 바뀐다. 물론 아내들은 복종해야 하나, 남편들도 복종해야 한다. 여성이 열등하다고 강조하는 대신 에베소서 5장은 여성이 평등하다고, 21절에서 남편들이 복종하도록 부름받았듯 22절에서 아내들도 복종하도록 부름받았다고 강조한다. 그리스도인들을 로마 군중의 또 다른 일부로 두는 대신(여자의 복종을 강조하는 대신), 21절의 상호 복종은 "신도들을 비신앙의 세계에서 구별되게 하는 삶의 방식에 관한 특징이다."[28] 이런 급진적 함의 때문에, 상호보완주의 견해를 옹호하는 번역은 21절과 22절을 반드시 나눈다. 영어의 ESV English Standard Version 번역은 번역자들이 "사랑으로 행하라"고 제목을 붙여 묶은 단락 마지막에 21절을 둔다. 이에 따라 "아내들이여 자기 남편에게 복종하기를 주께 하듯 하라"는 22절로 시작하는 "아내와 남편"이라는 제목으로 묶인 단락과 21절은 분리된다.

  ESV 번역자들이 에베소서 5장에 저지른 일은 고고학자이언 모리스Ian Morris의 고대 그리스 아테네 남성들에 대한 비평을 떠올리게 한다. 모리스는 고고학자들이 고대 아테네에서 여성에 관한 물적 증거를 거의 발견하지 못한 것은 우연이 아니라고 쓴다. "여성과 노예는 여전히 비가시적이다." 하지만 이는 "방법론의 문제"나 학자들이 증거들을 가지고 잘못 결론 내렸기 때문이 아니다. 그리스 도시 국가에서 "흔히 만연했던 남자 시민 문화"는 여성을 종속시켰을 뿐 아니라 여성이 살았던 공간을 매우 통제했으므로 그들에 관한 증거가 거의 남지 않은 것이다. 여성은 여전히 비가시적이다. 왜냐하면 "아테네 남성 시민들이 그러기를 바랐다."²⁹ ESV의 에베소서 5장 번역은 여성의 종속을 강조하고, 남성도 복종해야 한다는 요구를 최소화한다. 바울이 그것을 의도해서가 아니라 ESV의 상호보완주의 번역자들이 그것을 바랐기 때문이다.

  에베소서 5:21이 로마 가부장제를 전복하는 유일한 구절은 아니다. 또 바울은 남성에게 자기 몸을 사랑하듯 그들의 아내를 사랑하도록 요구한다. 그리스 로마 세계에서 여자의 몸을 결함을 가진 기형의 남자로 여겼다는 사실을 아는가? 『동물의 생성에 대하여』*Generation of Animals*에서 아리스토텔레스는 "여자는 말하자면 기형의 남자와 같다"라고 쓴다. 이어 "왜냐하면 여자들은 그들의 본성이 더 약하고 차갑기 때문이다.…말하자면 우리는 여자의 상태를 기형의 존재로 보아야 한다"라고 말한다.[30] 여성은 말 그대로 괴물이었다. 물론 아리스토텔레스는 여자 기형이 "정기적"이고 유용한 발생이라고 인정했다. 2세기 갈레노스Galen도 이와 비슷하게, 성기가 퇴화하여 열기가 부족한 미완성의 남자가 곧 여자라고 선언했다.[31] 그러나 그도 아리스토텔레스가 말한 것처럼 기형인 남성들이 존재하지 않았다면 생식을 할 수 없었을 것이기 때문에, 이는 좋은 일이라고 인정했다.

    이와 대조적으로 바울은 여자 몸에 대한 이런 경멸을 조금도 보이지 않는다. 그는 남자의 몸이 여자의 몸보다 더 가치 있거나 소중한 것이 아니라고 주장한다. 여성도 남성처럼 "거룩하고 흠이 없게" 될 수 있으며, 남성이 그 자신인 남자의 몸을 사랑하듯, 여자의 몸을 사랑해야 한다(엡 5:27-29). 바울 연구의 결과로 존 파이퍼가 말하는 기독교에 "남성적 감정"이 있다는 주장을 얼마나 쉽게 뒤집을 수 있는지를 나는 학생들에게 말해 준다.[32] 우리는 바울이 그의 남성적 권위를 자랑했을 것으로 생각하기 쉽지만, 그는 그렇지 않았다. 베벌리 로버츠 가벤타가 발견했듯이 바울은 자신이 설립을 도왔던 교회 회중과의 현재 관계를 묘사하고자 그의 편지들에서 모성 이미지를 일곱 차례 사용한다. "이는 통계적으로 바울이 부성 이미지보다 모성 이미지를 더 자주 사용했음을 의미한다. 특히 바울 편지들의 대다수 논의에서 사실상 그 이미지가 부재했음을 고려할 때, 이는 인상적인 특징이다."³³ 바울은 남자 사도인 자신을 임신한 어머니, 출산한 어머니, 심지어 젖 먹이는 어머니로 묘사한다.

바울은 여자의 몸을 가치 있게 여길 뿐 아니라, 기꺼이 "남자가 여자로 취급되는 수치, 그런 수치를 그에게 가져다줄 역할을 지지하기 위해 가부장의 권위를 넘겨준다."³⁴ 바울의 메시지가 얼마나 아름다운가! 얼마나 급진적인가! 1세기 교회의 여성들이 그의 메시지를 얼마나 환영했을지 상상도 안 된다. 로마 세계에서 여성의 몸을 약하게 만든 이유들이 바울의 글에서는 여성의 몸을 강하게 만든다. 문학적으로 한 여성의 겉모습을 취한 바울은 갈라디아서 3:28에서 그리스도 안에서 "더는 남자도 여자도 없다"there is no longer male and female(NRSV의 번역—편집자)라는 자신의 말로 급진적 주장을 구체화한다.

중세 그리스도인은 현대 그리스도인과 다른 방식으로 바울의 모성 이미지를 이해했다. 가벤타는 현대 학자 가운데 바울의 이 놀라운 모성 이미지에 주의를 기울이는 이가 거의 없다고 지적한다.³⁵ 그에 반해 역사가 캐럴라인 워커 바이넘Caroline Walker Bynum은 12세기 남자 성직자들이 모성 이미지를 활용한 빈도에 감탄한 나머지 『어머니로서의 예수: 중세 성기의 영성 연구』Jesus as Mother: Studies in the Spirituality of the High Middle Ages라는 획기적인 연구서를 썼다. "내가 묻고 싶은 질문은 이것이다." 이어서 그녀는 "흔히 하나님과 그리스도는 남자로 묘사되었는데, 정교하고 명확한 모성 이미지를 사용하는 방식이 12세기 시토회 수도사들에게 왜 그토록 인기 있었을까?"라고 쓴다.³⁶ 그녀는 여성을 향한 태도가 제법 가부장적이었던 베네딕도회 수도사 캔터베리의 안셀무스Anselm of Canterbury를 바울의 여성 이미지를 이해한 최초의 중세 성직자 중 하나로 지목한다. 안셀무스는 데살로니가전서 2:7과 갈라디아서 4:19의 바울의 글을 되새기면서 "아이들을 돌볼 뿐 아니라 놀라운 사랑과 근심을 쏟아 아이들을 거듭 낳는 유모처럼, 당신[바울]은 그리스도인들 가운데 있습니다"라고 썼다.[37] 현대 복음주의자들이 바울의 급진적 모성 이미지의 사용을 간과했다고 해서, 존재하지 않는 것이 아니다. 다시 말하지만 이는 단지 우리가 바울을 잘못 이해해 왔음을 의미한다.

로마의 성 위계질서가 바울의 목적이 아니었으므로

가정 규례를 로마 가부장제에 대한 저항 서사로 읽어야 할 또 다른 분명한 증거는 초대교회 그리스도인들이 로마 세계에서 어떻게 인식되었는지에서 찾을 수 있다. 그들은 "성 구분 이탈자"gender deviants로 인식되었다. 오식과 맥도널드는 플리니우스Pliny the Younger가 집사라고 부른 두 명의 그리스도인 여성에게 가해진 고문을 논의한 후, 기독교를 "저열하고 과격한 미신"으로 묘사한 일을 우리에게 일러 준다.[38] 이들의 글에 따르면 "남자 지도자들에 대한 언급을 배제하고, 무리에서 모종의 여자 리더십에 관심을 쏟기 때문에 플리니우스는 이상적인 남성성이 훼손되었다고 암시한다. 여성들이 장악한 것이다."[39] 그리고 로마식 표현으로 이는 부끄러운 일이다. 초대교회 그리스도인 가운데 여성이 리더십 역할을 맡았을 뿐 아니라 남성, 여성, 어린이 그리고 노예가 전통적으로 여자의 공간이었던 가정이라는 사생활 영역에서 서로 대등한 관계로 만났다. 기독교는 이상적인 로마의 남성성을 훼손한다고 인식되었기 때문에 일탈적이고 부도덕했다. 기독교는 로마의 가정 규례를 따르지 않았기 때문에 플리니우스에게 혐오스러웠다. 그들을 따랐기 때문이 아니었다.

많은 현대 그리스도인에게 가정 규례는 우리를 세상과 다르게 만들어 주는 것이다. 페미니즘이 우리 주변에서 무질서하게 분노하는 동안, 많은 이가 믿듯 복음주의 교회는 시냇가에 잘 뿌리내린 나무처럼 가지를 뻗은 위계질서와 함께 견고하고 평화롭게 서 있다. 실제로 존 파이퍼와 웨인 그루뎀은 『성경적 남성과 여성의 회복』에서 이런 식으로 틀을 짓는다. 그들은 이 책을 시작하면서 "우리는 그리스도인들이 하나님이 그들을 창조하신 대로 남성과 여성의 고귀한 비전을 회복할 수 있도록 도와주고 싶다.···우리는 이런 비전, 곧 성경적 '상호보완주의' 비전이 이전의 실수들을 바로잡고 하나님이 주신 성 차이를 흐리려는 페미니즘에서 나타나는 정반대의 실수들을 피할 수 있기를 바란다."**40** 바울이 살았던 1세기 세계에서는 로마의 성 위계를 보는 방식이 "새로운 비전"은 아니었을 것이다. 바울의 가정 규례에 비추어 본 로마 가부장제의 구조는 "새로운 비전"이 **아니었다.** 가장의 권력을 인정하는 것은 로마 세계가 이미 했던 일이다. 가부장제는 그리스도인들을 다르게 만들어 주지 않는다. 가부장제는 그리스도인들도 똑같이 만든다.

　　신약성경의 가정 규례는 초대교회가 비기독교적이고, 적대가 깊어지는 세계에서 살기 위해 노력한 방식에 관한 이야기를 들려준다. 그들은 적응해야 했지만, 그리스도의 복음도 지켜야 했다. 그들은 할 수 있는 한 로마 가부장제의 틀도 지지해야 했지만, 하나님의 형상으로 만들어진 각 인간의 가치와 존엄성도 지켜야 했다. 바울은 초대교회에 로마 가부장제와 조율할 remix 청사진을 주었다. 기독교 가정 규례는 주 권위자로서 남성만을 지향하는 대신, 담론 안에 모든 사람을 포함시킨다. 기독교 가정 규례는 여자의 열등함으로 남자의 권위를 정당화하는 대신, 여성이 남성과 똑같이 소중하다고 확증한다. 기독교 가정 규례는 아내의 복종에 주목하는 대신(모든 사람이 그렇게 했다) 로마법이 허용했던 것과 정반대로 남편도 똑같이 하도록, 아내의 삶과 생명에 대해 권력을 휘두르는 대신 아내를 위해 그의 삶과 생명을 희생하도록 요구한다. 페피아트는 이것이 "기독교의 혁명"이라고 말한다.[41] 바로 이것이 그리스도인인 우리를 주변 세상과 **다르게** 만들어 준다.

　　우리는 바울을 제대로 되돌릴 수 있을까? 만일 그의 초점이 남자의 머리됨과 여자의 복종이 아니었다면 어떻게 되는가? 만일 그의 전망이 우리가 상상해 온 것보다 크다면 어떻게 되는가? 만일 바울이 고대의 성 위계를 답습하는 대신, 우리에게 기독교 복음이 로마 가정까지 자유롭게 하는 방식을 보여 주고자 했던 것이라면 어떻게 되는가?

바울은 여성에게 침묵하라고
말하지 않았으므로

몇 년 전, 남편이 다수의 고등학생을 데리고 수련회를 진행하기 위해 교외로 나갔다. 그 주말 수련회를 가지 못한 아이들이 포함된 교회 학교에서 청소년을 가르치던 남성이 몸이 아프다며 내게 전화했다. 내가 유일한 대안이었다. 나는 괜찮았다. 나는 가르치는 일을 좋아하고, 그때는 내 영역에서 정점에 서 있었다. 나는 베일러 대학교에서 매주 여섯 번의 학부 강의, 수요일 밤에는 고등학교 여학생들, 멘토로 만나는 대학원생들과 대학생들을 가르치고 있었다. 심지어 계획 없이 즉석에서 맡겨지더라도 가르치는 일은 나의 제2의 천성이었다.

그러나 우리 교회 지도자들은 여성이 남성을 가르칠 수 없다고 분명하게 결론 내렸다. 그리고 그들은 열세 살부터를 남성으로 정의했다. 그래서 나는 목사에게 전화할 수밖에 없었다. 나는 상황을 설명하고 10대 소년과 소녀로 가득 찬 교실에서 남자 교사를 대신할 수 있게 해 달라고 특별히 요청해야만 했다. 한참이 지난 후, 나는 그 전주의 설교 질문들을 간단히 살펴보고 교사가 아니라 조력자로 활동하는 것은 괜찮다는 답변을 들었다. 단순히 고맙다고 말하고 전화를 끊기까지 나는 내 모든 것을 동원해야 했다.

그중 일부는 확실히 내 자존심이었다. 주요 연구 대학교에서 박사 학위를 받은 (심지어 종교학을 부전공한) 교수인 바로 내가 교회 학교 고등부에서 가르칠 수 없다고 들었다. 당연히 이는 내 자존심을 상하게 했다. 그러나 내가 화가 난 이유는 또 있었다. 나는 그 목사가 틀렸다고 생각했기 때문이다. 여성은 침묵하고 남성에 대한 권위를 행사하지 말라고 바울이 말했다는 그의 신념 때문에 나는 가르칠 수 없었다. 만일 바울이 결코 이렇게 말하지 않았다면 어떻게 되는가? 만일 가정 규례에서 벌어진 것처럼 우리가 바울이 살았던 로마라는 맥락을 잊은 채 단순히 바울을 오해했다면 어떻게 되는가? 만일 우리가 바울이 그의 주변 이교도 세계를 반박하기 위해 인용한 내용을 바울의 말로 혼동했다면 어떻게 되는가?

나는 역사가이므로 바울의 편지에는 그의 말이 드러낸 것 이상이 있음을 안다. 바울은 그가 친밀하게 아는 교회들에 글을 썼다. 그는 그들을 알았다. 가벤타는 고린도전서 1장에 대해 "이런 이슈들은 뜬금없이 발생하지 않는다"라고 일러 준다.[42] 바울은 그 교회의 분투, 사람들, 말썽꾼들을 알고 있었다. 바울 메시지의 기본을 이해하기 위해 역사적으로 깊이 들어가야 하는 것은 아니다. (한 가지 예로는) 고린도 회중 가운데 서로 다른 영적 은사들의 가치를 두고 경쟁이 벌어졌다는 정도만 말하면 된다. 우리는 거만해진 사람이 누구였고 방언으로 말하는 것보다 예언을 옹호한 사람이 누구였는지와 같은 직접 경험해야 알 수 있는 세부 사항들은 알 수 없을 것이다. 그러나 우리는 바울이 그들을 어떻게 꾸짖었는지를 안다. 그들의 은사는 모두 같은 성령에서 나왔다. 그들의 은사는 모두 같은 몸 안에서 활동하며 그들의 은

사 중 어느 것도 독립적으로 작용하지 않는다. 우리는 바울의 메시지를 명확히 듣는다. 그리스도의 몸 안에서 우리는 모두 동등하게 중요하다. 2천 년이 넘는 시간이 흘렀어도, 그 의미는 희미해지지 않았다.

그런데도 우리가 바울의 편지들이 놓인 역사적 맥락을 무시한다면, 우리는 그의 의미를 왜곡하거나 침소봉대할 수 있다. 고린도전서 14:33-36이 탁월한 예다. "모든 성도가 교회에서 함과 같이 여자는 교회에서 잠잠하라. 그들에게는 말하는 것을 허락함이 없나니 율법에 이른 것같이 오직 복종할 것이요, 만일 무엇을 배우려거든 집에서 자기 남편에게 물을지니 여자가 교회에서 말하는 것은 부끄러운 것이라. 하나님의 말씀이 너희로부터 난 것이냐, 또는 너희에게만 임한 것이냐." 바울은 여성에게 침묵하고, 복종하고, 자기 남편의 영적 권위에 의존하라고 선언한다. 옳은가? 내 생각에 이 구절은 현대 복음주의자들이 부풀린 주요 부분이며, 바울이 여기서 의도한 바보다 크게 강조되었다. 이 구절은 상호보완주의의 기본 가르침이 되었다. 로마 역사를 더 잘 이해한 후 이 구절에 대한 해석을 어떻게 바꿀 수 있을지 살펴보기로 하자.

기원전 215년, 전쟁에서 패배하고 재정난에 빠진 로마는 새로운 법을 통과시켰다. 그 맥락은 사상 최대의 군사적 패배였다. 한 해 전 8월 2일, 카르타고의 장군 한니발Hannibal이 제2차 포에니 전쟁 중 칸나이에서 로마 군대를 말살했다. 자료에 따르면 그날 5만에서 7만 명에 이르는 로마 병정이 죽었다. 이는 제2차 세계대전에서 가장 피비린내 나는 전투들보다 더 치명적이었다. 1세기 로마 역사가 리비우스Livy는 "이런 무거운 재앙에 굴복하지 않을 나라는 결단코 어디에도 없다"라고 울부짖었다.⁴³ 로마가 다른 나라들과 달랐다는 점만 빼면 말이다(이것이 리비우스의 요점이다). 로마는 굴복하지 않았다. 그들은 긴축 정책을 시행했고 새로운 군대를 양성했으며 계속 진군했다. 로마는 완벽한 기개의 전형을 보여 주었다.⁴⁴

학생들은 내가 군대만 다룬 역사를 좋아하지 않는다는 것을 안다. 그래서 내가 이런 이야기를 시작하면 곧이어 여성들이 등장하리라는 것을 안다. 그리고 실제로 여성들이 등장한다. 갑작스럽게 줄어든 남성 후견인들로 인해 독립적으로 부를 쌓은 여성들이 늘어났는데, 로마의 긴축 정책은 이 엄마와 딸들을 엄중하게 단속하는 것으로 이어졌다. 아마 로마는 두 가지 이유에서 그랬을 것이다(역사가들은 여전히 이렇게 주장한다). 확실한 한 가지는 전쟁에 기울이는 총력을 위해서였다. 로마는 모든 사람의 돈이 필요했다. 그래서 그들은 오피아 법Oppian Law을 통과시켰다. 여성들은 고급스러운 옷을 더는 입을 수 없었고 특별한 일이 아니면 로마에서 마차를 탈 수 없었으며 14그램 이상의 금을 소유할 수 없었다. 심지어 전쟁 중 받은 상속을 국가에 넘겨야 하는 이들도 있었다. 이 여성들은 로마를 위해 더 많은 돈을, 자기 자신을 위해 더 적은 돈을 쓰도록 조장되었다.

로마가 오피아 법을 통과시킨 두 번째 이유는 여성이 공공연히 재산을 과시하는 일을 단속하기 위해서였다. 칸나이 전투

후 로마는 슬픔에 빠졌다. 잔치를 벌이거나 고급 옷을 입고 다닐 때가 아니었다. 위기를 대비해서 죽을 때까지 싸워야 했다(이미 상당히 그렇게 하고 있었다). 특히 여성이 남성보다 더 많은 돈을 소유할 때가 아니었다. 이미 살펴보았듯 로마는 가부장제 사회였고 나이 지긋한 기혼 여성, 곧 남편의 후견 아래 안전하게 결혼 생활을 하는 여성이 로마 사회의 성공을 상징했다. 남자의 리더십에서 자유로운 독립적이고 부유한 여성은 그렇지 않았다.

어찌 되었든 로마는 승리했다.

위기가 끝난 후 여성의 재산 소유를 제한했던 그 법은 계속 유지되었으나, 남성의 재산을 제한했던 법은 바뀌었다. 로마의 여성만 기원전 195년까지 이 법을 견뎌야 했다. 그리고 결국 여성들은 이 법을 폐지하라고 요구하면서, 거리뿐 아니라 광장에 이르는 길까지 봉쇄하고 시위를 벌였다.

집정관이었던 카토 Cato the Elder는 이 법의 폐지를 반대했다. 그가 한 말을 들어 보자. 아마 아우구스투스 황제 치세 동안(대략 기원전 30년-기원후 17년) 리비우스가 그의 연설을 기록했을 것이다.

가정에서 우리의 자유는 여자의 분노에 정복됩니다. 이곳 광장은 멍들고 짓밟힙니다. 그리고 우리는 개인들을 통제하지 못했기 때문에, 다수가 된 이들을 두려워합니다.…실제로 조금 전에 저는 한 무리의 여성 사이를 걷는 동안 얼굴을 붉혀야 했습니다.…저는 "이게 무슨 행동입니까? 공공장소에서 뛰어다니고, 거리를 막고, 다른 여성의 남편에게 말을 걸다니! 가정에서 당신의 남편한테도 같은 질문을 던질 수 없지 않습니까? 남편과 함께 가정에 있는 당신보다 다른 사람의 남편과 공공장소에 있는 당신이 더 매력적일까요? 그런데도 여러분이 여기서 어떤 법이 통과되고 폐지되는지에 대해 신경 쓰는 행동은…심지어 가정생활에도 들어맞지 않습니다"라고 말할 수밖에 없었습니다. 우리 선조들은 여성이 후견인 없이 개인 사업을 하는 것도 원하지 않았습니다. 선조들은 여성이 부모, 형제 또는 남편의 권위 아래 있기를 원했습니다. 그런데 우리는 (신들이 우리를 도와주기를!) 심지어 여성이 국가를 포박하고 광장과 우리 의회를 간섭하도록 내버려 두었습니다. 그녀들이 호민관들을 설득해서 폐지에 투표하게 하려는 것이 아니라면, 지금 길거리와 교차로에서 하는 저 행동은 무엇입니까?…지금 그녀들이 승리한다면, 앞으로 여성이 시도하지 않을 일은 무엇일까요? 여성이 여러분과 동등해지기 시작하자마자, 그녀들은 곧 여러분들의 상관이 되고 말 것입니다.[45]

리비우스는 카토의 이 연설을 그의 책 『리비우스 로마사』*History of Rome*에 기록했다. 1세기 끝 무렵 플리니우스가 남긴 글은 리비우스를 유명 인사로 묘사한다. 리비우스는 저명한 작가였고, 그의 『리비우스 로마사』는 아주 유명해졌을 것이다.

역사가로서 나는 리비우스의 목소리가 신약성경에서 울려 퍼진다는 것이 놀랍지 않다. 고린도전서 14:34-35에 다시 귀 기울여 보자. "여자는 교회에서 잠잠하라. 그들에게는 말하는 것을 허락함이 없나니 율법에 이른 것같이 오직 복종할 것이요, 만일 무엇을 배우려거든 집에서 자기 남편에게 물을지니 여자가 교회에서 말하는 것은 부끄러운 것이라." 정확히 말한 그대로는 아니다. 그러나 매우 비슷하다. 분명히 울려 퍼진다. 다시 말해서 바울의 말들은 그가 살았던 로마의 맥락에서 가져온 것이다.

카토의 연설이 여성에 대한 이런 감정을 전하는 유일한 로마 문헌은 아니다. 신약학자 찰스 탤버트Charles Talbert는 『풍자 시집』Satires 6편에서 가정 안에 머무는 대신 남자들의 지배 영역을 침범해 공공연하게 설치는 여성들을 경멸하는 유베날리스Juvenal(기원후 2세기 초)를 언급한다.[46] 로마 세계는 여성이 남성에게 종속된다고 보았다. 로마 세계는 여성이 공적 활동을 하지 말고 남편이 가정에 있는 아내에게 정보를 전달해 주어야 한다고 선언했다. 로마 세계는 공적 영역인 광장에서 여성이 침묵해야 한다고 말했다.

바울은 교육받은 로마 시민이었다. 아마도 그는 그릇된 이해를 인용한 후 이를 반박함으로써 잘못을 수정하는 동시대 수사적 관행에 익숙했을 것이다. 바울은 고린도전서 6장과 7장에서 "모든 것이 내게 가하나" "음식은 배를 위하여 있고 배는 음식을 위하여 있으나" "남자가 여자를 가까이 아니함이 좋으나"와 같은 절들에서 이런 인용법을 활용한다.[47] 이런 예시 가운데 "모든 것이 내게 가하나"처럼, 바울은 이방 세계의 그릇된 견해들을 인용한다. 이어서 바울은 이에 대해서 "강하게 수정을 가한다."[48]

바울은 여성이 공적 영역에서 침묵해야 하고 가정에서 그녀의 남편을 통해 정보를 얻어야 한다는 리비우스의 견해를 포함해, 여성에 대한 동시대 견해들에 익숙했을 것이다. 페피아트가 주장했듯이 바울이 고린도전서 6장과 7장에서 한 것처럼 고린도전서 11장과 14장에서도 같은 작업을 한다고 볼 수는 없을까?[49] 그런 나쁜 관습들을 인용하여 나쁜 관습들을 반박한 후에 그것들을 수정하고 있는 것은 아닐까? 페피아트가 쓰듯이 "고린도에 보낸 편지에서 여성에게 가해진 금지 사항들은 어떻게 고린도인들이 그들의 문화적 기대감과 가치의 연장선에서 바울의 가르침과 반대로 여성들을 대했는지를 보여 주는 예들이다."[50]

만일 고린도의 그리스도인들이 그들에게 놓인 문화적 제약대로 여성들을 압박하자, 바울이 이를 무척이나 염려한 나머지 보낸 지시라면 어떻게 될까? 그는 고린도 남자들이 로마 세계에서 그들의 기독교 세계로 끌고 들어온 나쁜 관습들을 인용했고, 이어서 이를 반박했다. 영어 역본 RSV^{Revised Standard Version}는 바울이 바로 이런 일을 했으리라는 생각을 지지한다. 바울은 먼저 문화적 제약들을 나열한다. "모든 성도가 교회에서 함과 같이 여자는 교회에서 잠잠하라. 그들에게는 말하는 것을 허락함이 없나니 율법에 이른 것같이 오직 복종할 것이요, 만일 무엇을 배우려거든 집에서 자기 남편에게 물을지니 여자가 교회에서 말하는 것은 *부끄러운 것이라*"(고전 14:33-35). 이어서 바울이 끼어든다. "[무슨 말이냐! What!(한글 성경에는 없다—옮긴이)] 하나님의 말씀이 너희로부터 난 것이냐 또는 너희에게만 임한 것이냐? 만일 누구든지 자기를 선지자나 혹은 신령한 자로 생각하거든 내가 너희에게 편지하는 이 글이 주의 명령인 줄 알라. 만일 누구든지 알지 못하면 그는 알지 못한 자니라. 그런즉 내 형제들아 예언하기를 사모하며 방언 말하기를 금하지 말라. 모든 것을 품위 있게 하고 질서 있게 하라"(36-40절).

강의에서 나는 자주 이렇게 한다. 한 학생에게 자기 성경을 읽게 하는데, 흔히 ESV나 NIV 성경을 읽는다. 그러면 나는 적절히 억양을 높여 RSV 성경에서 다음 구절을 읽는다. 나는 "[무슨 말이냐!] 하나님의 말씀이 너희로부터 난 것이냐 또는 너희에게만 임한 것이냐?"가 분명하게 느껴지는 어조로 읽는다.

그들이 숨을 들이쉰 채 헉 하는 소리를 듣는다. 한번은 크게 소리친 학생도 있었다. "교수님! 완전히 다른데요!" 그렇다고, 완전히 다르다고, 나는 그녀에게 대답했다.

고린도전서 14:34-35을 고린도의 관습이 드러난 인용으로 읽을 때(오델스콧 D. W. Odell-Scott이 1983년에, 찰스 탤버트가 1987년에, 페피아트가 최근에 반복해서 이렇게 주장한다),[51] 바울의 목적은 선명해진다. 고린도인들이 하는 일을 밝히고("여자는…잠잠하라"), 그리스도인들에게 고린도의 관습들을 따르지 말라고 명확하게 이르기 위한 것이다('무슨 말이냐!'). 바울이 한 일이 이것인지는 장담할 수 없지만, 매우 (역사적으로) 일리가 있다. 고린도전서는 이미 바울이 아닌 이들의 말을 인용하고 있으며, 34-35절의 어구들은 눈에 띄게 로마 자료에 가깝다. 마그 모스코 Marg Mowczko가 말하듯, "14:34-35이 바울 아닌 다른 사람의 말을 인용한 것이라는 견해는 34-35절의 귀에 거슬리는 어조의 변화, 뒤이어 36절에서 보이는 주제와 어조 그리고 성 구분의 갑작스러운 변화를 그럴듯하게 설명해 주는 몇 안 되는 견해다."[52] 만일 바울이 정말 기독교 세계관으로 맞서기 위해 로마 세계관을 인용한다면, 그가 이렇게 말한 의미는 복음주의 여성들이 배워 온 바와는 정반대가 된다.

로마 세계가 그랬듯 바울도 여성에게 침묵하라고 말하는 대신, 예수님의 세계에서는 여성이 말할 수 있어야 한다고, 남성들에게 말한 것은 아닐까? 우리가 바울의 요점을 (또 한 번) 놓친 것은 아닐까? 우리는 그의 꾸짖음에 귀 기울여 여성이 자유롭게 말하도록 하는 대신, 바울이 경멸했던 바로 그 가부장제의 관습을 계속 유지하고 있는 것은 아닐까?

역사가로서 나는 바울의 말과 그가 살았던 그리스 로마 세계가 얼마나 비슷한지, 간과하기 어렵다는 것을 잘 안다. 그러나 만일 내가 틀렸다 해도, 곧 바울이 반박할 목적으로 로마 자료를 의도적으로 인용한 것이 아니라 해도 나는 계속해서 고린도 여성들에게 바울이 내린 지시가 역사적 맥락에 한정된다고 주장할 것이다.[53] 왜 그런가? 일관성은 해석학적 미덕이기 때문이다. 여성들의 침묵은 바울의 포괄적 법령이 아니다. 그의 편지 전반에서 그는 여성들이 말하도록 허용한다(고전 11:1-6이 한 사례다). 바울은 여성 리더십을 제한하지 않는다. 그는 여성들이 초대교회를 이끌며 그들의 사역들을 지원했다고 우리에게 알려 준다(다음은 로마서 16장을 다루겠다). 바울의 관심은 성 위계를 엄격하게 유지하는 데 있지 않다. 베벌리 로버츠 가벤타가 일찍이 고린도전서 (12:1-7)에 대해 우리에게 일러 주었듯이 바울 "사역의 소명은 성 구분에 따라 제약되지 않으므로, 상호보완주의에 대한 주장들은 여기서 어떤 근거도 찾을 수 없다."[54] 복음주의자들은 바울이 여성에게 침묵하라고 했다고 주장하면서, 또다시 가부장적 문화에 굴복했다. 우리는 아리스토텔레스를 버리지 못했고(레이철 헬드 에번스는 우리가 그렇게 해야 한다고 다시 한번 격려한다),[55] 바울이 그토록 힘들게 우리에게 전해 주려한 그리스도 안에서의 자유를 내버렸다.

바울이 언급한 성경의 여성들은 성경적 여성을 따르지 않으므로

로마서 16장에 나오는 바울의 여성들이 마침내 내 마음을 바꾸었다.

나는 모든 게 분명해졌던 그 일요일을 여전히 기억한다. 설교 후에 나는 화가 났다. 너무 화가 나서 설거지를 했다. 점심을 먹은 그릇들을 문지르는 동안 흐르는 물이 내 마음을 잠잠하게 했다. 남편은 무언가 잘못되었음을 알아차렸다(설거지가 결정적 증거였다). 그는 주방으로 걸어왔다. 그는 아무 말도 하지 않았다. 내가 결국 "나는 남자의 머리됨을 믿을 수 없어"라고 말했다. 그가 조리대에 기댔다. 나는 남편을 볼 수 없었다. 시간이 더 흘렀고 그가 물었다. "남성들이 가정의 영적 지도자로 부름을 받았다는 것을 믿을 수 없다는 말이야?" 나는 머리를 흔들며 "믿을 수 없어"라고 말했다. 그는 또 몇 분을 그렇게 서 있었고, "그래"라고 짧게 말한 후 나갔다. 나는 그때 그가 내게 동의하지 않는다는 것을 알았다. 그는 상호보완주의를 따르는 교회에서 자랐고 상호보완주의를 따르는 신학교를 다녔다. 그런데도 그는 기꺼이 다른 신학적 관점을 듣고 고민했다. 나는 그날, 그가 내게 보여 준 그 신뢰를 평생 감사할 것이다.

설교가 남자의 리더십에 관한 것이었음을 기억하지만, 사실 그 설교 때문에 미치도록 화가 난 것은 아니었다. 그렇게 화가 난 이유는 최근 내가 진행한 여성의 역사를 다룬 강의 때문이었다. 우리는 고대 세계부터 중세 세계까지 시간 순서대로 옮겨 가며, 초기 교회 여성들에 대해 논의했다. 즉흥적으로 나는 아무나 성경책을 펴고 로마서 16장을 큰 소리로 읽어 달라고 학생들에게 부탁했다(기독교 학교에서는 언제나 적어도 한 명은 손에 성경을 들고 있다). 그 수업에서 나는 학생들에게 집중해서 들은 뒤, 모든 여자의 이름을 써 보도록 시켰다.

나와 학생들 모두에게 매우 강력한 배움의 순간이었다. 나는 그 절들이 여성의 이름으로 가득 찬 것을 알고 있었다. 그러나 그 이름들이, 한 사람 한 사람 그렇게 크게 불리는 것을 처음 들었다.

뵈뵈, 바울에게 편지를 받아 이를 그녀의 가정 교회에서 크게 읽어 준 집사.

브리스가(브리스길라), 그녀의 남편보다 먼저 언급된(로마 세계에서는 상당히 주목할 만하다) 바울의 동역자.

마리아, 아시아에서 복음을 위해 수고한 일꾼.

유니아, 사도들 가운데 두드러진 사람.

드루배나와 드루보사, 주 안에서 바울의 동료 일꾼들.

사랑하는 버시, 역시 주를 위해 애써 일한 일꾼.

루포의 어머니, 율리아, 네레오의 자매.

바울이 인정한 열 명의 여성이다.

뵈뵈, 브리스가, 마리아, 유니아, 드루배나, 드루보사, 버시, 이렇게 일곱 명의 여성이 그들이 수행한 사역을 인정받는다. 이 가운데 한 여성, 뵈뵈는 집사로 확인된다. 케빈 매디건 Kevin Madigan 과 캐럴린 오식은 뵈뵈가 "1세기 교회에서 유일하게 이름이 알려진 집사"라고 밝힌다.[56] 또 다른 여성 유니아는 단순 사도가 아니라, 사도 가운데 두드러진 사람이었던 것으로 보인다.

나는 학생들에게 로마서 16장에서 남성보다 더 많은 여성이 자기 사역으로 인정받았다는 사실을 아는지 물었다. 우리는 거기 앉아서 이 여성들의 이름을 확인했다. "아니 왜!" 한 학생이 손도 들지 않은 채 갑자기 강의에 끼어들었다. "아니 왜, 이제껏 이 사실을 몰랐을까요?" 그녀에게 아마도 네가 읽었던 영어 성경 역본이 여성들의 활동을 잘 알려 주지 않기 때문이라고 말하면서 또 다른 설명을 시작했다.

그날 나는 강의하는 나 자신에게 귀 기울였다. 나는 어떻게 영어 성경 역본들이 초대교회에서 활동한 여성들의 리더십을 제대로 알리지 않았는지에 대한 증거를 펼쳐 보이는 나 자신에게 귀 기울였다. 나는 로마서 16장의 다른 역본들을 가지고 강의하는 나 자신에게 귀 기울였다.

예를 들어 1986년 무디 출판사의 라이리 스터디 성경 *The Ryrie Study Bible*을 보자. 우리 할아버지가 이 성경을 갖고 계셨고, 나는 이 성경을 내 책꽂이에 꽂아 두고 있다. 이 성경은 뵈뵈를 집사로 보는 대신 그녀의 역할을 "종"으로 번역했다. 그 성경의 주석은 이렇게 말한다. "여기서 '종'으로 번역된 단어는 종종 '집사'라고 번역되기도 하여 일부는 뵈뵈가 여성 집사였다고 믿는다. 그러나 여기서 이 단어는 비공식적 조력자라는 의미에 더 가깝다."[57] 나는 학생들에게 문제를 알아챘는지 물었다. 왜 뵈뵈의 역할을 '집사'가 아니라 '종'이라고 번역해야 했는지, 그 이유는 나오지 않는다. 왜 그 단어가 "비공식적 조력자"라는 의미로 사용된 것이 더 그럴듯한지, 그 이유는 나오지 않는다. 이런 번역을 선택한 이유를 유추할 수 있다. 뵈뵈가 여성이며 그래서 그녀가 집사일 수 없다는 가정 때문이다. 만일 "겐그레아 교회의 집사"라는 구절이 남성의 이름 뒤에 나왔다면 '집사'의 의미에 문제를 제기할 수 있었을지 나는 심각하게 의심스럽다.

가르치면서 나는 내 교회를 생각했다. 어째서 여성들이 노래하거나 악기를 연주할 때 외에는 무대 위에 거의 등장하지 않는지 말이다. 어째서 여성은 아동 사역을, 남성은 어른 사역을 맡아야 하는지 생각했다. 내가 어른을 위한 교회 학교 강의를 요청받았을 때, 목사가 와서 내 강의안을 검토했던 일을 떠올렸다. 나는 그저 교회 역사를 가르칠 것이었기 때문에 그는 강의할 수 있게 해 주었다. 만일 성경 본문을 다루었다면 이야기는 다르게 흘러갔을 것이다.

나는 대학교 강의실에 서서, 스스로를 위선자처럼 느꼈던 때를 기억한다.

이 자리에서 나는, 리더십에서 여성과 관련한 문제는 바울 탓이 아니라는 설득력 있는 역사적 증거를 학생들에게 차근차근 설명해 주었다. 문제는 바울에 대한 오해와 잘못 알려진 방식이었다. 여기서 나는 초대교회에서 여성이 집사이자 사도로서 진정으로 이끌고 가르쳤던 방식을 학생들에게 보여 주었다. 나는 학생들에게 근대 직전까지 유니아Junia가 사도로 받아들여졌으며, 그 후부터 그녀의 이름이 남성형 이름 유니아스Junias로 번역되기 시작했음을 보여 주었다. 신약학자 엘든 제이 엡Eldon Jay Epp은 에라스무스 역본부터 20세기까지 그리스어 신약성경을 조사한 뒤, 이를 두 개의 표로 편집했다.[58] 그 도표들을 함께 보면 그리스어 이름 유니아는 20세기까지는 거의 보편적으로 여성형으로 번역되었다가, 갑자기 유니아스라는 남성형으로 번역되기 시작했다. 어찌된 일인가? 가벤타는 다음과 같이 설명한다. "엡은 고통에 차 격노하면서, 20세기에 들어선 뒤 로마서 16:7에 대한 주된 요인은 여성은 사도일 수 없다는 가정이었음을 분명히 밝힌다."[59] 현대 그리스도인들이 오직 남성만 사도일 수 있다고 가정했기 때문에, 유니아는 유니아스가 되었다. 역사가로서 나는 바울의 편지들 속 여성들이, 현대 종교 지도자들이 여성에게 부과한 소위 제한 사항들에서 동떨어진 이유를 알았다. 그것은 바로 우리가 바울을 잘못 읽어 왔기 때문이다. 여성에 대한 바울의 접근법이 일관되지 않은 것이 아니다. 우리가 그를 해석한 방식이 그를 일관성 없게 만들었다. 로마서 16장이 분명하게 밝히듯 실상 성경의 여성들은 성경적 여성이란 현대의 사상들에 모순된다.

나는 이 모든 걸 알았다. 그런데도 나는 우리 교회 지도자들이 교회에서 여성이 13세 이상의 소년들을 가르칠 수 없다는 주장을 아무런 반대에 부딪히지 않고 지속하도록 내버려 두었다. 나는 여전히 침묵했다.

나는 계속 강의했다. 나는 학생들에게 역사적 현실이 뵈뵈와 같다고 말했다. 바울은 그녀를 집사로 불렀다. 누구도 이 본문에 이의를 제기하지 않는다. 그들은 본문의 의미에만 이의를 제기할 수 있다. 초기 교회의 교부들은 뵈뵈를 여성이자 집사로 인정했다. 예를 들어 3세기 초 오리게네스Origen는 그의 글에서, 뵈뵈의 직함을 이렇게 묘사한다. "뵈뵈가 공식적으로 겐그레아 교회에서 자리를 차지했으므로, 여성들 또한 교회 사역에 임명될 수 있다. 바울은 그녀의 빛나는 업적들을 나열하면서 극찬하고 인정한다."[60] 오리게네스가 "교회 사역"이라 칭한 것의 의미에 대해서도 분명히 질문이 있겠지만, 그는 뵈뵈를 역할을 임명받은 자로 받아들였다. 한 세기 뒤 '황금의 입'을 가진 설교자였던 요한 크리소스토모스John Chrysostom는 뵈뵈가 "모든 사람 앞에서" "자매"로 불리며 "집사"로 구별된 일이 얼마나 대단히 영광스러운지에 관해 말한다. 크리소스토모스는 "남성과 여성 모두" "거룩한 사람" "뵈뵈"와 "친하게 지내야" 한다고 결론 내린다.[61] 디모데전서

3:11에 관한 그의 설교에 따르면 크리소스토모스는 남성과 똑같이 여성도 집사의 역할을 할 수 있다고 분명히 이해한다. 그는 이렇게 말한다. "마찬가지로 여성들도 겸손해야 한다. 헐뜯는 사람이 되어서는 안 되며 모든 일에 진지해야 하고 성실해야 한다. 어떤 사람들은 [바울이] 일반 여성들에 관해 말하는 것이라고 이야기한다. 그러나 그럴 리 없다. 왜 그가 이야기 중간에 여성에 관한 사항들을 끼워 넣으려 하겠는가? 오히려 그는 집사의 지위에 있는 여자들에 대해 말하는 것이다. '집사는 한 아내의 남편이어야 한다.' 이는 특히 교회에서 필요하고 선하며 옳은 일이기 때문에 여성 집사에게도 적용된다."[62]

만일 이 4세기 장로와 집사가 보여 준 여자 리더십에 대한 이런 솔직한 이해에 놀랐다면, 교회 역사가 매디건과 오식은 그럴 필요 없다고 우리에게 다시 일러 준다. "안디옥과 콘스탄티노플에 위치한 요한의 교회들에서 여자 집사들은 잘 알려져 있었다."[63] 뵈뵈를 집사로 묘사한 것이 크리소스토모스에게는 놀랍지 않았다. 그가 살았던 4세기에 그의 선한 친구 가운데 일부가 여자 집사였기 때문이다. 실제로 매디건과 오식은 (비문과 문학에서) 초기 교회 여성 집사들에 관한 107회의 언급을 찾아냈다.

물론 나는 학생들에게 초기 교회 모든 사람이 여성 리더십을 지지하지는 않았다고 말했다. 교회의 장로직은 고대 세계의 가부장적 편견들이 이미 기독교에 스며든 방식을 큰 소리로 증언한다. 아리스토텔레스가 여자의 몸을 괴물과 기형으로 간주했던 방식을 기억해 보라. 교회의 지도자들은 이런 사상들을 공의회의 결정에 도입하면서, 5세기 초에 여자의 몸이 리더십에 적합하지 않다고 선언했다. 매디건과 오식이 말하듯 "제례를 위한 순결이 남자들과 결부되면서, 여자들은 불순함과 결부된다. 이것이 여성 장로를 반대하는 가장 강력한 주장이었다."[64] 6세기까지 교회가 유럽 전반에 나타나고, 로마 권력을 나타내는 세속 지위들이 주교와 사제라는 성스러운 직위로 대체되면서, 여성들 또한 그들의 이전 지위인 남성들의 권위 아래로 옮겨 가야 했다.

"교수님, 왜 교회에서는 이런 것들을 가르쳐 주지 않죠?"

나는 그 학생을 바라보았고, 내 가슴은 요동쳤다. 대답은 간단하다. 나는 대다수가 잘 알지 못하기 때문이라고 말했다. 신학교 교과서는 흔히 역사가들이 아니라(특히 여성 역사가들이 아니라) 목사들이 집필한다. 상호보완주의 교회에 출석하는 대다수는 유니아를 "사도들 가운데 뛰어난"prominent among the apostles(RSV를 비롯한 몇 가지 역본은 이렇게 옮겼다—편집자)대신 "사도들에게 잘 알려진"well known to the apostles이라고 표현한 ESV 번역이 여성들을 리더십에서 제외시키려는 의도적 움직임이었다는 사실을 모른다(롬 16:7). 사람들은 여성이 현대 교회에서 리더십을 금지당하듯, 초대교회에서도 리더십을 금지당했다고 믿는다. 교회는 진실이라고 믿는 것들을 가르친다.

내가 큰소리로 외쳐 온 것이 이런 내용들이었다.

내가 말하지 않은 것, 그리고 그날 부엌 싱크대 앞에 서서 두 뺨에 눈물을 흘리게 만든 것은 내가 진실을 알고 있었다는 점이다. 나는 진실을 알았고 교회에서 나는 여전히 침묵했다.

나는 남편이 그의 직장을 잃을까 두려워 침묵을 지켰다. 나는 우리 친구들을 잃을까 무서웠다. 나는 내 사역을 놓칠까 걱정했다.

상호보완주의는 규칙을 따르는 여성에게 보상한다. 침묵을 지킴으로써 나는 내 남편이 지도자로 남을 수 있게 도왔다. 침묵을 지킴으로써 나는 약간의 영향력을 행사할 수 있었다. 침묵을 지킴으로써 나는 우정을 유지하고 내 주변 여성의 신뢰를 얻었다. 침묵을 지킴으로써 나는 편안한 일상을 유지했다.

바울이 언급한 여성들에 대한 진실을 제외하고도 나는 뵈뵈, 브리스가, 유니아 같은 성경에서 칭찬하는 여성들이 오늘날 성경적 여성 개념이 지닌 한계에 문제를 제기할 이 현실에 대해서도 알았다. 역사가로서 나는 로마 가부장제가 초기 교회 속으로 스며들었기 때문에, 내가 속한 회중에서 여성들이 리더십 역할 바깥으로 밀려났음을 알았다. 이교도 로마를 내버리고 예수님을 끌어안는 대신, 우리는 반대의 행동, 곧 그리스도의 자유를 내버리고 고대 세계의 억압을 끌어안았다.

나는 싱크대의 물을 잠갔고 접시들을 차곡차곡 쌓았다.

침묵을 멈춰야 할 때였다.

셋

—

취사선택한 중세의 기억

　　내가 잔디를 깎는 동안 남편은 뒤뜰로 걸어갔다. 잔디 깎는 기계가 돌아가는 소리 때문에 그가 하는 말을 들을 수 없었지만, 그의 얼굴은 볼 수 있었다. 상황이 좋지 않다는 것을 알아챘다. 내가 기계 손잡이를 놓자, 소리는 점차 사그라들었다.
　　"장로들이 방금 모였었대." 그가 전화기를 손에 쥔 채 나를 보며 말했다. "장로들이 여성에 대한 입장을 재고하지 않겠다고 전해 주었어."
　　나는 발목과 신발에 달라붙은 막 잘려 나간 잔디를 털어내면서 그에게 가까이 다가갔다. 그의 표정에서 나쁜 소식을 예상했지만, 이건 정말 아니었다. 우리는 여성도 교회 학교 고등부에서 가르치게 해 달라고 소리를 내기로 했고 장로들에게 요청했었다. 장로 네 명 중 적어도 두 사람이 지지한다는 것을 알았기 때문에 우리는 낙관적이었다. 나는 기대하고 있었다.

헛된 희망이었음이 드러났다.

내가 뭐라고 대답했는지 기억나지 않는다. 말을 했는지조차 확실치 않다. 그러나 남편은 이런 나를 이해했다. "만일 우리가 이걸 계속 요구한다면" 그가 말했다. "나는 일자리를 잃게 될 거야." 우리를 둘러싼 침묵이 점점 커졌다.

우리는 정말 이 길을 가고 싶었나?

집 안에서 아이들의 소리가 들렸다. 겨우 여섯 살과 열두 살, 아이들은 더할 나위 없는 기쁨에 겨워 순수했다. 이 교회는 아이들의 집이었다. 교회에는 아이들의 친구들이 가득했다. 교회는 아이들이 알아 온 모든 것이었다.

우리는 정말 이 길을 가고 싶었나?

남편과 나는 결혼하고 함께 사역한 지 거의 20년이 흘렀고, 그 대부분의 시간을 이 교회에서 보냈다. 여기는 우리 집이나 마찬가지였다. 가장 친한 친구들이 이곳에 있었다. 이 남녀들은 내가 학위 논문을 끝내고 일자리 면접을 치르는 동안 우리와 함께 기도했다. 이들은 우리 아들이 태어났을 때 우리와 함께 기뻐해 주었다. 이들은 우리 부부가 딸을 얻기까지 5년 동안 우리를 지지해 주었다. 이들은 칵테일 기계와 다 써 버린 스타벅스 기프트 카드의 농담을 주고받으면서 우리와 함께 웃었다.

우리는 정말 이렇게 하기를 원했나?

나는 알아들었다는 것을 그에게 알려 주려고 마침내 고개를 끄덕였다. 그리고 얼굴의 땀을 훔친 후 다시 잔디를 깎았다. 웅웅대는 잔디 깎는 기계의 익숙한 소리에 맞추어 생각이 꼬리에 꼬리를 물고 이어졌다. 나는 내 앞 잔디에만 집중하려 애썼다.

그러나 당연히 그러지 못했다.

나는 화가 났다. 지쳤다. 무서웠다.

그리고 조금 이상한 이유로, 머릿속은 마저리 켐프Margery Kempe로 가득 찼고 오로지 그녀 생각만 났다.

왜 마저리 켐프가 중요한가

남편과 내가 아주 힘든 결정을 막 내리려던 차에, 내 머릿속은 15세기 한 여성으로 가득 채워졌다. (이를 읽는 내 학생들은 분명 웃을 것이다.)

나는 두 가지 이유로 그녀를 내 마음에서 떨쳐 낼 수 없었다. 첫째로, 나는 그 학기 대학원 세미나에서 중세 설교에 관해 가르치는 중이었고, 이를 준비하면서 그녀의 책을 막 다시 읽었으며 그래서 그녀가 내 마음에 또렷이 남아 있었다.

그러나 또 다른 이유는, 나의 이 뜨거운 질문에 응답할 수 있도록 켐프가 도왔기 때문이다. **나는 정말 우리 교회가 여성에 대해 가르치는 상호보완주의에 도전하고 싶은가?**

당연히 내가 고려한 것은 그녀 한 사람만은 아니었다(어림도 없다). 그러나 나는 중세 역사가이고, 마저리 켐프의 이야기를 알고 있었기에 이 질문에 대해 그렇다고 대답하리라는 사실도 알았다. 나는 도전하고 싶었다.

1417년 어느 날 마저리 켐프는 중세 잉글랜드의 도시 요크에서 붙잡혔다. 그녀의 유난스러운 예배 방식, 이를테면 울부짖거나 흐느끼는 행동은 예배에 지장을 주었고, 성직자와 신학 논쟁을 벌이거나 지역 주민에게 설교하기도 하는 그녀의 성향과 더불어 의심을 불러일으켰다. 그녀가 중세 잉글랜드에서 두 번째로 큰 권위를 가진 교회 인물인 요크의 대주교와 맞닥뜨렸을 때였다. 대주교는 마저리가 남편 없이 시골 주변을 돌아다닌다는 사실을 알았다. 그는 그녀가 어떤 훈련과 교육 없이 종교 교사처럼 행동한다는 사실도 알았다. 그리고 그는 그녀가 황홀경에 빠지는 그녀의 예배 방식으로 지역 교회의 예배를 방해한다는 사실도 알았다.

그는 그녀에게 매몰차고 확실하게 말했다. "나는 당신이 아주 사악한 여성으로 불린다는 이야기를 들었습니다."[1]

이쯤에서 중세 교회의 일반 통념에 따르면 중세 여성은 남성의 권위에 종속된다고 말할지 모른다. 중세 통념에 따르면 여성은 사제가 될 수 없으므로 설교할 수 없다고 말할지도 모른다. 여성은 언제나 그들의 인생에 존재하는 남성들 곧 남편, 아버지, 형제들에게 소속되었다고 말이다. 중세 기독교에 대한 통념으로 보면 마저리는 일탈자였고, 이단자로서 화형당할 가능성이 큰 후보였다.

그러나 통념이 항상 진실은 아니다. 요크의 대주교가 이 중년 여성과 대면했을 때, 그녀는 남성적 권위로 가득한 방에서 자신의 주장을 굽히지 않았다. 대주교가 그녀를 "아주 사악한 여성"이라고 부르자, 그녀는 직접 대답하면서 되받아쳤다. "대주교님, 저도 당신이 아주 사악한 남성이라고 불리는 것을 들었습니다. 사람들의 말대로 당신이 사악하다면, 여기 사시는 동안 변화되지 않는 한 당신은 절대 천국에 들어가지 못하겠네요."[2]

그녀가 한 말을 들었는가?

마저리 켐프는 중세 잉글랜드에서 두 번째로 큰 권위를 가진 교회 인물에게 그가 회심하지 않는 한 천국에 가지 못할 것이라 말했다.

그녀는 또한 여성으로서 하나님의 말씀에 대해 가르칠 자신의 권리를 지키기 위해 하나님의 말씀을 사용했다. 그녀는 요크의 대주교를 비롯해 남자 사제들로 가득한 방 안에서 성경을 설교했다. 그녀는 누가복음 11장을 인용하면서 "전능하신 하나님은 우리가 주님에 관해 말하는 일을 금하지 않으십니다. 또 복음서에 따르면 그 여인은 우리 주님의 설교를 듣고, 그 앞에 와서 큰 소리로 '당신을 밴 태와 당신을 먹인 젖이 복이 있나이다'라고 말했습니다. 그러자 주님은 그녀에게 말씀하셨습니다. '하나님의 말씀을 듣고 지키는 자가 복이 있느니라.' **그러므로 대주교님, 저는 복음의 허락을 받았고 하나님에 관해 말할 수 있다고 생각합니다.**"[3]

마저리 켐프의 말이 끝나자, 그녀가 대주교를 비난하는 것을 겁낸 한 사제가 뛰어가 바울의 서신들을 집어 들었다. "여성은 누구도 설교할 수 없다" 하고 선언하면서, 고린도전서 14장 혹은 디모데전서 2장 중 한 곳 "여자는…잠잠하라"를 크게 읽었다.[4]

아무 효과가 없었다.

"저는 설교하지 않습니다, 사제님." 그녀가 말했다. "저는 설교단에 있지 않습니다. 저는 대화와 선한 말들을, 제가 살아 있는 한 제가 할 일을 할 뿐입니다."[5] 이 중세 여성에게 바울의 말은 적용되지 않았다. 그녀는 심지어 평범한 여성임에도 하나님의 말씀을 가르칠 수 있었다. 왜냐하면 그녀가 주장하듯 예수님이 이를 인정하셨기 때문이다.

우리는 그녀의 배짱을 우러러보아야 한다. 마저리 켐프는 요크의 대주교와 논쟁을 벌였을 뿐 아니라, 그녀는 그에게 신학적 진리도 가르쳤다. 그녀는 하나님의 말씀을 말할 자기 권리를 수호했고, 사제들 앞에서 대주교는 사악한 남성이라고 혐의를 제기하면서 아름다운 배꽃을 먹고 이를 배변해 버린 역겨운 곰 비유를 말했다. 마저리는 여성이라 침묵해야 한다는 성경 구절에 직면하자, 어떻게 그 성경이 그녀에게 적용될 수 없는지를 설명했다. 대주교가 그녀에게 즉시 떠나라고 요구하자, 그녀는 그가 자신의 조건들을 받아들일 때까지 논쟁을 벌였다. 마침내 논쟁에서 실패한 대주교는 방 안에서부터 그녀를 호송하라고 한 남성에게 5실링을 쥐어 주었다. 그녀가 도시로 돌아왔을 때 그녀를 만난 친구들은 기뻐했는데, 성경에 나온 대로 하나님이 "그녀와 그녀처럼 교육받지 못한 사람들에게, 부끄러움과 수치를 당할 일 없는 많이 교육받은 남성들에게 대응할 재치와 지혜를 주셨으므로 하나님에게 감사했기" 때문이었다.[6] 실제로 대주교는 그녀를 취조했고 그녀의 신앙에서 아무런 잘못도 찾지 못했음을 인정했다. 그는 심지어 그녀가 여행 중 소지할 수 있도록, 그녀는 이단자가 아니라고 승인한 편지를 써 주었다.

일부 학자는 마저리 켐프가 정치적으로 힘 있는 아버지를 둔 유복한 여성이었고, 그녀의 지위 덕분에 보호받았다고 주장한다(마저리 켐프의 아버지인 존 브루넘John Brunham은 그녀의 고향인 중세 도시 린의 시장이자 국회의원이었다). 계급이 타고난 성보다 중요했고 마저리는 당시에 그녀가 해야 했던 것 이상으로 더 잘 해냈다. 이는 전적으로 옳다. 마저리가 육체적으로 순결한 결혼 생활을 유지한 방식이 좋은 사례다(그녀의 책 11권에 나온다). 중세 교회에 따르면 남편과 아내는 둘 다 "부부 관계의 빚"(성관계)을 진다.[7] 한쪽이 상대와의 성관계를 허락하지 않을 수 없다. 경건하게 살고 싶은 마저리는(아마 이전 열네 번의 임신이 그 동기였을 것이다) 이런 부부 관계의 빚에서 벗어나고 싶었다. 그녀의 남편은 그가 진 재정적 빚의 일부를 갚아 달라고 요구하면서, 그녀와 흥정한다. 마저리가 그보다 돈이 더 많았으므로 그녀는 이 흥정을 조정한다(보통 이 대목에서 많은 학생이 놀란다). 그녀가 다시 그와 잠자리를 하느니 살인자에게 목이 잘리는 것이 낫다고 인정하자 그녀의 남편 존은 그녀를 두고 "좋은 아내가 아니다"라고 말하기는 하지만, 마지못해 그녀가 바라는 경건한 결혼 생활에 동의한다.[8] 이사벨 데이비스Isabel Davis는 마저리가 기꺼이 존의 빚을 갚아 준 이야기는 "재정적으로 독립된 마저리가 일종의 자율성을 돈으로 산 것"을 보여 준다고 말하면서, 통찰력 있게 이 장면을 설명한다.[9] 마저리의 돈과 지위가 그녀의 파격적 행보를 별문제 없이 만들어 주었음은 당연하다.

그러나 마저리 켐프가 요크의 대주교에게서 자유로워진 이유는 그녀의 재정적 지위 때문만은 아니었다. 대주교에 맞섰던 마저리를 도운 것은 그녀 홀로 서 있지 않다는 사실이었다. 중세 기독교 세계에서 기억될 뿐만 아니라 존경받는, 구름같이 둘러싼 허다한 여자 증인들이 그녀의 편에 섰다(히 12:1—옮긴이).

현대 복음주의자들과 달리 중세 그리스도인들은 과거의 여자 지도자들을 기억했다. 중세 교회, 설교 그리고 경건 문학은 기독교 초기 시대의 용감한 여성들로 넘쳤다. 여성들은 설교하고 가르칠 자기 권리를 주장하며 수백 명, 심지어 수천 명을 기독교로 개종시키고 남자의 권위에 반항했다. 여성들은 집사로 임명되었고 수녀원장으로서 맹세했다. 아마 적어도 한 명은 주교로 서품받았을 것이다. 여성들은 신비를 수행했고 공개적으로 사도들을 가르쳤다. 심지어 논쟁에서 예수님을 이겼다(마 15:21-28). 이렇게 구름같이 둘러싼 증인들이 마저리 켐프가 대주교와 맞섰을 때, 과거에도 익숙하게 발생한 일이라는 안도감과 힘을 그녀에게 불어넣어 주며, 그녀와 함께 섰다.

『마저리 켐프 서』 The Book of Margery Kempe의 한 대목에서 하나님은 초기 기독교의 강한 여자 리더들이 켐프와 함께할 것이며, 그녀가 죽으면 천국까지 그녀를 호위하리라고 약속하신다. "내가 너와 약속한다." 하나님이 그녀에게 말했다. "나는 나의 복된 어머니, 나의 거룩한 천사들과 열두 사도들, 성 카타리나, 성 마르가리타, 성 막달라 마리아 그리고 천국의 다른 많은 성인과 함께 네가 죽을 때 네 곁으로 갈 거란다. 지옥의 악마를 두려워하지 마

라. 그는 너를 다스릴 힘이 없단다."[10]

14세기 말 프랑스에 살았고 궁정의 전문 작가였던 크리스틴 드 피장Christine de Pizan도 마저리 켐프처럼 기독교 역사에 존재했던 강한 여자 지도자들을 기억했다. 크리스틴은 이런 여성들을 언급함으로써 그녀 개인의 발언권을 수호했을 뿐 아니라 그것을 넘어서 여자도 연설할 권리가 있음을 더욱 확실히 주장했다.

> 만일 여성의 언어가 그렇게 비난받아야 하고 일부 남성의 주장처럼 그렇게 권위가 없다면, 우리 주 예수 그리스도가 복된 막달라 마리아에게 부활의 날에 가장 처음 나타나셔서 그분의 사도들과 베드로에게 가서 전하라고 명령하셨던 것, 곧 그토록 소중한 가장 영광스러운 부활이라는 신비가 한 여성에게 제일 먼저 선언되도록 하신 일을 그분이 일부러 계획하지는 않으셨을 것입니다. 복 되신 하나님 당신이 여자라는 성 위에 부어 주신 여러 혜택과 호의 가운데서도, 여성이 그 고귀하고 소중한 소식을 전하기를 원하셨으니 찬미받으십시오.[11]

여자의 시각으로 사도적 권위를 비튼 이 글에서, 막달라 마리아를 인정하신 예수님은 단지 말할 권리뿐 아니라 권위를 가지고 말할 권리를 "여자라는 성 위에 부어 주신"다.

마저리 켐프 덕분에 대주교는 누가복음 11장의 예수님과 여성의 대화를 떠올리면서 중세 기독교 세계에서 그녀가 침묵할 필요가 없음도 다시 깨달았다.

예수님은 이미 여성들에게 말할 자유를 주셨다.[12]

마저리 켐프의
구름같이 둘러싼 여자 증인들

나는 여성 수련회 자퇴생이었다. 목사 아내로서 다른 여성들과 시간을 보내고 공동체를 형성하는 일의 중요성을 알았기 때문에 사역 초기에는 정말 열심히 참석하려 했다. 그러나 그런 수련회들이 점점 꺼려졌다. 특히 한 수련회가 내 마음에 상처를 입혔다. 우리 교회에서 30여 명의 여성이 참석했다. 동부 텍사스 숲속 멋진 야영지에 위치한 숙소는 사랑스럽고 평화로운 분위기였다. 음식도 맛있었다. 친구들과 즐기며 시간을 보냈다.

하지만 강사는 이야기가 달랐다. 그녀는 한 가지 메시지를 전했다. 여성이 육아와 가정 살림에 헌신하는 전업주부로 신성하게 부름받았다는 거였다. 그녀는 누가복음 10장의 이야기를 축소해서 예수님이 마르다에게 그녀의 자매가 "좋은 편"을 택했다고 건네신 말은 완벽한 집주인 역할에 너무 도취한 나머지 예수님의 만찬을 거의 망쳐 버린 한 여성에게 던진 교훈이라고 했다. 초기 기독교 운동이 성공하는 데 여성들의 믿음이 가진 힘을 강조하고 여성들의 제자도가 얼마나 중심이 되었는지를 강조하는 대신, 그녀는 디도서 2장의 아주 협소한 해석에 온전히 초점을 맞추어 메시지를 전했다. 나는 긴 시간 동안 이를 참아 낼 수 없었고, 시험지 채점을 해야 한다며 다음 순서에서 빠져나왔다.

그 학기에 나는 라리사 트레이시 Larissa Tracy의 『죄를 저지른 성녀들: 중세 잉글랜드 성인들의 삶』 *Women of the Gilte Legende: A Selection of Middle English Saints Lives*을 과제로 주었다. 이 책은 중세 세계의 가장 유명한 종교 문헌인 보라지네의 야코부스 Jacobus de Voragine가 쓴 『황금전설』 *Golden Legend*, CH북스에서 중세 잉글랜드의 여자 성인들만 선별한 모음집이다. 이 이야기들은 중세 여성에 대한 고정 관념을 깨부수기 때문에, 나는 학생들에게 이 여성들을 소개하기를 즐긴다. 이 여성들은 마저리 켐프와 함께한 구름같이 둘러싼 허다한 증인들이다. 여기에는 켐프가 자기 책에서 언급한 여성들도 있다.

설교로 수천 명을 구원으로 이끌고 말로 공공연히 그들을 둘러싼 가부장제에 도전한 여성들, 하나님을 섬기기 위해 결혼에서 도망친 여성들에 관한 과제물들을 읽으며 오두막 숙소 입구에 앉아 있던 나는, 내가 처한 이 모순을 도무지 피할 수 없었다. 나와 멀지 않은 곳에 방 하나를 가득 채운 여성들이 기독교 여성의 최고 소명은 아내이자 어머니여야 한다는 말을 듣고 있었다. 이 말에는 아내와 어머니가 아닌 일에서 의미와 소명을 찾은 여성들은 그들을 향한 하나님의 부름을 거역했다는 함의가 있었다. 그런데 나는 정확히 반대 이야기를 들었던 중세 여성들을 알고 있었다. 그들의 첫째가는 소명은 무엇보다 하나님을 섬기는 일이었다. 누군가에게 이는 전통적 가정생활에서 벗어나는 것을 의미했고, 누군가에게는 그 주변에서 활동하는 것을 의미했다.

나는 성 파울라 Saint Paula처럼 하나님의 부름을 따르는 더 높은 목적 때문에 자녀들을 떠난 여성에 대해 그 강사가 어떻게 생각할지 궁금했다. 파울라는 남편이 세상을 떠나자, 울부짖는 세 자녀를 해안에 남겨 둔 채 예루살렘으로 순례의 항해를 떠났다. 아마도 그 강사는 파울라가 디도서 2장의 좋은 본보기가 아니므로 그녀는 성경적 여성을 따르지 않았다고 주장했을 것이다. 그러나 파울라는 "아들이나 딸을 나보다 더 사랑하는 자도 내게 합당하지 아니하며"라는 예수님의 진술에서 힘을 얻었고(마 10:37), 스스로는 성경적 여성을 실천하고 있다고 믿는 듯 보인다. 그녀의 전기 작가인 성 히에로니무스Saint Jerome는 파울라가 해안에서 멀어질수록 "하늘로 눈을 고정했다.···자기 자녀들을 못 본 체하고 하나님을 신뢰하면서···. 이 기쁨 안에서 그녀는 자녀들의 사랑을 가장 크게 갈망했다. 그런데도 하나님의 사랑을 위해 자녀들을 떠났다."[13] 파울라는 베들레헴에 수도원을 세웠고 히에로니무스와 함께 히브리어와 그리스어로 된 성경을 라틴어로 번역했다. 그녀가 번역을 도운 성경은 그리스어와 히브리어가 아닌, 성경을 일상 언어로 옮긴 최초의 주요 역본 불가타 성경이 되었다. 이는 중세를 통틀어 가장 자주 사용된 성경이었다.

그 강사는 4세기 기독교 순교자였던 안디옥의 성 마르가리타Saint Margaret of Antioch를 어떻게 생각할까? 마르가리타의 이야기는 『죄를 저지른 성녀들』 같은 책에서 성인의 삶으로 선별되었을 뿐 아니라 설교에서도 반복된다. 존 머크의 『축일』은 마르가리타의 아름다움이 처녀로 남아 하나님을 섬기고 싶어 한 그녀의 서원을 어떻게 복잡하게 만들었는지 설명한다. 그 글에 따르면 "그녀는 모든 다른 여성보다 훨씬 훌륭했다." 그래서 로마 총독의 시선을 사로잡았다. 그가 제시한 잠자리와 기독교를 버리라는 요구를 그녀가 거절하자, 총독은 그녀를 고문한 후 감옥에 가두었다. 『축일』은 마르가리타가 몸에서 "엄청난 피"를 쏟으면서도 하나님이 자신에게 저항할 힘을 주시기를 끈질기게 기도했다고 기록한다.[14]

하나님이 그녀의 기도에 응답하시면서, 이 이야기는 더 흥미로워진다.

그녀의 감방 한구석에 악마 같은 생물인 "아주 무시무시한 용"이 나타난다. 그리고 즉시 마르가리타를 잡아먹는다. 그 글은 "용이 그녀의 머리 위에 입을 벌리고, 혀를 그녀의 발뒤꿈치까지 뻗었다"라고 말한다. 악마 같은 용의 "입안에 몸 전체가" 있는데도 마르가리타는 놀라울 정도로 침착하다. 그녀는 간단히 십자가 성호를 긋고, 자기를 구해 줄 하나님의 힘을 간구한다. 용은 산산이 찢어졌고 마르가리타는 자유로이 걸어 나왔다.[15]

짧지만 극적인 이 순간, 감방 장면은 마르가리타 위로 솟은 용에서 용보다 더 크게 우뚝 선 마르가리타로 옮겨 간다. 악마는 마지막 힘을 다해 자기 실패를 고백한다. "아, 나는 영원히 실패했고 나의 모든 힘을 잃었다. 이제 이렇게 젊은 여성이 나를 압도해 버리는구나. 내가 물리친 크고 강한 남성이 그렇게 많았는데도, 이제 이런 연약한 여성이 승리하여 나를 그녀의 발아래 굴복시키는구나."[16] 비록 이 이야기는 마르가리타의 순교로 끝나지만(그녀는 참수당한다), 먼저 그녀의 마지막 행위에 그녀에게 기름 붓기 위해 성령이 하늘에서 비둘기처럼 내려오면서 땅이 크게 요동치는 일이 수반되었음을 말해 준다. 그녀의 고문과 죽음을 구경하러 모인 수천 명의 사람이 "마르가리타가 믿는 [그 하나님] 외에 다른 신은 없다"라고 선언하며, 그 자리에서 기독교로 전향한다.[17]

다시 돌아와서 그 강사는 결혼 생활을 거부하고 남자의 권위를 거역하며 용과 싸워 용을 죽이고 예수님이 기름 부음받으신 것과 같은 방식으로 하나님에게 기름 부음받은 여성인 마르가리타를 어떻게 다룰지 궁금했다. 용을 죽였다는 설교 속 마르가리타의 명성뿐 아니라 마저리의 고향 린의 교회가 성 마르가리타에게 헌정되었기 때문에, 마저리 켐프는 마르가리타에게 특별한 친밀감을 가졌을 것이다. 아마 마저리란 이름도 마르가리타의 애칭일 것이며, 이는 중세 교회가 마르가리타 같은 여성들을 얼마나 잘 기억했는지를 보여 준다.

물론 현대 복음주의자들도 기독교 역사의 모든 여성을 잊지는 않았다. 예를 들어 베다니의 자매인 마리아와 마르다를 보자. 그날 그 강사는 살림꾼 마르다를 칭송했다. 그녀는 요리하고 청소하고 집 안 곳곳을 관리하며 예수님과 제자들을 환대했다. 이런 마르다에 관한 이해는 오늘날 기독교 여성들에게 헌신을 요구하는 자료로 자주 사용된다. 케이티 리드 Katie M. Reid는 2018년에 출간한 『마르다처럼 되기: 일을 해내는 여성들을 위한 좋은 소식』 *Made Like Martha: Good News for the Woman Who Gets Things Done*에서 이런 방식으로 마르다를 묘사한다.

마르다는 예수님을 그녀의 집으로 맞이했다. 일부 성경 역본은 그녀가 "그에게 그녀의 집을 개방했다"라거나(눅 10:38, NIV), "그를 그녀의 집 안으로 들였다"라고 말한다(KJV).

맞이하다. 개방하다. 들이다. Welcome. Opened. Received. 이런 단어들은 환대라는 선명한 그림을 그린다.[18]

세라 메이 Sarah Mae가 보기에 마르다는 이상적인 살림꾼으로서 예수님을 집 안으로 맞이했다. 메이는 『마리아의 방법으로 마르다의 가정 꾸미기: 집 청소로 영혼을 채우는 31일』 *Having a Martha Home the Mary Way: 31 Days to a Clean House and a Satisfied Soul* 이라는 책을 출판했다. 메이는 여성들의 영적 성장을 장려하고자 "마리아의 도전"을, 여성들이 집 안 곳곳을 청소하도록 고무하기 위해 "마르다의 도전"을 제기한다. 메이는 말한다. "제 목표는 여러분을 격려하는 것이고 또 여러분이 움직이고 청소할 수 있도록 실천적 도움을 주어서 31일이 지난 후에는 궁극적으로 여러분의 집 안이 쾌적하게 정리 정돈되는 것입니다."[19]

나는 희미해지는 햇볕 아래 앉아, 산들바람을 일으켰던 중세 여성들을 만나면서 라리사 트레이시의 책장을 넘겼다. 오후 순서가 끝났고 웅성거리는 소리가 들렸다.

그 강연장에서 빠져나온 여성들이 마리아와 마르다의 중세 개념에 대해서는 어떻게 생각할지 궁금했다. 7세기 이래 베다니의 마르다는 흔히 중세 세계에서 가장 잘 알려진(예수님의 어머니 마리아에 버금가는) 막달라 마리아의 자매로 여겨졌다. 16세기가 된 뒤에 막달라 마리아는 마르다의 자매이자 일곱 귀신에 사로잡 혔던 죄 많은 여성, 옥합을 깨뜨리고 회심한 여성이라는 중세 정체성에서 분리되기 시작했다.[20] 그 말인즉슨 중세 그리스도인들에게 베다니의 마리아는 그저 예수님 발치에 조용히 앉아 있는 여성이 아니었다. 그녀는 회심한 매춘부였고 과거에 악령 들린 사람이었다. 그녀는 부활의 좋은 소식을 전달한 첫 사도, 곧 사도들의 사도였다. 그녀는 베드로가 인정한 그리스도의 선교사였다. 그녀는 공공연히 설교했고 사도들처럼 기적을 수행했으며 그녀 덕분에 새로운 지역이 기독교 신앙으로 회심했다.

마리아가 프랑스로 선교 여행을 갔는지는 역사적으로 확실치 않지만, 중세 그리스도인들은 이를 의심하지 않았다. 한 시토회 수도사는 이렇게 썼다. "그녀는 그리스도 부활의 **사도**이자 그분의 세계에서 예언자로 선택된 그대로…, 그녀는 신자가 아닌 이들을 향해 설교했고, 신도들을 그들의 신앙에 굳건히 세웠다."[21] 막달라 마리아는 기독교 지도자의 모범이었다. 그녀는 남자들이 용기가 없어 하지 못한 일, 곧 죄 많은 인생에서 회심하고 이제는 예수님에 대한 좋은 소식을 공유하는 용감한 여성이었다.

마르다에 대해서도 그녀를 살림꾼으로만 한정하지 않는 중세의 상세한 이야기들이 쌓여 있다. 『황금전설』은 유명한 그녀의 자매와 함께 마르세유로 동행한 고귀한 독신 여성으로 마르다를 묘사한다.[22] 막달라 마리아가 사람들에게 설교하고 있었고, 마르다는 근처 해변에서 용과 마주쳤다. 그녀는 섬뜩한 광경을 보았다. 몸의 반쪽은 거대한 야수이고 나머지 반쪽은 긴 물고기 모습으로, 날카로운 이빨을 가진 용을 본 것이다. 마르다가 갑자기 그 광경을 목격했을 때 그 무서운 괴물이 한 남성을 잡아먹었다. 마르다는 굴하지 않았다. 그는 괴물에게 성수를 뿌리고 십자가를 들어 악마 같은 존재에 맞서 이를 침착하게 포박했다. 그러고 나서 힘이 빠진 용을 마르세유 사람들에게 넘겨주자, 사람들은 창으로 그 용을 찔러 죽였다. 마르도도 막달라 마리아와 비슷한 주제들을 설교하면서 기적을 일으켰다.

중세의 시각에서 마리아와 마르다는 전혀 색다르게 보인다. 그렇지 않은가? 오늘날은 두 여성을, 특히 마르다를 전통적인 여자의 의무에 깊이 결부시킨다. 그러나 중세의 여성은 결코 가정의 영역에 갇히지 않았다. 마르다는 대단히 뛰어난 여자 집주인이자 용을 잡은 설교자였다. 마리아는 강한 신앙심으로 고요히 앉아 있을 수도 있었고 프랑스에서 복음을 선포하고자 설교했던, 사도들의 사도일 수도 있었다. 트레이시는 "여자 성인들의 전설, 특히 『죄를 저지른 성녀들』 같은 민간 이야기 모음집은 다양한 연설과 감동적인 침묵의 힘을 통해 강인하고 뚜렷한 여성 모델을 중세 여성들에게 실제로 보여 주었고, 전통적으로 맡겨진 역할 너머로 여성들을 고양시켜 그들 스스로 힘을 갖게 했다"라고 말한다.[23]

나는 대강의실에서 줄지어 나오는 여성들을 바라보았다. 곧 한 친구가 내 옆의 흔들의자에 앉았고, 그녀의 성경과 강의 노트를 내가 과제물들을 쌓아 놓은 탁자 위에 내려놓았다. "뭘 읽고 있었어요?" 그녀가 턱으로 『죄를 저지른 성녀들』의 파란 표지를 가리키며 물었다. "강의에 필요해서요" 하고 답하며 트레이시의 책을 한쪽으로 치웠다.

그때의 난 아직 준비되지 않았다. 내가 아는 것으로 무엇을 해야 할지 여전히 확신하지 못했다. 그러나 또한 중세 기독교가 기억하는 여성들이 현대의 성경적 여성 개념을 약화시킬 수 있다는 것을 알았다. 문제는 교회 역사에서 여성 지도자들이 부족하다는 게 아니었다. 역사 내내 여성들의 이야기가 은폐되고, 무시되며 또는 실제 그녀들이 감당한 역할보다 덜 중요한 인물로 바꿔 이야기되면서, 문제는 단순히 여성 리더십이 잊힌 것이었다.

이야기에서 여성들이 빠질 수 없으므로

2016년 가을 나는 내가 가장 좋아하는 대학원 강의 중 하나인 중세 설교에 대해 가르치고 있었다. 그 학기에 우리는 교회 장로들에게 여성의 지위를 재고해 달라고 요청했고, 3주 만에 남편은 해고당했다. 처음에는 무력하기만 했다. 친한 친구 중 한 명이 남편에게 그런 평결이 나도록 도왔고, 이로 인해 감당할 수 없을 정도로 고통스러웠다. 우리에게 사역은 사라졌고 대신 얌전히 처신한다면, 곧 그 사실을 함구한다면 주어질 퇴직 수당만 남아 있었다. 우리는 교회 식구들과 친한 친구 가운데 일부를 잃었다. 우리는 14년 동안 사랑하며 제자로 여겼던 약 70명의 아이들이 속한 청소년부에서 떠나라는 말을 들었다.

우리 삶이 완전히 뒤집히는 데 걸린 시간은 고작 3주였다. 그리고 우리는 누구에게도 그 이유를 말할 수 없었다.

그 첫날 우리 아이들에게 여느 날과 다르지 않게 보이기 위해 내 모든 걸 동원해야 했다. 아들의 방과 후 축구 경기에 다녀오고 아이들의 숙제를 봐 준 뒤 저녁 식사를 다 치웠을 때, 내게는 아무것도 남아 있지 않았다. 축구 경기에서 베일러 대학교의 한 동료가 내게 어떻게 지내냐고 물었을 때, 이미 나는 울면서 무너져 내렸다. 나는 빨리 침대로 들어가 단 몇 시간이라도 모든 걸 잊고 싶었다.

그러나 그럴 수 없었다. 다음날 역사학과, 영문학과, 종교학과의 대학원생들을 데리고 진행할 세 시간짜리 세미나가 있었다. 더군다나 갑자기 나 혼자 생계를 감당하게 되었기 때문에 삶을 멈출 수 없었다.

그래서 책을 집어 들어 아이들과 〈스타 트렉〉Star Trek을 보는 남편을 남겨 두고, 뒤뜰에 있는 아들의 나무 집으로 올라갔다. 선선한 바람이 불었고, 저무는 빛에 참나무 이파리들이 반짝였다. 텍사스의 여름 일몰은 황홀하다. 분홍색과 금색을 띠는 빛의 갈래들이 먼지투성이의 푸른 지평선을 가로지르고 뻗어 나와, 나의 두려움을 잠재웠고 내 마음에 힘을 돋우었다.

우리 이야기는 끝나지 않았다. 나는 하나님이 일하신다는 것을 알았다. 깊이 숨을 쉬고 책을 읽기 시작했다.

그 밤 나는 배경지식이 될 한 소논문을 준비하고 있었다. 학생들에게 과제로 내주지는 않았지만, 토론을 위한 자료로 살펴보고 싶었다. 캐럴린 뮤직Carolyn Muessig이라는 통찰 있는 역사가의

"예언서와 시가서: 중세 여성들의 가르침과 설교"Prophecy and Song: Teaching and Preaching by Medieval Women라는 논문이었다. 뮤직의 말에 귀 기울여 보자. (길게 인용할 가치가 있다.)

> 여성의 교육을 가정 또는 수녀원에서만 이루어지는 사적인 것으로 만들면서 가르치고 설교하는 여성의 개념은 경시되었다. 하지만 여성이 공개적으로 설교하고 가르친 사례들이 성경 이야기와 전설에서 발견된다. 사도들에게 '좋은 소식'을 선언하는 막달라 마리아는 성경이 제시하는 설교하는 여성의 한 예다. 그러나 신학자들은 흔히 이 성경의 본보기를 규칙에서 벗어난 예외로 묘사했다. 막달라 마리아의 축일을 위한 설교에 이런 기록이 있다. "그리고 이 영광스러운 죄인이 바다의 별과 같이, 주님 부활의 기쁨으로 세상을 비추었습니다." 하지만 이 설교하는 여자의 본보기에 담긴 의미는 재빨리 제한되고 한정된다. "다른 여성들의 설교는 금지되었지만, 이 여성은 가장 높은 교황의 허락을 받았으므로 사도들의 사도로 불립니다. 그녀는 평범한 사람들뿐 아니라 박사들도 가르쳤기 때문입니다." 설교하는 여자의 선례가 된 막달라 마리아에 담긴 함의는, 왜 그녀의 목회 활동이 본보기가 아니라 예외가 되었는지를 밝히는 진술에서 확연히 드러난다.[24]

나는 이 부분을 세 번 읽었다. 정신이 멍해서 바로 파악하지는 못했지만, 이 단어들에 매우 중요한 무언가가 있음을 알았다. 마침내 깨달았을 때 나는 도토리들이 떨어져 흩어진 바닥을 논문으로 탁탁 치면서 일어났다. 아직 희망을 느낀 것은 아니었다. 오히려 그것은 비장한 결심에 가까웠다. 그러나 온종일 나를 붙잡았던, 간신히 억눌러 놓은 무력감이 조금 사그라들었다.

그 밤 멍해진 내 머리가 시간을 들여 깨달은 뮤직의 말을 여러분은 이해했는가? **설교하는 여자의 선례가 된 막달라 마리아에 담긴 함의는, 왜 그녀의 목회 활동이 본보기가 아니라 예외가 되었는지를 밝히는 진술에서 확연히 드러난다.** 만일 여성이 설교할 수 없었다면, 막달라 마리아는 설교하지 말았어야 했다. 중세 그리스도인들은 그녀가 설교했다고 믿었으며 그들은 그 명백한 증거로 성경을 사용했다. 어떤 여성이든 설교할 수 있었으며, 그렇지 않다면 막달라 마리아의 사례는 해명되어야 했다.

대다수 중세 신학자가 무얼 선택했는지 짐작이 가는가?

뮤직이 쓰듯 "막달라 마리아는 성경이 제시하는, 설교하는 여성의 한 예다. 그러나 신학자들은 흔히 이 성경의 본보기를 규칙에서 벗어난 예외로 묘사했다."[25] 그러므로 문제는 여성 리더십에 대한 성경과 역사의 증거가 부족하다는 점이 아니었다. 막달라 마리아는 의심하는 제자들에게 복음의 소식을 가져갔다. 여성의 말을 정당한 증언으로 인정하지 않았던 세계에서 예수님은 그분의 부활의 증인으로 여성들을 선택하셨다. 남편이 힘으로 자기 아내의 삶 전부를 지배하던 세계에서 바울은 남편들에게 그 반대로 자기 아내를 위해 그들의 삶과 생명을 포기하라고 말했다. 여성들을 생물학적 기형인 남성으로 보았던 세계에서, 바울은 그리스도 안에서 남성과 여성이 똑같다고 선언했다.

그러니 아니었다. 남성과 더불어 교회 지도자로 섬겼던 여성에 대한 성경과 역사의 증거가 부족하다는 점은 문제가 아니었다. 문제는 이 증거를 훼손한 남자 성직자들이었다.

중세 성직자들은 설교하는 막달라 마리아에 대해 해명하기 어려워지자, 그녀를 예외로 만들었다. 그녀는 평범한 여성이라기보다 비범한 여성이었으므로, 그녀를 본받으려는 평범한 여성들의 능력을 깎아내렸다. 나는 신약학자 벤 위더링턴이 즐겨 인용한 말을 떠올리지 않을 수 없었다. "아니다. 교회의 문제는 강한 여성들이 아니라, 강한 여성들에게서 위협을 느끼고 그녀들이 받은 은사와 은혜를 행하지 못하도록 금하고자 의심스러운 주해를 비롯하여 다양한 수단을 시도해 온 약한 남성들이다."[26] 중세 세계는 성경 본문을 분명하고 솔직하게 읽는 대신, 로마 가부장제를 들여와 이를 예수님의 복음에 접목했다.

나는 그날 저녁 나무 집 바닥에 다시 앉아 자리의 솔잎을 털어 내고 엎질러진 콜라 캔을 집어 들면서, 21세기 복음주의 교회에서 내게 벌어진 이 일이 여성 그리스도인들에게 반복되어 왔음을 깨달았다.

알다시피 이야기는 강한 지도자 여성으로 시작한다.

그 예로 마저리 켐프의 구름같이 둘러싼 허다한 여자 증인들을 살펴보자. 로마 제국 전체에 걸쳐 흔적을 남긴, 기독교 신앙을 확립하는 데 큰 역할을 했던 여성들을 중세 교회가 잊기에는 시간상 너무 가까웠다. 막달라 마리아와 안디옥의 마르가리타 같은 초기 성인들(마저리 켐프의 구름같이 둘러싼 허다한 여자 증인들)과 더불어 여자 선교사들, 설교자들, 교회 지도자들이 역사의 경관을 가득 메웠다.

구름같이 둘러싼 허다한 여자 증인들 가운데는 5세기 부르고뉴의 공주였고, 프랑크의 왕이자 이교도 남편인 클로비스에게 거역했던 클로틸드Clotilda 같은 선교사들도 있다. 신실한 그녀는 남편 클로비스에게 기독교로 개종할 것을 설득했고, (그가 기도한 뒤 결정적인 전투에서 승리한 후) 508년에 그는 3천 명의 프랑크족 전사들과 함께 세례를 받았다. 역사가 제인 티베츠 슐렌버그Jane Tibbetts Schulenburg는 "클로틸드의 그리스도"라는 클로비스의 언급에서, 클로틸드가 자기 남편의 개종에 큰 영향을 미쳤다는 데 주목한다.[27] 중세 역사가들과 성직자들도 주례 사제들보다 그녀의 공을 높이면서 클로틸드의 리더십을 인정했다.

파리의 주느비에브Genovefa of Paris와 킬데어의 브리지다Brigit of Kildare 같은 주교들 또한 이 위대한 구름의 한 부분이었다. 역사가 리사 비텔Lisa Bitel은 성인전hagiographical 이야기들을 통해 어떻게 주느비에브가 사실상 파리 교회의 지도자가 되었는지를 들려준다. 로마 주교였던 대 레오Leo the Great가 말했듯 그녀는 훈족이 벌인 참화로부터 도시를 보호했다. 그녀는 기적을 일으키고 파리 첫 주교(생 드니Saint Denis)의 후원을 통해 도시에서 기독교적 위상을 높였고, 다른 주교들의 권위에 복종하기를 거부했다. 비텔이 쓴 것처럼 "그녀는 성인이었으므로 파리 주교인 남성의 지위를 취할 수 있었다. 그녀는 주교처럼 활동했으므로 높아질 수 있었다."[28] 유럽 전역의 남자 주교들처럼 실제 주느비에브가 파리를 기독교 중심 도시로 세웠다.

주느비에브가 주교처럼 활동했다면, (성인전에 따르면) 킬데어의 브리지다는 실제 주교 서품을 받았다. 그녀에게 축성을 주재하던 주교가 실수로 주교 규율을 읽은 것이다. 그는 실수를 알아차리고 "아일랜드에서 이 소녀가 유일하게 주교 서품을 받게 되었습니다"라고 선언했다.[29] 브리지다는 여러 차례 아일랜드를 순례했고, 기적을 일으켰으며 교회의 권위들을 행했고(이를테면 가정을 축복하는 일), 성 파트리키우스 Saint Patrick와 영적으로 대등해졌다. 브리지다와 관련해서 정말 흥미로운 점은 남성처럼 서품을 받았음에도, 그녀는 여성 특유의 방식으로 자기 권위를 행사했다는 점이다. 비텔은 "그녀는 남자들의 필요를 돌보고 그들의 죽음을 보살피는 전형적인 여성인 동시에, 아일랜드의 사도[성 파트리키우스]가 보지 못한 환상을 볼 수 있는 신비가였다"라고 설명한다.[30] 중세가 생각한 베다니의 마르다처럼, 브리지다는 집안을 지키는 여신 같은 존재이자 공적으로는 종교 지도자였다.

구름같이 둘러싼 허다한 여자 증인 중에는 빙엔의 힐데가르트 Hildegard of Bingen 같은 설교자들도 있다. 왕들과 귀족들이 12세기 독일의 신비가, 작가, 신학자, 베네딕도회의 수녀원장, 작곡가이자 설교자인 그녀에게 조언을 구했다. 힐데가르트는 1158년과 1170년 사이 네 차례 설교 여행을 하면서 독일에서 주기적으로 설교했다. 일반인뿐 아니라 성직자도 그녀의 설교를 들기 위해 청중으로 모였다. 또한 그녀는 청중으로 앉아 있는 성직자들에게 권위를 가지고 회심하라고 말했다. 바버라 뉴먼Barbara Newman은 힐데가르트가 주교들과 사제들을 대상으로 그렇게 격렬하게 설교했음에도, 그 가운데 누구도 "그녀에 대해 성 바울의 권위"를 들먹이지 않았다는 점이 얼마나 "놀라운 일인지"를 썼다. 뉴먼은 대신 "그들은 실제로 설교해 달라고 그녀를 초대했으며, 이후 그녀의 설교 내용을 적어 달라는 편지를 보내기도 했다"라고 쓴다.[31]

그러므로 "가장 이른 역사적 순간들, 아마 예수님이 십자가에 못 박히시고 그분의 부활이 선포된 지 얼마 지나지 않은 때부터 기독교 전통에서 여성들은 설교해 왔다"고 쓰는 일레인 롤리스Elaine Lawless는 단연 옳다.[32] 중세 교회는 기독교 역사에서 설교자, 교사, 지도자였던 여성들을 인정했고 중세 시대 내내 계속해서 설교하고, 가르치고, 지도하는 여성들을 받아들였다.

여자 리더십의 자격

중세 교회는 여성의 지도자 역할을 인정하면서도 이런 역할들을 적극적으로 수행하는 여성들을 불편해했다. 교회는 거의 그 시작부터 오랜 시간 동안 불편하게 여겼다. 중세 그리스도인들은 예수님이 마리아, 마르다 심지어 가나안 여성과 분명히 소통하셨던 기독교 역사에서, 여성 지도자들에 대한 진실을 잊을 수는 없었지만 여성 리더십을 규범으로 받아들일 수도 없었다.

왜? 중세 세계는 로마 세계의 가부장제를 물려받았기 때문이다. 강하고 활동적인 남성들에 비해 여성을 수동적이고 약한, 결함 있는 (미완성) 남성들로 여긴 아리스토텔레스의 신념을 기억하는가? 이런 "기독교 이전 사상들"에 대해 역사가 재클린 머리 Jacqueline Murray는 "기독교 신학과 맞물렸다"라고 쓴다.[33] 여자는 열등하다는 신념이 시작부터 기독교에 늘 붙어 다녔다. 이를테면 이런 영향으로 알렉산드리아의 클레멘스 Clement of Alexandria와 히에로니무스 같은 초기 교회의 교부들은 여성들의 영적 성숙도를 남성으로 발전해 가는 과정으로 간주한다. "여성이 출산과 양육을 위해 있는 한, 그들의 몸과 영혼은 남성과 다르다"라고 히에로니무스는 설명한다. "그러나 그녀가 세상보다 그리스도를 더 섬기고자 한다면, 그녀는 여성이 되기를 멈추고 남성으로 불릴 수 있다."[34] 만일 여성이 미완성의 남성이라면, 오로지 남성이 되어야만 여성은 영적으로 대등해질 수 있다. 이런 사상들이 초기 교회 여성들의 이야기에 영향을 미쳤고, 여자 순교자들을 남성처럼 행동한 것으로 묘사하거나 동정 virginity을 여성 최고의 소명으로 칭송하는 결과를 낳았다.

이제 이 반복되는 이야기에 이어서 우리가 살필 내용은 여성이 리더십에서 밀려난 것에 관한 이야기다.

교회가 권좌에 오르면서, 여성의 기회도 줄었다. 남자 리더십이 규범이 되었다. 그러나 여성이 지도자 역할을 맡아 온 오랜 역사 때문에, 왜 과거에는 가능했던 여성 리더십 역할이 현재는 가능하지 않은지에 대한 변명이 필요했다. 따라서 여성들이 활동하려면, 남자만 가질 수 있었던 권위를 정당화할 만한 자격을 갖춰야 했다.

리더십을 가지려면 여성이 자격을 갖춰야 한다는 데에 대한 한 가지 특별한 움직임이 11세기와 12세기에 일어난다. 고대 여성관들(곧 여성의 열등함과 부정함)에 생긴 새로운 관심이 교회 리더십을 강화하려는 개혁 운동과 충돌했다.[35] 기독교는 오랜 기간 성행위를 부정함과 연결했다. 아우구스티누스Augustine는 성행위를 통해 새로운 생명을 잉태하므로, 결국 모든 인간에게 원죄가 전달된다고 주장함으로써 단호하게 성행위를 죄와 연결했다. 사제직과 성사 신학이 발전하면서 성직자에게 특별한 영적 힘과 직무가 있는 듯 드높여졌고, 덩달아 성직자의 독신주의가 발전했다. 부정한 성직자가 성사(침례, 고해, 성찬 등)를 제대로 수행할 리 없다는 주장은 엄밀히 말해서 이단적이었지만, 사람들은 이를 사실로 여겨 두려워했고 결혼한 성직자들에 대해 분개했다.[36]

여기서 변화하는 기독교 신학에 주목할 필요가 있다. 11세기와 12세기 이전에 서품은 아직 명확히 확립되지 않았고 리더십에서도 그리 결정적이지 않았다. 킬데어의 브리지다처럼 중세 초기 교회에는 서품을 받은 최소 몇 명의 여성이 있었다는 증거가 있지만, 이런 관행은 중세 중기의 개혁 이후 서양 교회에서 사라졌다. 게리 메이시Gary Macy는 안셀무스Anselm의 가장 유명한 제자이며, 12세기 프랑스 철학자이자 신학자인 피에르 아벨라르Peter Aberald에 대해 서양 교회에서 여성 서품을 "마지막으로 수호"하기 위해 싸운 사람이라고 쓴다. 아벨라르는 그의 학생이었다가 아내가 된 엘로이즈Heloise와의 HBO 드라마("섹스 앤 더 시티" "왕좌의 게임" "뉴스룸" 등을 제작한 방송국—편집자)급의 연애를 좋지 않게 끝낸 후, 수도원에서 교사로 정착했다. 엘로이즈의 삼촌은 격노하여 아벨라르를 거세했고(중세 역사가 지루하다고 생각할 수 없을 것이다), 아벨라르와 엘로이즈는 서로 다른 수도원으로 떨어져 그들의 여생 내내 편지를 주고받는 친구로 보냈다. 아벨라르는 중세 초기의 여성 집사들과 신약성경의 예언자 안나 같은 역사의 앞선 본보기들을 근거로, 여성의 서품을 위해 싸웠다. 그는 "우리는 지금 수녀원장을 어머니라고 부르지만, 초기 시대에 그들은 집사, 곧 목회자라고 불렸던 사람들이다"라고 썼다. 그리고 비슷하게 "우리가 구약성경과 신약성경에서 여성 집사 곧 성도를 목회하는 여성을 읽을 수 있듯이 이런 여성 **품계**ordo는 오래전에 시작되었다." 아벨라르는 여자 서품ordination이 "사도들을 통해서가 아니라, 남성 제사장직과 집사직만이 본래 교회를 구성한다는 가르침을 거부하신 예수님을 통해 특별히 확립되었다"라고 주장했다.[37] 성경의 인물들(안나, 엘리사벳, 막달라 마리아 그리고 심지어 요한복음의 사마리아 여인)을 포함하여 이미 여성들이 설교했기 때문에, 아벨라르의 주장대로 당연히 여성은 설교할 수 있었던 것이다.

    아벨라르는 이 싸움에서 졌다.

    그러나 그의 주장의 근거와 싸움에서 진 이유는 같지 않았다. 그는 왜 여성이 지도자가 될 수 있는지를 옹호하고자 기독교 역사를 사용했고, 이를 교회 지도자들이 받아들일 만하다고 여겼다. 역사적 상황이 변했기 때문에 그는 싸움에서 졌다. 다시 경계가 그어졌다. 성직자의 권위를 높이기 위해 중세 교회 지도자들은 여성들을 몰아내야 했다. 이미 아는 바처럼 기독교는 성직자를 통제하려는 세속 군주들과 강력한 가문들의 오랜 역사를 갖고 있었다. 아들과 남자 조카가 아버지와 삼촌의 교회 직분을 물려받았다. 강력한 가문들이 종종 성직자 자리를 구매했고 중요한 주교직과 교황직 자체를 통제하려고 했다. 교회는 성직자의 독신과 성직 매매(교회 공직을 사고파는 일)를 엄중히 단속함으로써 맞섰다. 사제가 결혼할 수 없다면 그리고 사제가 다른 부유한 귀족이 아니라 다른 성직자들에 의해서만 성직자로 임명받을 수 있다면, 이는 교회를 뒤덮은 세속의 지배를 크게 걷어 낼 수 있을 것이었다.

그 결과, 교회는 강력해졌고 여성들의 지위는 약해졌다.

11세기에서 13세기 초에 걸친 교회 개혁 기간에 교황의 권위를 합법화하고, 주교들의 권위를 증진하고, 지역 사제의 독특한 지위를 확립하는 것으로 서양 교회에서 성직 구조가 재정립되었다. "성직자의 지위를 강조하기 위해 교회가 다시 조직되었다. 독신주의가 요구되다가 입법화되었고 계속 추구되었다. 또 교구의 십일조 덕분에 교회가 세속의 통제에서 벗어났다"라고 역사가 이언 포러스트Ian Forrest는 쓴다. "사제 집단 공동의 문화가 명확한 신분 집단을 만들었다. 그리고 세속 권위들과 주교들 그리고 일반 평신도들과의 관계에서, 그 신분 집단의 기본 지위는 제도적 교회에 단순히 피상적인 것 이상의 통일감을 선사해 주었다."[38] 사제들은 여성과의 성적 부정으로 오염되지 않은 남성으로만 규정되었다. 여성은 사제가 될 수 없었고, 여성의 몸 자체는 잠재적으로 남자 지도자를 위협한다고 여겨졌다.

이런 개혁이 여성에게 미친 영향을 학생들이 더 잘 이해하도록, 나는 종종 더럼 대성당의 시각 자료를 활용한다. 대성당 본당에는 회중석의 서쪽 끝까지, 중앙에 십자가를 새긴 대리석 경계선이 뻗어 있다. 현지 안내원들은 대성당의 7세기 수호성인 커스버트Saint Cuthbert가 여성을 혐오했으므로 성직자의 성스러운 공간에서 여성을 격리하기 위해 경계선을 새겼다고 설명한다. 남성과 달리 여성은 본당 회중석이나 공동묘지에 들어갈 수 없었다.[39] 12세기의 끔찍한 이야기들을 통해 성 커스버트에게 도전한 여성들의 최후가 어떠했는지 알 수 있다. 한 여성은 지름길로 가려다 광기에 휩싸였다. 그녀는 둘러서 가는 길의 상태가 좋지 않아 계속 진흙에 발이 빠지자 짜증이 났다. 그래서 그녀는 잘 가꾼 더럼 대성당의 마당을 가로지르기로 했다. "그녀는 어떤 끝없는 공포에 사로잡혔고, 울부짖다가 정신을 잃었다." 발작으로 쓰러진 후 그녀는 집으로 옮겨졌고, 거기서 그녀는 죽었다. 또 다른 여자 범죄자가 교회 내부의 아름다운 장식이 보고 싶어서 "여느 여성들처럼 흥분했다." "남편의 권력 덕분에 이웃보다 높은 지위에 오른 그녀는 충동적인 욕망을 억누를 수 없었고 교회의 공동묘지를 가로질러 걸어갔다." 쾌락이 동기였으므로 그녀의 형벌은 훨씬 더 끔찍했다. 그녀는 점점 미쳤고, 혀를 깨문 채 목을 베어 자살했다.[40]

그런데 정작 역사적으로 커스버트는 여성들과 아무 문제

가 없었다. 그가 평생 여성들과 잘 지냈으며 가깝게 일했다는 증거가 있다. 그는 죽은 지 4년이 지난 뒤에야 여성 혐오자가 되었다. 더럼 대성당에 여성의 출입이 금지된 것과 관련해 그를 비난하는 이야기들은 11세기와 12세기 교회 개혁 당시 비롯되었다. 1083년 노르만이 잉글랜드를 정복한 후 더럼의 결혼한 성직자들은 쫓겨났고 독신인 베네딕도회 수도사들이 이 자리를 차지했다. 상상했겠지만 이는 단번에 실행하기 어려운 변화였다. 슐렌버그에 따르면, 원활한 이행을 위해 "유명한 7세기 수호성인 커스버트에게 그의 사후에 편의를 위해 여성에 대한 혐오를 덧입혔을 것이다. 그러므로 더럼의 시미언 Symeon of Durham은 개혁 문헌들 속에서 이 시기의 노골적 편견을 따라 이 수호성인을 다시 빚어냈다."[41] 성직자 독신주의라는 교회 운동을 강화하는 것의 일환으로, 커스버트는 여성 혐오자가 되어야 했다.

개혁을 시행하려는 편협한 시도로 여성들은 더럼 대성당의 공간에서 격리되었다. 실제로 아름다운 더럼 대성당이 보고 싶은 "충동적인 욕망"으로 죽은 여성의 남편도 "수도사의 옷"을 입고 있었다.[42] 그녀의 격리와 죽음으로 그는 문자 그대로 성직자의 독신주의를 강요당한 것이다.

성직자의 지위와 교회의 권위를 북돋운 개혁, 곧 여자의 몸이 부정하다고 강조한 개혁은 중세 교회 리더십에서 여성을 멀리 떨어뜨려 놓았다. 리더십에 대한 역사적 기억이 마저리 켐프 같은 후대 여성들에게 설교하고 가르치고 지도자가 될 권한을 부여했음은 사실이다. 그러나 여성의 몸이 열등하고 부정하다는 가부장적 신념 때문에 여성이 이런 영적 은사들을 행사하기 어려웠음도 사실이다.

  여성들은 기독교 역사를 이끌었고, 계속해서 이끌 수 있었다. 그러나 더욱 힘들었을 것이고 공식적인 지위를 얻기란 거의 불가능했을 것이다. 그리고 그 이유는 여성 자신에게 있다기보다 남성, 특히 교회 남성의 힘을 보호하는 일과 더 관련된 것으로 보인다.

  교회 역사 바깥에서
  중세 여성에 관해 쓰기

  과거부터 현재까지 여자 지도자들에 관한 역사적 기억이 중세 여성들에게 힘을 부어 주었다. 여성 혐오 문학에 맞선 크리스틴 드 피장은 15세기 초에 쓴 여성을 옹호하는 글들에서 이렇게 선포했다. "하나님의 아들을 그분의 모든 사도가 내버리고 저버렸을 때, 포기하지 않고 그분을 품은 이 여성들의 신앙이 얼마나 강하며 그 사랑은 얼마나 깊은가. 일부 남성이 주장했던 것처럼 하나님은 결코 약하다고 여성들의 사랑을 책망하지 않으셨다. 그분이 복된 막달라를 비롯한 다른 여성들의 가슴에 강렬한 사랑의 불꽃을 두셨고, 진정으로 이 사랑이 또렷이 보이도록 허락하셨기 때문이다."[43] 요크의 대주교에게 항변할 힘을 마저리 켐프에게 부어 주었던 구름같이 둘러싼 허다한 여자 증인들이, 크리스틴 드 피장에게는 하나님 앞에서 여성도 똑같이 소중하다고 주장할 힘을 부어 주었다. 실제로 정의의 여신(크리스틴을 방문해 그녀에게 훌륭한 여성이 가득한 숙녀들의 도시를 세우라고 말했던 세 여성 가운데 한 명)이 크리스틴에게 설명했듯이 "내가 너에게 말하건대, 이교도 작가들의 글에서는 여성을 비판하는 주제를 발견할지도 모르겠지만, 예수 그리스도와 그분의 사도들에 관한 거룩한 이야기들에서는 여성에 맞서는 말을 거의 발견할 수 없을 것이다."[44]

거의 4년 전 그날 나는 계속 잔디를 깎으며 중세 교회에서 지도자, 교사, 설교자였던 여성들의 생생한 역사에 대해 생각했다. 또 나는 어떻게 현대 복음주의자들이 이 역사를 대부분 잊어버렸는지를 생각했다. 예를 들어 유명한 기독교 역사 교과서 『현대인을 위한 교회사』Church History in Plain Language와 『초대교회사』 『중세교회사』 The Story of Christianity: The Early Church to the Dawn of the Reformation(두 권으로 번역 출판되었다 ─ 옮긴이) 또 교회 학교에서 널리 사용하는 교과서 『하루만에 꿰뚫는 기독교 역사』 Christian History Made Easy를 보자. 이 책들은 중세 교회의 여성 지도자들을 거의 언급하지 않을 뿐 아니라, 그나마 언급한 여성들의 권위를 축소해 버린다.

『하루만에 꿰뚫는 기독교 역사』(심지어 지도자용, 참가자용, 비디오 시리즈가 있다)의 찾아보기에는 네 명의 중세 여성, 곧 노리치의 줄리안 Julian of Norwich, 잔 다르크 Joan of Arc, 휫비의 힐다 Hilda of Whitby, 빙엔의 힐데가르트를 포함해 열세 명의 여성이 나온다. 저자인 티머시 폴 존스 Timothy Paul Jones는 휫비의 힐다가 "수백 명의 수녀와 심지어 감독이 된 다섯 명의 수도사를 포함해 몇몇 수도사들"을 훈련시켰다고 칭송한다. 그러나 빙엔의 힐데가르트에 대해서는 정확하나 상당히 많은 내용이 빠져 있다. 저자는 그녀를 두고 "중세의 르네상스 여성이며…. 음악가이자 신비가, 예술가이자 작가, 진리를 선포하고 개혁을 예언한 사람. 교황들과 황제들이 그녀를 칭송했다. 오직 베르나르만이 그녀의 명성을 뛰어넘었다"라고 쓴다. 빙엔의 힐데가르트는 선포하고, 개혁하고, 글을 썼다. 『하루만에 꿰뚫는 기독교 역사』에서 그녀는 설교하지 않는다. 그녀는 교황과 황제에게 조언과 지시를 건네는 대신 그들의 "칭송을 받는다."[45]

『초대교회사』 『중세교회사』의 찾아보기는 천 가지 이상의 항목으로, 더 발전된 구성을 보여 준다. 저자는 서문에서 "이전의 대다수 역사와 다른 방식으로 교회 삶 전반에서 여성들의 역할을 알리기 위해" 노력했다고 설명한다.[46] 나는 찾아보기에 소개된 이들을 포함하여 여성에 관한 항목에 이름이 오른 적어도 서른두 명의 여성을 확인했다. 그런데 이 책도 역시 빙엔의 힐데가르트를 설교자로 묘사하지는 않는다. 그녀를 유명한 글을 남긴 수녀원장으로 소개한다.[47] 시에나의 카타리나 Catherine of Siena는 조금 더 심도 있게 다뤄진다. 캐럴린 뮤직은 시에나의 카타리나가 설교자였으며 "청중을 회심시켰고 회중과 설교자인 스스로를 모두 영적으로 쇄신하는 일"을 완수했음을 보여 준다.[48] 그런데도 『중세교회사』는 그녀를 "그녀 주변의 남성과 여성을 불러 모았고, 그 가운데 많은 이가 그녀보다 더 많이 교육받았음에도 그들에게 관상의 원리와 실천 방법을 가르친 신비주의 교사"로 묘사한다.[49] 빙엔의 힐데가르트와 카타리나는 가르칠 수 있었으나, 설교하지는 않았다. 두 책 모두 교회 역사에서 주목할 만한 여성들에 대해 다루지만, 찾아보기에 나온 남녀 비율은 그들의 서사가 남성들에게 훨씬 더 집중되어 있음을 보여 준다.

『현대인을 위한 교회사』의 네 번째 개정판은 가장 잘 팔린 교회 역사책 중 한 권일 텐데, 여기에는 여성이 거의 나오지 않는다. 게다가 1세기에서 20세기까지 다루고 있음에도, 찾아보기에는 고대 교회에서 단 한 명, 현대 교회에서 또 단 한 명의 여성만을 언급한다. 나머지 여섯 명의 여성은 모두 종교개혁 시대 사람들이다. 『현대인을 위한 교회사』에는 등장하는 여성이 매우 적을 뿐 아니라, 여성에 대한 관점도 놀라우리만치 편협하다.[50]

교회 역사에서 여성들이 중대한 역할을 맡았고, 여성들이 리더십을 수행했다는 명백한 증거들이 있음에도 이 대중적이고 현대적으로 교회 역사를 다룬 글들은 여자 리더십을 최소화시킴으로써 교회 역사의 남성적 서사를 제시한다.

현대의 성경적 여성이 구축된 또 다른 이유가, 간단히 말해서 복음주의자들이 기독교 역사를 다시 썼기 때문이라고도 할 수 있을까?

언젠가 나는 전공자와 교회 구성원 모두를 대상으로 교회의 여성을 다룬 강의를 진행했고, 강의가 끝난 후 한 목사가 나를 붙잡았다.

"왜 신학교는 이런 것을 가르쳐 주지 않지요?" 그가 물었다. "이런 이야기는 전혀 들어보지 못했어요."

나는 그에게 모르겠다고 대답했다.

그러나 사실이 아니었다. 나는 안다. 그 이유는 중세 교회가 여성을 리더십 바깥으로 내몬 이유와 똑같다. 남성들의 권위를 지키고 강화하기 위해서다.

사실 현대 복음주의자들이 중세 기독교에 관해 가장 잘 기억하는 것은 마저리 켐프와 함께한 구름같이 둘러싼 허다한 여자 증인들보다는, 중세 기독교가 여성에게 가한 제약들이다. 여성들은 사제일 수 없었으며, 이는 여성들은 설교할 수 없다는 복음주의의 주장에 신뢰를 더한다.

마저리 켐프는 그녀의 목소리에 권위를 실어 준, 수많은 여성 증인과 함께 서서 남자의 권위와 심지어 그녀를 억눌렀던 제약을 모조리 뒤로 밀어 버렸다.

복음주의 여성들은 중세의 기억을 취사선택해 버리는 바람에, 그녀와 다르게 홀로 서 있다.

넷
―

복음주의 여성이 치른 종교개혁의 대가

남편이 주방 탁자 위에 전단을 올려놨다. "신청할 거야?" 그가 씩 미소 지으며 물었다. 목사의 아내들을 위한 도로시 패터슨 세미나의 신청서였다. 남편이 사우스이스턴 침례신학교의 학생이었던 몇 년간, 내게 그 강의를 들을 자격이 주어졌다. 나는 눈을 피했다. 그가 "언젠가 당신도 들어 둘걸 하고 말할 거야!"라며 웃었다.

그가 맞았다. 들어 볼걸 그랬다. 강의 계획서를 직접 보고 대화에 참여했더라면 훨씬 흥미로웠을 텐데 말이다. 지금은 외부인으로서만 말할 수 있고 간접 정보에 의존할 뿐이다.

그러나 (꽤 유명한) 그 강의에 대해 들은 것들이 있다.

우선 그 강의는 남편의 사역을 함께 섬길 수 있도록 준비된 여성이 되라고 강조했다. 이는 도로시 패터슨이 구체적으로 보여 준 작업이었다. 역사가 엘리자베스 플라워스 Elizabeth Flowers

는 "패터슨은 '상호보완주의 여성 대표'로서 1990년대를 장악했고, 활발하고 두드러지게 활동했으며 그녀의 남편 페이지만큼 유명해지고 논쟁을 일으켰다."[1] 둘째, 그 강의는 여성의 역할을 가정과 가족 돌봄에 맞추어 강조했다. 비록 도로시 패턴슨은 목회학 석사(뉴올리언스 침례신학교)와 목회학 박사(루터 라이스 신학교) 그리고 신학 박사(남아프리카 대학교)를 취득했으나, 그녀는 언제나 공식적으로 자신을 아내이자 어머니로 소개했다. 플라워스는 "그녀는 자기 말처럼 '무엇보다 아내, 어머니, 가정주부'였고 머지않아 여기에 할머니를 추가했다."[2] 패터슨이 자신을 소개하는 방식처럼 목사의 아내들을 위한 그 강의는 가정 살림에 주목했다.

나는 그 강의에 참여한 여성 각자가 가정에서 접대하는 기술에 관한 최종 시험을 치러야 한다는 소문도 들었다. 도로시 패턴슨이 주중에 예고 없이 당신 집에 나타나서는, 당신의 살림 기술을 점검하고 다과를 내놓는 동안 머문다는 것이다. 만일 내가 대학원생이었던 시기 특정 몇 주 가운데 언젠가 그녀가 내 집에 나타났다면 어땠을까 생각하니 몸서리쳐진다. (나는 어른이 되어서도 설거지를 미루는 오래된 습관이 있다. 스트레스가 심했던 갓 결혼한 대학원생이었을 때는 더 심했다.)

마침내 나는 목사의 아내들을 훈련하는 패터슨의 근거가 바울이 여성에 관해 다룬 글들임을 알아차렸다. 패터슨은 "거의 2천 년" 동안, 그리스도인들이 여성의 리더십을 금지한 바울의 글에 찬성했다고 주장했다. 그녀는 이와 달리 "교활한 궤변"과 "역사적 문란 행위"를 주장한 학자들을 비난했다.[3] 그녀 자신과 같은 상호보완주의자들만 "모든 문화와 역사를 통틀어 지속되는 그리고 모든 시대마다 힘 있고 타당한 하나님의 순수한 말씀"을 지켜 낸 것이었다. 그녀가 박사 학위 논문에서 주장했듯이 성경적 여성은 교회 역사 내내 변치 않고 계속되었으며, 하나님이 신성하게 제정하셨고 바울이 명시했다.[4] 패터슨 부부에 대해 내가 아는 모든 것을 고려할 때, 분명히 그녀는 자기 학생들에게 성경적 여성의 중요성을 강조했을 것이다.

도로시 패터슨의 강의가 어떠했을지 나는 결코 알 수 없을 것이다. 그러나 패터슨이 여성의 역할에 대해 가르치고 구체화한 그 뿌리는 "거의 2천 년"이 아니고 오히려 지난 500년에 있다는 사실은 안다.[5]

여성들은 항상 아내이자 어머니였지만, 개신교 종교개혁이 일어난 후 아내와 어머니가 되는 것이 여성의 "성스러움의 이념적 기준"이 되었다.[6] 종교개혁 이전에 여성들은 성적 욕구를 포기함으로써 영적 권위를 얻을 수 있었다. 동정은 그녀들에게 힘을 부여했다. 여성들은 수녀가 되고 종교에 귀의하는 서원을 했으며, 시에나의 카타리나와 빙엔의 힐데가르트 같은 일부 여성은 남성의 권위에 버금가는 목소리를 냈다.[7] 실제로 중세 여성들은 결혼 상태에서 멀어질수록 하나님과 더 가까워졌다. 종교개혁 이후 개신교 여성에게는 이 반대가 진리가 되었다. 아내와 어머니가 되는 것에 자신의 정체성을 더 가까이 둘수록 그녀는 더 신성해졌다.

거룩한 가정

늦은 오후의 햇빛이 작은 방 창으로 어스름히 비쳤다. 방에는 필요한 의자 몇 개와 세미나 책상이 전부였고, 남편이 수업을 듣는 동안 나는 그곳에서 일할 수 있었다. 낙천적인 습관대로 나는 옆에 책 몇 권을 쌓아 두었다. 그날 오후에 책 한두 권 이상을 읽기는 불가능했을 것이다. 남편이 수업을 듣는 동안 내게는 기껏해야 세 시간 남짓 주어졌다. 그러나 희망은 영원히 샘솟는다. 특히 종합시험을 치르는 중이었던 역사학 전공 박사 과정 학생에게는 더욱 그랬다. 우리는 남편이 목회학 석사 과정을 밟았던 노스캐롤라이나주의 웨이크 포리스트로, 그날 오후 함께 운전해서 갔다. 내 책 더미를 옆에 두고 나는 홀로 있었고, 그의 강의실 주변에서는 웅성거리는 대화 소리가 들렸다. 나는 책 더미 가장 위에 놓인 책을 들어 읽기 시작했다. 린들 로퍼Lyndal Roper의 『거룩한 가정: 아우크스부르크 종교개혁의 여성과 도덕』*The Holy Household: Women and Morals in Reformation Augsburg*이었다.

두 시간이 흘렀고, 내 세계는 변화했다.

나처럼 보수 개신교 그리스도인들은 어린 시절부터 종교개혁을 성공, 자유, 활기를 찾아 되살아난 신앙의 이야기로 배운다. 이런 이유로 우리는 1517년 10월 31일 비텐베르크에서 마르틴 루터Martin Luther가 95개 논제를 성당 문에 못 박은 날을 기리면서, 할로윈 파티를 종교개혁 코스튬 파티로 이용한다. 양손에 깃털 펜과 성경을 든 마르틴 루터의 플라스틱 모형 장난감이 가장 불티나게 팔린 이유이기도 하다(맨 처음 출시 되었을 때 72시간 동안 3만 4천 개가 팔렸다). 출판된 지 500년에 가까운 『폭스의 순교사』 Foxe's Book of Martyrs와 장 칼뱅John Calvin의 『기독교강요』Institutes가 여전히 귀에 익은 책 제목인 이유이기도 하다.

　　복음주의 그리스도인들에게 종교개혁은 승리의 이야기다. 그러나 로퍼의 연구는 다른 이야기를 들려준다. 그녀는 "여기 내가 있습니다"Here I stand라고 선언한 마르틴 루터의 극적 순간들에 집중하는 대신, 독일 마을인 아우크스부르크에서 종교개혁이 미친 여파에 주목한다. 그녀는 루터, 칼뱅, 츠빙글리Zwingli 같은 종교개혁 영웅들에게 집중하는 대신, 종교개혁이 일반 여성의 삶에 어떤 영향을 미쳤는지에 주목한다.

　　그녀의 전혀 다른 관점은 완전히 다른 이야기를 만들어 낸다. 얻은 것보다 잃은 게 많은 이야기, 자유보다 종속이 늘어난 이야기다.

　　로퍼에 따르면 아우크스부르크의 남성 정·재계 지도자들은 아우크스부르크의 통제와 재정적 안정을 강력히 꾀하는 데 종교개혁 신학이 뒷받침될 수 있음을 알아챘다. 이런 경제적·종교적 변화로 여성들의 삶이 나아지기는커녕, 여성을 남편이라는 가장의 권위 아래 더 견고히 두는 "성별 신학"이 확고해졌다. 결혼은 여성의 안정과 의의를 보장했지만 여성의 역할은 점점 더 종속되어 낮은 수준의 가사 노동에 국한되었고, 경제적 생존 때문에 남편에 대한 의존도가 증가했으며, 가계 구조 바깥의 경제적·사회적 기회가 줄어들었다. 여성은 순결하고 겸손하고 순종적이며 수동적이어야 한다고 장려했고, 반면 남성은 공격적이고 지배적이고 통제적이며 활동적어야 한다고 장려했다. "여성들을 위해 개신교 교회Protestantism가 남긴 유산은 매우 애매했다"라고 로퍼는 쓴다. 종교개혁은 남성과 여성이 영적으로 평등하다고 확신했지만, 그 대신 결혼한 여성을 자기 남편의 머리됨 아래 확고하게 두는 "갱신된 가부장제"로 안내했다.[8]

나는 책을 내려놓았다. 남편 강의실에서 떠드는 소리가 들렸다. 그날 그가 어떤 과목을 들었는지는 기억나지 않지만, 그의 많은 교수와 동료 학생이 여성 사역에 대해 반대했음은 기억난다. 한 교수는 그의 강의에서 학생을 몇 명씩 묶어 그 학기 내내 함께할 여러 조로 나누었고, 각 조의 모든 학생은 조별 토론을 이끌어야 했다. 교수는 모든 학생 앞에서 만일 여성이 이끄는 것이 불편한 남학생은 알려 달라고 말했다. 교수는 그런 학생을 여성 조원이 없는 조로 바꿔 줄 참이었다. 그 메시지는 분명했다. 남성이라면 그 누구든 그의 자격 조건이나 그가 여성들을 얼마나 불편하게 하는지와는 상관없이 이 강의에서 리더가 될 수 있었지만, 모든 여성의 위치는 불안정했다. 한 여성이 그 강의를 끝까지 들을 수 있는 조건은 남학생이 그녀가 그럴 수 있도록 허락해 주는 것에 달려 있었다.

이 교수의 전략이 다른 교수들보다 더 노골적이었을지 모르지만, 안타깝게도 이 태도는 이례적이지 않았다. 보수적인 남침례교가 인수된 지 몇 년이 지났고, 페이지 패터슨이 최고 자리를 차지했다. 여성은 설교학 강의를 들을 수 없었고, 남성은 지도자와 교사로, 여성은 틀어박혀 지내는 아내와 어머니로 강요받았다. 교수들의 교육을 위해 제공된 강의부터 학교의 예배 시간 설교자, 모든 것을 감독하는 총장에 이르기까지 사우스이스턴 신학교는 남성을 여성 위에 두는 성별 위계에 단단히 뿌리내렸다.

그러나 나는 이 성별 위계의 근원이 신성한 질서보다 정치 및 경제에 더 관련된다는, 설득력 있는 역사적 주장을 읽었다. 유럽이 중세에서 근대 초기로 옮겨 가면서, 국가 통치에 대한 정치사상과 상공업에 대한 경제사상도 달라졌다. 이런 변화들은 루터가 95개 논제를 게재하기 훨씬 전에 시작되었지, 개신교 종교개혁 그 자체로 시작되지 않았다. 그러나 변화하는 유럽의 정치 및 사회·경제적 지형은 종교개혁 신학에서 동업자를 찾았다. 로퍼는 하나님에 관한 언어가 근대 초 유럽의 성별 위계와 결혼했고, 종속된 아내라는 신분이 경건한 여성과 동의어가 되었다고 주장한다. 성경적 여성은 여성을 교회 뒷자리로 밀어내는 인류의 고질적인 가부장 구조에 뿌리를 두지만, 16세기에 초래된 사회 변화기 동안 **아내가 되라**는 성경적 여성에 대한 강조는 더욱 강화되었고 보강되었다.

로퍼가 옳았는가?

나는 그 일자리를 얻지 못하리라고 예상했다.

나는 정년이 보장되는 종교학과의 교수 자리를 위해 수업 시연 중이었다. 강의 주제로 종교개혁에 대해 잘 알려지지 않은 이야기인 종교개혁이 여성에게 미친 영향을 선택했다(지나고 보니, 이보다 어리석을 수 없었다). 극장형 강의실에서 첫 두 줄에 앉은 학생들은 그 이야기에 열중했다. 뒷줄의 침례교 교수들은 달랐다. 나는 어떻게 종교개혁이 아내의 지위를 높여 주었는지에 주목했지만, 여성 공동체인 수녀원에서 종교적 삶을 선택할 능력과 같이 여성이 잃어버린 것들에 관해서도 말했다. 오직 루터의 성공에만 집중하기보다는, 의료 사업이 전문화될수록 여성 개업의들이 밀려나듯 여성이 선택할 수 있는 경제적 대안 또한 협소해졌다고 말했다. 모든 신도의 제사장직을 다루는 동시에 가정의 영적 머리로서 남성의 권위가 커졌다고도 말했다. 여성은 오랜 시간 그들이 해 온 것처럼 더는 교회에서 친구들과 함께 앉을 수 없었고, 이제는 남편의 뚜렷한 보호 구역인 그의 옆자리에 앉았다. 나는 신학교 교과서들과 개신교 역사서에 실린 대로 가장 흔한 서사를 가르치지 않았다. 그 대신 나는 노스캐롤라이나 대학교 채플힐 캠퍼스에서 역사가로 훈련받는 동안 내가 배운 서사를 가르쳤다.

나는 그 일자리를 얻지 못했다.

자, 이제 솔직해져 보자. 나는 가톨릭 신학, 특히 중세 기독교에 대해 잘 알며 이해하고 공감한다. 그러나 나는 신학적으로 종교개혁에 찬성한다. 나는 개신교도다. 단순히 개신교도로 자라서가 아니라, 어른이 된 이후 개신교에 남기로 선택했다. 나는 루터가 신앙, 예수, 만인제사장설 그리고 성경에 대해 옳았다고 생각한다. 동시에 종교개혁은 완벽하지 않았다. 그 이야기를 더 좋아하기 때문에 과거를 미화한다면, 그것은 역사가 아니라 선전이다. 내가 신학적으로 종교개혁의 산물에 찬성한다는 말이 종교개혁 시대에 일어난 모든 일을 좋게 생각한다는 의미는 아니다.

그렇다면 종교개혁이 여성에게 어떤 영향을 미쳤는지 이야기해 보자.

근대 초 세계에 대한 연구에서 매우 존경받는 역사가인 메리 위즈너행크스는 종교개혁이 여성에게 미친 영향에 관한 학자들의 다양한 입장을 요약했다. "그 영향에 대해 어떤 이들은 결혼을 찬양하면서 대다수 여성의 지위를 높인 것으로 보고, 다른 이들은 수녀원에서 얻을 교육과 독립의 기회를 여성에게 주지 않고 아내의 복종을 강요한 것으로 보며, 또 다른 이들은 이미 일어났던 경제적·사회적 변화에 대한 반응이었다고 강조하면서 거의 영향을 미치 못했다고, 그런 변화의 원인이 아니라고 본다."[9] 역사가들은 증거에 대한 해석에는 의견을 달리 하지만, 증거 자체에는 동의한다.

예를 들어 여성이 결혼 대신 선택할 대안들은 줄었으나, 그녀들이 남편에게 기대는 (경제·정치·법과 같은 것의) 의존도는 증가했다. 카타리나 폰 보라 Katharina von Bora(케이티 루터 Katie Luther)가 이를 명확하게 보여 준다. 그녀는 도망친 수녀였고 수도사를 관둔 마르틴 루터와 결혼했다. 루터는 결혼을 남성과 여성을 위한 하나님의 최선이라고 가르쳤고, 그의 글들은 아내와 어머니의 신성한 역할을 대중에게 널리 퍼뜨렸다. 캐서린 프렌치 Katherine French 와 앨리슨 포스카 Allyson Poska는 『과거 서양에서의 여성과 성별』

*Women and Gender in the Western Past*에서 "가톨릭 신앙과 달리 루터는 영적 권능의 여자 모델을 높이지 않았다. 루터의 하나님은 동정녀 마리아에게 감동하거나 여자 성인들의 활동으로 힘을 얻지 않았다. 동정녀 마리아 대신 루터는 주방에 남아 음식을 준비하고 가정을 살핀 나사로의 자매 마르다의 덕성을 극찬했다." 카타리나 폰 보라는 마르다의 전형으로, 자기 식구들을 위해 루터 가정을 집안 지성소로 만들었고(그녀는 여섯 자녀를 낳았다) 자기 남편의 명성과 영향을 발전시킬 저녁 식사 모임들을 주최했다. 결혼에 대한 그녀 남편의 신학이 너무 큰 영향력을 행사해서 "모든 개신교 지역은 아내의 복종을 강조하는 결혼 조례를 통과시켰다"라고 프렌치와 포스카는 쓴다.[10] 교회 안팎에서 여성의 정체성은 더 확고하게 가정과 얽히고설켰다. 루터가 창세기 강의에서 말한 바와 같이 "달팽이가 자기 집을 지니고 다니듯, 아내는 집에 머물러야 하고 가정의 일을 살펴야 한다. 외부에 있는 일들과 국가에 관련된 일들을 관장할 능력을 빼앗긴 이처럼 말이다."[11]

가정의 수호신이었던 케이티의 명성은 남편이 살아 있는 동안 식구들을 먹여 살렸다. 그들의 저녁상은 (남편의 명예와 더불어 대화 중에 발휘한 그녀의 재치로 가치가 커졌고) 정치인, 지도자부터 대학교 교수, 추방된 성직자, 이전에 수녀였던 이들에 이르기까지 유럽 모든 이가 모이는 장소가 되었다. 그러나 이런 명성은 남편의 죽음 이후 그녀가 삶을 꾸리는 데는 도움이 되지 않았다.[12] 루터의 죽음으로 가족은 수입을 박탈당했고, 케이티와 자녀들은 재정적 위기에 몰렸다. 16세기에 남편을 잃은 여성이자 식구의 지원 없이 이전에 수녀였던 사람이 선택할 수 있는 경제적 대안은 거의 없었다. 케이티에게 닥친 어려움은 중세 여성들에게도 흔한 일이었을 것인데(여성의 일은 변함없이 낮은 지위와 낮은 임금이었다), 일에 대한 인식이 변해 버리는 바람에 여성의 상황은 더 심각해졌다. 가정이 여성의 영역임이 확고해지면서, 전문적인 일은 남성의 영역인 것으로 확립되었다. 유럽 경제는 중세 후기부터 빠르게 상업화되었고, 성공하려면 더 많은 자금과 더 넓은 인맥을 요구받았다. 직업의 전문화가 더 명확해졌고, 종종 더 계획적인 훈련을 요구받았으며 시민 당국은 사업에 관한 규정들을 더 강력하게 수립했다. 이런 추세들은 보수를 받고 일하는 여성을 선호하지 않았다.

주디스 베넷은 어떻게 잉글랜드 양조업이 중세 여성의 일이었다가 근대 초를 지나면서 남성의 전문화된 직업으로 바뀌었는지를 이야기한다. 예를 들어 14세기 양조 도시였던 옥스퍼드에서는 여성이 그 사업을 장악하고 있었다. 여성은 식구들을 위해 양조했고, 그들은 양조한 여분을 이웃에 팔아 약간의 여윳돈을 마련했다. 판매를 위한 양조는 대부분 소규모였으며 여성은 이를 통해 가계의 필요를 채울 수 있었다. 시간이 흐르면서 옥스퍼드의 양조업은 대학과 양조업자들의 길드 그리고 사업 방식의 전문화 같은 요인으로 더욱 규제되었다. 1600년대에 이르자 이웃에 팔기 위해 양조했던 수십 명의 가정주부 대신, 몇몇 양조업자가 도시에 술을 공급하기 시작했다. 소수의 양조업자는 남성이었다. 그들은 주머니 사정이 넉넉하고 자원이 많았기 때문에 더 많이 투자했고 새 기술들을 개발했다. 또한 그들은 지방 정부와 가까이 지냈다. 여성은 투자할 자본금이 적었고 사회적 영향력이 약했기 때문에, 그들처럼 더 크고 전문적인 양조업자가 될 수 없었다.[13] 토요일마다 차고에서 도넛을 파는 옆집 여성이 크리스피크림도넛(또는 우리 식구가 가장 좋아하는 시플리도넛)과 경쟁할 수 없듯 이웃에 에일 맥주를 팔곤 했던 여성이 맛있는 맥주를 만들 수는 있어도, 거물들과 경쟁할 수는 없었다. 심지어 여성이 남성보다 더 나은 양조자라 하더라도 여성은 이 변화하는 세계를 따라잡기 어려웠다.

      물론 고도의 전문화 및 상업화가 여성이 하는 일의 종류를 실제로 바꾸지는 못했다. 중세 여성은 대부분 저임금과 낮은 지위의 직업을 가졌고, 이는 종교개혁 시대 내내 계속되었다. 변화한 듯 보이는 것(또는 적어도 개신교 여성들에게 변화하기 시작한 것)은 일하는 아내들에 대한 인식 방식이다. 그리고 이는 현대 복음주의자들이 중요하게 여긴 것이다. 중세 시대에 맥주를 양조한 여성들은 맥줏집의 주인이기도 했다. 가끔 이런 내용의 기록이 발견되곤 한다. 그들은 결혼 상태뿐 아니라 자기들이 하는 일로도 인정받았다. 그들은 원한다면 하나 이상의 정체성을 가질 수 있었다. 하지만 근대 초에 양조하는 개신교도 아내였던 그녀가 나중에는, 자기 남편과 함께 일하는 (또는 죽은 남편의 사업을 이어받은) 좋은 아내로 바뀌었다.[14] 그녀의 주된 정체성은 결혼 여부였고, 직업은 부차적이었다. 실제로 사업하는 아내를 둔 남편이 공적인 자리에 그녀를 대신해 나서기도 했다.

6장에서 곧 살펴보겠지만, 여성의 일에 대한 이런 변화된 사상의 영향은 18세기 및 19세기에 이를 때까지 온전히 그 모습이 드러나지 않는다. 그러나 다른 모든 소명보다 **아내**의 역할을 우선시하도록 여성을 점점 억압한 결과는 현대 복음주의 여성에게 심각한 영향을 미쳤다.

예를 들어 오늘날 보수 복음주의 여성들이 처한 결혼에 대한 압박을 살펴보자. 종종 직업보다 결혼이 더 중요하게 여겨진다. 복음주의적 관점에 따르면 여성의 인생에서 가장 중요한 결정들 가운데 결혼은 구원 바로 다음이다. 현대 기독교 음악가 웨인 왓슨Wayne Watson의 히트곡 "이 세상 어딘가에"Somewhere in the World가 이를 잘 보여 준다. 1985년에 발표한 "자이언츠 인 더 랜드"Giants in the Land 앨범에 수록된 이 노래는 여전히 애플 뮤직에서 그의 최고 곡 중 하나로 등재되어 있다. 왓슨은 노래한다. "어린 소녀가 놀러 나갈 거야. 엄마 옷으로 쫙 차려입고 말이지." 이 어린 소녀는 엄마의 경건한 방식대로 곧 예수님을 사랑하고, 이 노래가 암시하듯 아내가 되는 법을 배울 것이다. 왓슨은 언젠가 "어린 소년이 경건한 아내를 바랄 때"를 위해 이 어린 소녀가 예수님에게 다가가기를 기도한다.[15] 이 감동적인 노래는 기독교 여성을 위한 목표, 구원과 결혼을 노래한다.

결혼이 (이어 모성이) 우리를 완성한다. 나는 일찍이 만났던 한 멘토의 이야기를 잊지 못한다. 그녀는 독신 여성 선교사였다. 그녀가 더 젊고 아직 선교 현장에서 훈련받고 있을 때, 남성 바지 한 벌을 받았다. 그녀는 그 바지를 침대에 걸어 두고, 하나님에게 그 바지를 입을 남성을 달라고 기도해야 한다는 조언도 들었다. 그녀가 우리에게 그 이야기를 하면서 소리 내 웃던 얼굴이 아직도 떠오른다.

여성이 다른 목표를 열망할 수도 있지만, 결혼과 가족이 우선이어야 한다. ESV 주석이 결혼과 성도덕에 대해 선포하듯 "결혼에서 한 남성과 한 여성의 연합은 하나님의 형상 안에서 창조된 **가장 기본적**이고 **가장 심오한** 측면이다."[16] "가장 기본적" "가장 심오한"의 강조는 내가 한 것이지만, 이 단어들이 문장의 핵심이기도 하다. 우리는 하나님의 형상으로 창조되었기 때문에 ESV 주석의 함의대로 결혼이라는 연합을 갈망한다. 복음주의 관점에서 결혼은 우리를 완성한다. 이는 삼위일체 논쟁에서 더 명확해지며 7장에서 이를 다룰 것이다. 가장 소리 높여 남자의 머리됨과 여자의 복종을 주장한 복음주의 학자와 목사 중 일부는 남편과 아내의 관계가 성부 하나님과 성자 하나님의 관계를 본보기로 따른다고 주장한다. 예수님이 아버지의 리더십을 따르듯, 아내들은 자기 남편의 리더십을 따른다. 그들은 결혼 그 자체가 그렇듯 결혼의 위계도 '이마고 데이' *imago Dei* (하나님의 형상) 안에 내재해 있다고 주장한다.

사실 복음주의 그리스도인들은 결혼에 너무 집중하느라, 직장 생활을 하는 여성들의 직업 소명과 독신 여성들의 선택을 무시했다. 얼마나 많은 복음주의 여성이 가정 바깥에서 계속 일하고 있는지를 고려한다면, 이는 매우 근시안적이다. 케이틀린 베이티 Katelyn Beaty는 『여성의 위치』 *A Woman's Place*에서 "페미니즘의 영향과 가정의 붕괴를 걱정하는 그리스도인들이 결혼한 여성들에게 일을 그만두라고 말할 행운은 좀처럼 생기지 않을 것이다"라고 쓴다. "여성들은 이미 가정 안팎에서 자기 식구들을 위해, 이웃들을 위해, 하나님의 영광을 위해 일하고 있다."[17] 얼마나 많은 복음주의 여성들이 결혼하지 않은 채 남아 있는지를 고려한다면, 이 또한 근시안적이다. 내 친구이자 동료인 베일러 대학교의 역사가 안드레아 터핀 Andrea Turpin은 복음주의 교회에 존재하는 "독신에 대한 미묘한 차별"을 지적한다. "교회에는 '왜 결혼하지 않았어요?'라고 질문을 던질 때 '대단하네요!'라는 말을 먼저 덧붙이는 사람들이 꼭 있다."[18] 종교개혁의 세계는 결혼을 여성의 이상적 상태로 격상시켰고, 종교개혁 유산이라는 강한 정체성을 지닌 복음주의자들도(마르틴 루터 모형 장남감이 얼마나 잘 팔렸는지 떠올려 보라) 똑같은 일을 해 왔다. 독신과 일하는 여성만이 아니라 결혼한 여성에게도 손상을 입히는 일을 말이다.

여성을 위한다는 종교개혁 신학의 모순

종교개혁 신학은 여성을 해방해야 했으나, 그러지 못했다.
약 1215년부터 1918년에 걸친 유럽 여성의 역사 강의에서 후반부를 가르칠 때, 여성 삶의 연속성 안에서 역사적 차이를 설명하기 위해 버지니아 울프의 표현 "자기만의 방"a room of one's own을 나의 해석을 따라 바꾸어 사용한다.[19] 역사를 통틀어 여성은 가부장제의 제약 안에서 살았다. 베넷은 이를 가부장적 평형으로 묘사한다. 여성이 얼마의 자유를 갖는지와는 상관없이 언제나 여성은 남성보다 자유롭지 못하다. 하지만 가부장적 평형은 고정된 수준이 아니라 연속체다. 가부장제의 경계들은 강해지기도 하고 약해지기도 한다. 여성의 방, 곧 여성이 스스로 선택할 수 있는 공간의 크기는 변화한다(이 단락에서 '여성의 방room'은 '여성의 공간' '여성이 설 자리 또는 기회'라는 중의적 의미다—편집자). 높은 사회계급에 속하며 남편과 아버지가 있는 부유한 일부 여성은 더 큰 방을 갖는다. 어떤 여성들, 곧 정치적이고 사회적 영향력이 거의 없는 가문의 가난한 여성은 더 작은 방을 갖는다. 유럽에서 흑사병의 여파와 같은 역사적 상황은 임금 노동자로서 여성의 독립성을 높여 일시적으로 여성의 방을 넓혔고, 아테네의 민주주의 같은 또 다른 역사적 상황은 여성의 방을 좁혔다.

    역사를 광범위하게 훑어보면 여성의 방 크기와 관련하여 다소 흥미로운 양상이 보인다. 정치 및 사회 구조가 명확히 규정되지 않고 중앙으로 덜 집중되었을 때, 여성들은 더 큰 활동력agency을 경험한다. 여성의 방이 더 커진다. 기독교 역사에서 가장 권위 있는 여성들의 이야기는 4세기부터 10세기까지, 곧 기독교가 애착을 드러낸 정치 구조는 물론, 기독교 권위 구조가 보다 유동적이었을 때까지 거슬러 올라간다는 사실은 우연이 아니다. 중세 중기에 교회의 위계가 더욱 중앙에 집중되고 강력해진 후, 여성이 행사할 수 있는 공적 권위가 줄어들었다는 사실도 우연이 아니다. 여성의 방이 더 작아졌다. 물론 언제나 예외는 있으나, 이런 일반적 양상들이 분명하게 드러난다.

근대 선교 현장을 예로 살펴보자. 선교 현장은 중앙집권화된 권위에서 멀리 떨어져 있고 권력 구조가 분명하게 드러나지 않으므로, 보수 복음주의 여성들에게도 자기 고향에서는 있을 수 없는 방식인 설교자와 교사로서 선교 현장을 이끌 기회room가 주어진다. 마거릿 벤드로스Margaret Bendroth는 그녀의 고전 『근본주의와 성별, 1875년에서 현재까지』*Fundamentalism and Gender, 1875 to the Present*에서 1929년 "중국내지선교회China Inland Mission가 200명의 자원자를 모집했을 때, 다음 해 중국으로 떠난 이들의 70퍼센트가 여성이었고, 네 명을 제외하고는 모두 독신이었다"라고 언급한다.[20] 그러나 그들을 보낸 선교회 본부는 주로 남성이 운영했고, 여성들이 고향으로 돌아왔을 때, 그들은 곧 남자의 권위 아래 있었던 자기 자리를 신속하게 기억해 내야 했다.

종교개혁이 도입한 교회 리더십에 관한 신학은 역설적으로 교회 여성의 방을 좁혔다. 종교개혁 신학이 주장하는 가치를 보이는 그대로 따랐다면, 여성의 방을 넓혔어야 했다. 사제들이 더 필요하지 않았고, 모든 신도는 직접 하나님에게 나아갔다. 여자의 몸은 여전히 "더 약한 성"이었지만 더는 부정한 취급을 받지 않았다. 남성과 여성은 모두 하나님의 형상으로 창조되었다고 이해되었으며, 결혼이라는 남성과 여성의 연합은 성직자에게조차 하나님이 의도하신 이상적 상태로 간주되었다.

중세 여성이 중세 교회에서 권위를 얻으려면 성을 초월해야 했다. 그러나 개신교 여성은 그럴 필요가 없었다. 그녀의 몸은 영적 문제를 일으키지 않았다. 실제로 개신교 여성은 아내와 어머니라는 자기 역할로 칭송받았다. 그렇다면 여성은 이제 남성처럼 설교하고 가르칠 수 있어야 하지 않을까? 만인제사장설이 남성에게 적용된 것처럼 여성에게도 적용되지는 않았던 것일까?

일부 여성은 그들에게도 적용되었다고 생각했다.

그래서 그들은 종교개혁의 가르침이 그들의 방을 더 넓혔다고 주장했다.

이를테면 스트라스부르의 종교개혁자 매튜 젤Matthew Zell의 아내인 캐서린 젤Katherine Zell은 "여성에 대한 규범이 아니라, 하나님이 성령으로 채우신 한 사람에 대한 규범으로" 자기를 판단해 달라고 요구했다.[21] 독일 여성으로서 남편은 가톨릭교회에 남았으나 자신은 개신교로 전향했고 종교개혁의 가장 두드러진 지지자였던 (심지어 1523년과 1524년 사이에 루터의 사상을 옹호하는 여덟 권의 책을 출판한) 아르굴라 폰 그룸바흐Argula von Grumbach는 그녀가 하나님이 주신 설교하고 가르칠 권한을 분명히 가졌다고 생각했다. 루터 사상을 지닌 한 젊은 교사를 옹호하고자 잉골슈타트 대학교에 보낸 편지에서 그녀는 "제가 당신에게 쓰는 내용은 여성의 가벼운 수다가 아닙니다. 이는 하나님의 말씀입니다. 그리고 지옥의 문이 이길 수 없는 기독교 교회의 일원으로서 [나는 씁니다]"라고 선언한다.[22] 그녀는 바울의 글들을 알았으나, 그 글들이 자신에게 적용되지 않는다고 믿었다. "저는 교회에서 여성이 침묵해야 한다는 바울의 말이 낯설지 않습니다." 그녀는 이어서 "그러나 어느 남성도 말하려 하지도 못하고 말할 수도 없는 것을 볼 때, 그분이 이야기하신 '누구든지 사람 앞에서 나를 시인하면 나도…그를 시인할 것이요, 누구든지…나를 부인하면 나도…그를 부인하리라'고 하는 하나님의 말씀이 저를 뒤쫓습니다"라고 단언했다.[23]

잉글랜드의 개혁가 앤 애스큐 Anne Askew도 다른 믿음의 여성들처럼 발언권을 행사했다. 이단으로 고발된 그녀를 향해 여성에게 "잠잠하라"고 한 바울의 지시를 인용하자, 그녀는 맞받아쳤다. 설교는 설교단에서만 행해지는데, 그녀는 설교단에 있지 않았으므로 설교하지 않은 것이었다. 런던의 주교 에드먼드 보너 수상 Edmund Bonner(1539-1549년과 1553-1559년에 런던 주교로 재직)이 그녀를 향해 바울의 말을 인용하자, 그녀는 "저는 그에게 대답했습니다. 바울이 여성에게 가르치기 위해 회중 앞에서 말하지 말라고 하는, 고린도전서 14장의 의미를 그가 아는 만큼 저도 매우 잘 안다고 말입니다. 이어 저는 그분이 설교단에서 설교하는 여성을 몇 번이나 보았는지 질문했습니다. 그는 한 번도 보지 못했다고 대답했습니다. 그래서 저는 불쌍한 여성들이 법을 어기지 않는 한, 그들을 흠잡지 말아 달라고 했습니다"라고 설명했다.[24] 다시 말해서 그녀는 공적 설교 공간에서 멀리 떨어져 있다면 하나님의 말씀을 말하고 사람들을 가르칠 권한이 있다고 주장했다. 게다가 그녀는 공적 설교 공간에 들어가지 않았기 때문에, 곧 그녀가 어떤 법도 어기지 않았기 때문에 수상은 그녀를 고발할 권리가 없었다.

근대 초의 세계는 이런 여성들에게 동의하지 않았다. "젤의 소원은 전혀 받아들여지지 않았다." 위즈너행크스는 "그리고 여성의 글들은 언제나 성별을 근거로 평가되었다. 아르굴라 폰 그룸바흐의 남편은 그녀가 글을 쓰지 못하게 하도록 명령을 받았다"라고 쓴다.[25] 앤 애스큐는 이단으로 정죄받고 화형당했다.

그래서 뭐가 문제였을까? 왜 개신교 신학은 만인제사장설을 선포했고 부부의 동침을 허락했으면서, 여성들이 가르치고 설교하는 것은 허용하지 않았을까? 폰 그룸바흐에 대한 반응이 어떤 실마리를 제시한다. 설교하고 글을 쓰지 말라는 명령이 그녀에게 내려지지 않았고, 그녀의 남편에게 그녀를 멈추게 하라는 명령이 내려졌다. 그녀는 그의 권위 아래 있었던 것이다. 문제는 로퍼가 말한 "거룩한 가정"이었다.

종교개혁 신학은 사제를 제거했다. 그러나 이는 남편으로 대체되었다. 성공회가 승인한 1563년 튜더 설교집 Tudor homilies이 이를 명확하게 보여 준다. "그리스도가 교회의 머리이듯 남편이 여성의 머리이므로 여성은 자기 남편에게 복종해야 합니다. 여기서 여러분은 하나님이 명령하신 것, 곧 여러분이 남편의 권위를 인정하고 그에게 복종의 영광을 돌려야 한다는 것을 알아야 합니다."[26] 설교는 아내가 복종의 표시로 머리를 가려야 한다는 강조로 이어진다. 고대 로마 남성 가장의 끔찍한 메아리 속에서, 질서 정연한 가정은 다시 한번 국가와 교회의 지표가 되었고, 가톨릭교회 사제의 약해진 권력은 개신교 남편의 강력해진 권력으로 균형을 이루었다.

바울 뜯어고치기

중세 세계는 여자의 몸이 열등하고 아내의 역할은 종속적이라는 이유로, 교회 리더십에서 여성을 배제해야 한다고 주장했다. 그러나 모든 여성이 아내가 아니었고 일부 여성은 자기 몸을 초월했기 때문에 설교하고 가르치며 이끌도록 특별히 허용되기도 했다. 역사가 니콜 베리우Nicole Beriou는 13세기 프란치스코회 사제 아라스의 외스타슈Eustache of Arras가 여성의 설교에 관해 어떻게 설명했는지를 살펴본다. 외스타슈에 따르면 정말로 성령은 남성에게 그러하듯 막달라 마리아와 테클라 같은 여성들에게도 설교의 영감과 영적 권위를 주었다. 그러나 이런 여성들은 예외였다. 그들은 결혼하지 않았다. 외스타슈가 설명하기를 "성 바울의 금지는 그 여성들에게는 해당하지 않았다. 결혼한 여성만을 대상으로 했다." 일반적으로 여성은 설교할 권한이 없었으나, "예언이라는 특별 은사를 가졌고" 결혼하지 않은 여성은 "권위를 갖고 말할 수 있는 특정 권한이 인정되었을 것이다."[27]

이는 종교개혁 이후 바뀌었다.

근대 초의 세계는 영적 동등함보다 남성과 여성의 차이를 강조한 성별 신학을 근거로, 또한 바울의 지시와 가정 규례를 근거로 여성을 배제해야 한다고 주장했다. 바울의 말들은 단지 아내만 아니라 이제 모든 여성에게 적용되었고, 여성이 아내가 되는 것이 중요하다고 강조했다.

복음주의 여성으로서 고백하건대 나는 종교개혁이 여성

에 관한 바울 본문을 이토록 강조하며 소개했다는 데 놀랐다. 나는 중세 교회 역사가 스완슨R. N. Swanson이 현대 역사가들의 생각만큼 중세 그리스도인에게 바울의 가정 규례가 중요하지 않았다며 통명스럽게 쓴 비판을 읽은 것이 기억났다.[28] 그 문장 아래 줄을 긋고 느낌표를 그렸다. 구석에는 "진짜?"라고도 적었다. 나는 여성이 모인 성경 공부마다 모든 자료를 가득 메운 은혜로운 복종에 관한 내용이 없는 세계, 설교단에서 주기적으로 남편의 권위에 대해 설교하지 않는 세계를 상상할 수 없었다. 결혼식 설교에서 에베소서 5장을 강조하지 않는 세계를 상상할 수 없었다.

그러나 중세 후기 잉글랜드의 설교를 연구하면서, 그런 세계가 존재했음이 드러났다.

중세 설교자들은 바울 본문을 설교했다. 사실 마태복음 25:31-41 다음으로(50편 이상의 설교 원고에서 이 본문을 인용한다) 중세 후기 잉글랜드의 설교에서 가장 빈번하게 인용된 성경 구절이 바울 본문이다. 그런데도 이 설교들은 거의 완전히 여성에 대한 바울의 지시와 가정 규례에 침묵한다. 내가 2018년 신앙과 역사학회Conference on Faith and History의 회장단 연설에서 밝혔듯이, 평상시 의심쩍어 한 바울 본문들(고전 11:3; 14장 엡 5장; 골 3장; 딤전 2장; 딛 2장)이 내가 연구한 120편의 중세 후기 잉글랜드의 설교 원고 중에 몇 안 되게 나타난다는 사실을 발견했다.[29] 중세 설교들에서 이 바울 본문들이 사용된 몇 안 되는 경우에 그들의 초점은 대부분 여자의 역할이 아니었다.

디모데전서 2:15의 "해산함으로 구원을 얻으리라"를 예로 들어 보자. 이 절을 다루는 단 두 편의 중세 설교 중 한 편에서, 설교자는 구원의 기쁨(자녀 그 자체)을 경험하기 전에 반드시 죄 자체가 씻기는 고통(해산)을 경험해야 하는 모든 그리스도인의 본보기로서 여성(이 절에서 '그녀'her)을 제시한다. 다시 말해서 이 설교는 여성이 "해산함으로 구원을 얻으리라"는 바울의 주장을 여성에게 엄격한 성 역할을 강요하거나, 여성에게 가정의 책임을 강조하는, 혹은 심지어 여성을 어머니로만 강조하는 방식으로 해석하지 않는다. 이 중세 설교자는 바울의 말인 디모데전서 2:15을 분명히 알고 있었지만, 그는 회심과 속죄의 고통을 직면한 후 구원의 기쁨 안에서 다시 태어날 모든 그리스도인을 격려하기 위해 사용한다.

중세 설교자들은 바울을 설교했으나 주로 교구들에게 중세 가톨릭교회의 성사와 실천에 참여함으로써 구원을 찾는 방식을 가르치는 데 집중했다. 이런 중세 교훈들에 힘을 싣고자 바울 본문이 사용되었다. 그리고 중세 종교 사안들에서 복종과 가정생활의 본보기로서의 여성보다 신앙의 본보기로서의 여성이 훨씬 중요해졌다. 중세 신학에서는 모든 그리스도인에게 성화 과정의 본보기로서 해산을 통해 구원받는 여성을 제시하는 것이, 말 그대로 생식 능력에 여성들을 묶어 두는 것보다 더 중요했다.

중세 설교에서 여성의 종속된 역할을 강조하기 위해 바울을 설교하는 경우는 거의 없었다.

근대 초의 설교자들도 바울을 알았다. 그러나 그들은 그들의 경쟁 상대인 중세 설교자들과는 다르게, 가정에서 여성의 종속된 역할을 강조하기 위해 바울을 설교했다. 근대 초의 설교는 경건 행위에 영적 지위를 반영했고 이를 강조했다. 바울의 지시를 잘 따르는 정도가 가정의 영적 건강 상태의 지표였고, 복종과 가정생활의 본보기인 여성들은 개신교 신학의 중대한 본보기가 되었다. 이러면서 중세 세계의 설교로부터 멀어졌다.

1657년 유작 설교집에서 랜슬롯 앤드류스Lancelot Andrewes는 디모데전서 2:15을 다음과 같이 해석한다. "잠언 31:21이 말하듯, 그녀는 가정을 지키는 모든 의무를 진다. 그녀는 달팽이의 소유물, 곧 집 안에 있어야 한다.…성경이 말하는 집은 그녀가 하나님을 경외함으로 낳아 길러야 할 자녀들이 있는 곳이다. **바울이 디모데전서 2:15에서 말하듯 아내는 출산을 통해 구원받을 수 있다.**"[30] 중세 설교자는 디모데전서 2:15의 바울 본문을 회심과 속죄의 고통을 직면한 후 구원의 기쁨 안에서 다시 태어날 모든 그리스도인을 격려하기 위해 사용한다. 앤드류스는 이와 극명한 대조를 이루며 바울 본문을 여성의 종속이 신성하게 제정되었다는 증거로, 그리고 현대 용어를 사용해도 된다면 가정주부야말로 여성이 신성하게 부름받은 질서임을 밝히는 증거로 사용한다.

예를 한 가지만 더 들어 보자.

1690년 벤저민 키치Benjamin Keach 목사의 침례교회 구성원이었던 아이작 말로Isaac Marlow는 회중의 찬송이 중요하다는 키치의 가르침을 반박하기 위해 글 한 편을 게재했다. 말로는 전체 회중이 부를 수 있다면, 여성도 노래할 것이기에 노래는 비성경적이라고 주장했다.

일반적으로 모든 정통 그리스도인이 믿는 바처럼 그리스도의 교회에서 여성은 가르치는 것은 물론 소리 내어 기도해서도 안 되며, 이는 고린도전서 14:34, "여자는 교회에서 잠잠하라. 그들에게는 말하는 것을 허락함이 없나니"와 디모데전서 2:11-12, "여자는 일체 순종함으로 조용히 배우라. 여자가 가르치는 것과 남자를 주관하는 것을 허락하지 아니하노니 오직 조용할지니라"가 주장하는 바다. 따라서 나는 어떤 남성이든 여성이 노래하는 그러한 관습을 주장하고 허용한다는 데에 경악을 금치 못한다. 그리스도가 적극적이고 분명하게 이런 것들을 그분의 말씀으로 금하시는데, 어떤 여성은 그리스도의 교회에서 소리 내어 노래하겠다고 주제넘게 군다는 사실에도 경악을 금치 못한다. **골로새서** 3:16에서 노래는 가르치는 것이고 **에베소서** 5:19에서 노래는 말하는 것인데, 둘 다 교회 안에서 여성에게 분명히 금지된 것이기 때문이다.[31]

비록 키치도 교회 리더십에서 여성을 제외하라는 바울의 경고에는 동의했으나, 그는 노래가 "목회 방식의 일종이 아니므로, 하나님의 영이 여기서 의도하는 바는 없습니다. 설교나 가르침은 노래가 아니며 노래도 설교나 가르침이 아닙니다. 다른 사람을 가르치기 전에 당신[아이작 말로]은 다양한 의무와 법 조례를 더 잘 익혀야겠습니다"라고 주장했다.[32]

나의 중세적 관점에서 보면 설교에서 시작되어 주고받은

이 대화가 놀랍다. 키치는 여성의 노래할 권리를 옹호하지만, 여성에게 가르치고 설교하지 못하게 한 바울의 금지를 수용하면서 그렇게 한다. 고린도전서와 디모데전서의 금지 범위 안에 노래는 없기에 여성은 노래할 수 있었다. 다시 말해서 종교개혁 시대를 거치면서 설교자들이 바울 본문을 사용하는 방식에 변화가 일어났다. 중세 후기 잉글랜드의 설교들에서 바울 본문이 항상 여성에게 심각한 결과를 초래하지는 않았다. 그 본문들은 여성에게 거의 영향을 미치지 못했다. 그러나 종교개혁의 여파로 바울은 기독교적 여성을 규정하게 되었다. 여성에게 교회와 가정에서 복종하라고 선언했던 튜더의 설교집이 1563년에 나왔음을 기억해야 한다. "그리스도가 교회의 머리이듯 남편이 여성의 머리이므로 여성은 자기 남편에게 복종해야 합니다. 여기서 여러분은 하나님이 명령하신 것, 곧 여러분이 남편의 권위를 인정하고 그에게 복종의 영광을 돌려야 한다는 것을 기억해야 합니다."[33] 바울이 그들에게 공표한 것처럼 경건한 여성은 순종적이며 침묵했다.

당연히 질문할 수밖에 없다. 왜?

왜 여성을 다룬 바울 본문의 사용법이 바뀌었을까?

첫째, 설교는 신앙의 기초에 초점을 맞추어 가르쳐야 한다는 13세기의 제안이 15세기에는 명령에 가깝게 강화되었다. 일반인들에게 복잡하거나 잠재적으로 논쟁적인 주제들에 관해 설교하는 것이 적극적으로 저지되었다. 둘째, 중세 교회의 성사 공동체에서 기원한 참회를 통한 구원에 대한 신학적 강조는 바울 본문을 설교하는 방식을 깊이 형성했다. 중세 설교에서 그 방식

은 설교자들이 여성의 성보다 그들의 신앙을 더 중요하게 강조하는 식이었다.[34]

마지막으로 중세의 현실은 대다수가 결코 사제일 수 없었다. 너무나 이상하지만 그 현실이 남성과 여성을 더욱 영적으로 동등한 위치에 놓았다. 성사가 필요할 때 남편과 아내는 각자 사제에게 가야 했으므로, 남편의 영적 머리됨은 별로 중요하지 않았다. 그러나 가부장제가 이미 규범이 되었고 여성도 남성만큼 잠재적인 영적 능력을 지녔던 세계에서 남자의 머리됨은 중요했다. 가부장제는 새로운 종교개혁 세계에 적응하기 위해 변신해야 했다. 로퍼가 설명하듯이 "여성을 남편에게 복종하는 아내로 정의하는 오랜 보수주의 전통이 복음주의적 도덕주의의 가치들을 이용했다.…영적으로 독립된 여성의 삶을 인정하지 않았고, 제도화된 종교개혁은 남편의 리더십 아래에서 가정에 귀속된 여성이라는 비전을 강력하게 주장했으며, 거의 성공을 이루었다."[35] 근대 초 개혁가들의 강조와 더불어, 바울 본문들은 이미 성 위계를 지지하고 있었던 세속 세계 안에서 다시 태어났다. 개신교 개혁가들은 성경의 모델을 다시 살려 내는 대신 이미 진행 중신 세속 구조 안으로 단순히 성경을 꿰맞췄다. 성경이 사회를 바꾸는 대신 근대 초의 세계에서 이미 확장 중이었던 가부장적 관습들의 근거로 바울의 글이 이용당했다.

가족 뜯어고치기

우리는 우연히 그 교회를 발견했다.

2003년 3월이었다. 나는 박사 학위 논문의 마지막 장을 쓰고 있었고, 부모님과 잉글랜드로 막바지 여행을 떠났다. 나는 영국 동부 해안에서 일곱 성사가 새겨진 세례반들을 찾는 중이었다. 앤 엘젠홈 니컬스 Ann Eljenholm Nichols는 15세기 교구원들이 이단에 맞서기 위해 돌 세례반에 일곱 성사를 새겼다고 주장하면서, 이런 "볼 수 있는 표지들"에 대해 썼다. 교구원들은 돌 위에 그들의 신앙의 장면을 새겨 넣으면서, 말 그대로 정통을 반복해서 되새겼다.[36] 새긴 이미지 가운데는 사제와 여성의 소통을 묘사한 것들도 있으며, 이 때문에 나는 그 세례반들을 보고 싶었다. 그래서 부모님과 나는 7일간 꼬박 잉글랜드 시골 주변을 차로 돌면서 이 15세기 세례반들을 찾아다녔다.

교회를 찾아다니면서 아주 단순한 두 가지 실수를 저질렀다. 하나는 월비 Wilby라는 이름이 같은 두 마을에 서로 다른 두 교회가 있었는데, 우리는 엉뚱한 월비로 차를 몬 것이다.

그러나 이는 의미 있는 실수였다. 우리는 월비에서 올 세인츠 교회 the church of All Saints를 우연히 발견했다.

칸막이를 대어 마주 볼 수 있게 상자형으로 공간을 만든 의자들 box pews이 늘어선 17세기 교회를 직접 보기는 처음이었다. 종교개혁 이전 잉글랜드에서 중세 교회가 어떤 형태였는지를 보여 줄 증거들은 거의 남아 있지 않다. 헨리 8세가 시행한 개혁(1533-1536년)의 여파로 수도원들이 해산되었고(중세 교회의 약탈과 파괴를 묘사하기에 좋은 사례다), 잉글랜드 내전(1642-1649년)은 이른바 빅토리아 시대의 "부흥 운동"(1840-1875년)과 결합하여 중세 교구원들이 알아볼 만한 것은 거의 사라졌다. 중세 스테인드글라스 창문의 화려한 색감과 교회 내부 벽마다 그려진 그림이 대부분 소실되었고 파괴되었으며 회반죽으로 뒤덮였다. 이 상자형 회중석은 중세 교회의 본당을 가득 채웠고, 제단과 정교한 난간 및 칸막이로 분리되었다. 그러나 이 회중석은 이제 의자와 설교단으로 대체되었다. 우리가 먹은 영국식 아침 식사가 중세에 먹었던 죽과 다르듯 우리가 막 걸어 들어간 교회는 중세 잉글랜드의 화려하고, 시끄럽고, 향으로 가득 찬 교회와는 거리가 멀었다. 하지만 윌비의 올 세인츠는 빅토리아 부흥 운동에서 거의 벗어나 있었으며, 내전 이전 성공회의 증거로 남아 있었다.

그 작고 밝은 공간에는 두 가지 특징이 있었다. 큰 복층의 설교단double-decker pulpit이 벽에 고정되어서 원형 계단으로만 접근할 수 있었고, 예배석인 사각형의 작은 상자 공간들은 가운데 통로를 따라 줄지어 있었다. 나는 그 상자형 공간을 응시하면서, 가족들이 각 공간으로 줄지어 들어간 다음 예배하는 동안 그들이 "상자 안에 머물기 위해" 문을 닫는 모습을 상상했다.

중세 역사를 배운 눈으로 그 상자형 공간을 지그시 바라보았다. 종교개혁이 기독교 예배를 얼마나 어마어마하게 바꾸어 놓았는지를 처음 엿볼 수 있었다. 중세 교회에서 여성과 남성은 가족인지 여부와는 상관없이 교회에 모여 마주 보고 앉았다. 아마도 중세 설교자들이 그들의 설교를 시작할 때 흔히 "선량한 남성 분들과 여성 분들"Good men and women이라고 인사한 이유일 것이다. 나는 그들이 먼저 왼쪽을 보면서 "선량한 남성 분들"이라고 인사한 후, 오른쪽으로 고개를 돌려 "선량한 여성 분들"이라며 환영 인사하는 모습이 그려졌다. 오늘날 결혼식도 이런 오래된 중세의 순서를 반영한다. 목사의 오른쪽에 신부가, 왼쪽에 신랑이 선다. 여성과 남성을 그들의 가족 관계 대신 성별로 묶은 것은 중세 후기 잉글랜드에서 독신으로 묶인 교구 공동체를 격려하기 위해서였다. 역사가 캐서린 프렌치가 쓴 논문 중 내가 처음 접한 글에서 그녀는 여성을 위한 중세 교회 공동체들에 대해 설명했다. 프렌치는 이런 집단들이 이미 자리 잡은 성별 규범을 강화하기도 했지만, 공동체를 세웠고 중세 후기 교회에서 여성의 활동력을 확장했다고 주장한다. 그녀는 "우리는 아내들의 모임에서 지친 결혼 생활, 출산 및 자녀의 죽음, 넘쳐 나는 살림에 도움이 될 위안과 조언을 찾는 모습을 상상할 수 있다. 이런 모임에서 여성들은 어느 정도는 가정 상태와 부에 근거하여 자기들의 위계를 만들기도 했겠지만 경건, 출산 능력, 인격처럼 잘 보이지 않는 기준을 근거로도 위계를 만들었을 것이다."[37] 프렌치는 이런 여자 공동체들을 통해 여성이 가정의 권위를 교회 공간 안으로 어떻게 확장했는지를 보여 준다. "함께 모인 여자들은 집단적 행동의 기회를 만들었고 구원의 이름 안에서 눈에 띄는 존재가 되었다."[38]

그러나 이런 모임들은 가족 단위가 가장 중요해진 종교개혁과 더불어 사라졌다.

여성은 여자 공동체와 함께 앉는 대신, 이제 자기 가족들과 앉았다. 설교자는 그의 설교를 "선량한 남성 분들과 여성 분들"에게 직접 향하는 대신, 이제 대부분 가정의 영적 지도자를 향해 전했다. 한 설교자는 그의 회중을 "남성들, 아버지들, 형제들"이라고 부르며 설교했다.[39] 다 뜯기고 고쳐진 교회 안에 서서, 나는 종교개혁의 여파가 초래한 변화 대부분을 느낄 수 있었다. 나는 말 그대로 높아진 남편의 권위 아래에 앉아서, 그 상자형 공간 안에 여성들이 자녀들과 나란히 있는 모습을 볼 수 있었다. 프렌치가 종교개혁이 잉글랜드 교구 안의 여성에게 미친 영향을 묘사할 때 상자형 공간에 대해 말하지는 않지만, 그녀의 말은 여전히 진실로 울린다. 여성의 활동이 가정 안으로 다시 국한되면서 중세 후기 교구에서 여성은 더는 "집단적이거나 눈에 띄거나 활동적일 수" 없어졌다. "점차 가족이 교구를 표현하는 종교적 단위가 되면서, 여성이 교구를 자기 영적 실천의 장으로 만들었던 능력의 핵심, 곧 평신도의 활동력은 종말을 고했다."[40]

여성의 정체성은 이제 가족 안으로 흡수되었다.

아내의 역할은 높아졌지만 대가를 치렀다.

나는 프렌치가 그녀의 책 『교구의 좋은 여성들』*The Good Women of the Parish*에서 내린 결론이 대단히 마음에 든다.

확실히 일부 여성은 길드 회비, 성상 숭배, 사룸 전례 Sarum Manual(영국 솔즈베리 교구 주교좌 성당을 중심으로 발전된 전례로 가장 영향력이 크고 웅장했다—옮긴이)의 장관과 의식이 폐지된 것에 대하여 반색했다. 하지만 이 새로운 교회에서 의미를 찾고자 한 이들은 종교적 의미를 창출하기 위해 일련의 새로운 기술과 행동을 개발해야 했다. 어떤 이들에게는 글을 읽고 쓰는 능력, 하나님과의 개인적 관계, 직업적 역할보다 커진 신앙적 역할이 그 새로운 기술이자 행동이었다. 다른 어떤 이들, 곧 읽지 못하고 힘든 시기에 그들에게 힘을 준 친구들과 함께 하나님의 말씀을 들을 수 없게 된 이들에게는, 이것만으로 충분하지 않았다.[41]

나는 개신교 여성이고, 종교개혁 세계가 가져온 신학적 변화에 깊이 감사한다. 그러나 역사가로서 나는 이런 변화 때문에 치러야 했던 대가를 안다. 아내의 역할이 확장될수록 결혼 바깥에서 여성의 기회는 줄어들었다. 가족은 여성 세계의 중심을 차지했을 뿐 아니라 좋은 그리스도인이 되려면 여성이 갖추어야 할 우선적인 정체성이 되었다.

사실 역사적으로 여성의 종속은 한결같았지만, 신성하게 제정되지는 않았다. 여성을 다룬 바울의 글이 교회 역사 전반에 걸쳐 계속해서 알려졌지만, 여성을 리더십에서 제외시키고자 이를 체계적으로 사용하기 시작한 때는 종교개혁 시대였다. 성경이 사회를 바꾸는 대신, 사회가 근대 초 그리스도인들의 성경 해석 방식을 바꾸어 놓았다. 그리고 이는 (다음 장에서 보겠지만) 영어 성경이 확산되면서 복잡해졌다.

다섯

영어 성경 바깥으로 밀려난 여성*

내가 얼마나 좌절했는지, 아직도 기억한다. 우리 교회에서 나는 수요일 밤마다 청소년 그룹을 지도했으나, 남자의 머리됨이라는 목회적 입장 때문에 10대 소녀들만 가르칠 수 있었다. 보통 남편과 나는 교회에서 여성의 역할에 관해서 직접적으로 가르치기를 피했다. 우리는 공개적으로 우리 교회의 목회적 입장을 반박하지 않기 위해 매우 노력했다.

하루는 한 10대 소녀가 모임을 인도했다. 우리의 교육 철학 중 하나는 청소년들이 성경을 가르치는 일을 포함해 교회에서 리더가 되기 위해 필요한 기술들을 가르쳐야 한다는 것이었다. 그래서 우리는 수업을 준비하는 법, 자료 찾는 법, 실제로 수업을 진행하는 법을 그들에게 가르쳤다. 수업을 진행한 이 학생

* 이 장의 성경 본문은 개역개정이 아니라 원서에서 사용한 역본의 의미를 살려서 우리말로 옮겼다.

은 그리스도인으로서 아내가 된다는 것의 의미를 가르쳤다. 교회의 상호보완주의 입장 때문에 나는 그녀가 선택한 이 주제를 거절하지 못했다. 반박도 할 수 없었다. 그냥 들어야만 했다.

나는 내 앞에 놓인 성경책을 뚫어져라 쳐다보았다. 그 성경책은 TNIV Today's New International Version 번역으로 우리가 결혼한 지 얼마 안 되었을 때 남편이 내게 주었다. 나는 그녀가 읽는 ESV를 듣고 있었다. 그녀가 성경을 근거로, 여성의 우선된 소명은 아내와 어머니가 되는 것이라고 주장하는 말을 들었다. 그녀가 오직 남성만 성경에서 리더십 위치로 언급되기 때문에 남성은 이끌도록 부름받은 반면, 여성은 따르도록 부름받았다고 전하는 말을 들었다.

수업이 끝난 뒤 나는 차로 가 있었다. 그 소녀가 읽은 여러 구절은 그녀가 사용한 역본에 의해 만들어진 것이었다. 여성이 남편의 리더십과 교회의 남자 지도자들 아래 앉아 있는, 복종하는 아내와 어머니의 그림이 아주 또렷이 보이는 듯했다. 그러나 최신 현대 영어로 번역된 그녀의 성경 역본은, 그녀가 가르친 내용이 성경에 대한 있는 그대로의 해석이라고 믿게 만들 터였다. 하지만 역사가인 나는 모든 성경 역본이 인간의 손으로 형성되었다는 사실을 알고 있다.

성경 역본은 중요하다. 여성에게 영어 성경의 역본들은 대다수 현대 복음주의자들이 인식하는 것보다 더욱 큰 문제가 되어 왔다.[1]

모든 성별을 포괄하는 언어와 성경 논쟁

베일러 대학교에서 학사 졸업을 한 해는 1996-1997년이었다. 이 해에 나는 안수받은 침례교 목사와 결혼했고, 노스캐롤라이나 대학교 채플힐 캠퍼스에서 중세 역사 전공 대학원 과정을 시작했다. 내게 아주 중요한 해였다.

바로 그 1997년은 성경 번역의 세계에서도 중요한 해였다. 「월드」World 지에 "팜파탈: 복음주의 교회 안 페미니즘의 유혹"이라는 제목의 기사가 실린 해다. 기사를 쓴 수전 올래스키Susan Olasky는 독자들에게 NIVNew International Version 번역이 "조용히 '성 중립'을 향해 가고 있다"라고 말했다.² 그녀는 그 결과가 재앙이 될 수 있다고 썼다. 즉 성 중립 입장의 성경은 "남성과 여성의 특수성을 흐리고" 성경적 성 역할로 되돌아가려는 상호보완주의자들의 "힘겨운" 투쟁을 방해할 수 있다. 그 변화의 기폭제는 "성경에 대한 새로운 발견들"이 아니라 "문화에서 발생하는 사회적 변화들"이라고 올래스키는 주장했다. 한 달 후 올래스키는 "성경을 위한 전투"라는 두 번째 기사를 실었다. 그 기사에서 그녀는 존더반Zondervan 출판사가 성경 본문에 충실하기보다 "남녀 구별 없는 언어"에 더 전념한다고 비난했다. 존더반의 저자들이 "일반적 입장을 표하는"generic placemarker 남성형 대명사의 사용을 피하기로 했고 대신 **인간**이나 **사람**처럼 모든 성별을 포괄하는gender-inclusive 용어를 사용하기로 했기 때문에, 또 이미 존더반 출판사가 모든 성별을 포괄하는 용어를 사용해 (NRSV 같은) 다른 역본들을 출판했기 때문에, 그리고 존더반 출판사는 계약상 (1992년부터 모든 성별을 포괄하는 언어의 사용을 장려한) 국제성경공회International Bible Society의 성경 번역 위원회를 지지하기로 했기 때문에, 올래스키는 존더반 출판사가 하나님의 말씀을 변질시키는 문화를 그냥 내버려 두는 것처럼 묘사했다.³

즉각 복음주의자들 사이에서 대소동이 일어났다. 모든 성별을 포괄하는 용어는 이제 단지 적절한 번역에 대한 논쟁이 아니었다. 이는 한 번 넘어지면 멈출 수 없는 미끄러운 비탈처럼 페미니즘이 성경의 진리를 파괴하는 위험한 사건이었다. "이는 은폐되어야 할 문제가 아니라고 생각한다"라면서 당시 트리니티 복음주의 신학대학교 교수였던 웨인 그루뎀은 "많은 성경 단어의 정확성과 온전성이 위험에 처했다. 이 단어들은 바로 하나님의 말씀이다"라고 썼다.⁴

올래스키의 두 번째 기사가 나가고 한 달이 지나, 남성 열두 명이 콜로라도스프링스에서 만났다. 제임스 돕슨(포커스 온 더 패밀리Focus on the Family의 창설자)이 주도했고 그루뎀과 파이퍼가 참석했으며 그들은 "성경의 성별 관련 언어"를 위한 지침을 만들었다.⁵ 때때로 그들은 모든 성별을 포괄하는 언어가 번역의 정확성을 높일 수 있다고 인정했지만, 모든 성별을 포괄하는 언어는 대부분 성경적으로 정확하지 않다는 결론을 내렸다. 콜로라도스프링스 모임 직후 남침례교는 댈러스에서 모였다. 거의 1,600만 명의 구성원을 가진 이 교단은 1997년 6월 성경 번역에서 모든 성별을 포괄하는 언어가 사용된 것을 격렬하게 비난했다. 그들의 결의안은 이러한 번역들이 "성경을 높이 평가하지 않는 이들"과 "현대 문화의 압력에 굴복한 이들"에게서 비롯되었다고 선언했다.[6] 1997년 8월 가을에, 전선이 그어졌다. 세속적 문화, 특히 페미니스트 운동은 위험한 방식으로 성경을 바꾸고 있었고, 그리스도인들은 대항할 때였다.

존더반 출판사가 모든 성별을 포괄하는 언어를 사용한 역본(TNIV)을 2002년에 발표했을 때 그루뎀은 이에 대해 신랄하게 논평했다. 그에 따르면 "논란의 핵심은 다음과 같다. TNIV를 만든 사람들은 구절의 일반적 사상을 번역하기로 했으며 남자 지향적인 세부 사항들은 지우기로 했다."[7] 그루뎀이 회장을 역임한 성경적 남성과 여성 위원회의 웹사이트는 TNIV의 본문 번역에 대한 100가지 이상의 문제점을 게시했다. 같은 기사에는 미리 준비된 돕슨의 성명서도 실렸다. "대다수 복음주의 그리스도인처럼 저 역시 제 성경이 정경인 히브리어와 그리스어 본문의 정확한 번역을 포함하고 있기를 바랍니다. 따라서 저는 '정치적 올바름'political correctness을 위해 하나님의 말씀을 바꾸고 번역 방법론을 희롱하는 어떤 노력에 대해서든 계속해서 공개적으로 반대할 것입니다."[8]

심지어 TNIV가 발표되기 전 콜로라도스프링스 그룹은 자체적으로 그들의 번역 작업을 곧장 시작했다. 1997년 5월 돕슨의 주도로 모임을 한 후 그루뎀은 크로스웨이Crossway 출판사 및 전국교회협의회National Council of Churches와 번역 협상에 들어갔다. 1971년의 RSV를 개정하고 "탈기독교적 번역의 선택들"을 제거해 줄 새로운 역본을 발표할 수 있도록 1998년에 허가를 얻어 냈다.[9] 존더반 출판사가 TNIV를 출판하기 한 해 전인 2001년, 크로스웨이 출판사는 초대형 복음주의 교회의 목사들, 음악가들, 작가들의 적극적인 지지와 함께 ESV를 발표했다.[10]

ESV는 모든 성별을 포괄하는 언어 논쟁에 대한 직접적인 대응이었다. 남자의 머리됨을 보존하는 성경 읽기를 안정적으로 지속하기 위해 탄생한 역본이었다. 진보적 페미니즘과 하나님의 말씀에 도전하는 세속 문화에 대항해 싸우고자 탄생했다.

나는 중세 잉글랜드의 설교를 전공한 역사가로서 모든 성별을 포괄하는 역본들이 일으킨 논쟁이 흥미로웠다. 고발자들은 모든 성별을 포괄하는 성경 역본들이 페미니즘 운동이 불어넣은 현대적이고 세속적인 경향을 띠는 것처럼 묘사한다. 하지만 중세 역사가인 나는 페미니즘 운동 훨씬 이전에 모든 성별을 포괄하는 방식으로 성경을 번역했던 그리스도인들을 알고 있다.

그 논쟁이 나를 두렵게 한다는 사실도 인정한다. 내가 흥미롭게 느끼는 그 이유가 바로 나를 두렵게 한다. 모든 성별을 포괄하는 언어는 교회에서 역사가 길기 때문에, 이 논쟁은 많은 현대 복음주의 그리스도인들이 교회 역사를 얼마나 잊고 있는지 보여 준다. 이 논쟁은 사실 많은 복음주의자가 과거를 이해하지 못할 때, 여성에게 얼마나 위험한 영향을 미치는지를 강조한다. 1960년대 제2물결의 페미니즘으로 미국 문화에서 모든 성별을 포괄하는 언어에 더 큰 관심이 생긴 것은 분명한 사실이지만, 현대 페미니즘 훨씬 이전에 이미 성경 본문을 번역할 때 모든 성별을 포괄하는 언어에 관심을 두었던 것도 사실이다.

그러므로 영어 성경의 역본들에 대해 역사가로서 내가 아는 바를 말해야겠다. 오래전 수요일 밤 청소년 모임에서 그 소녀들에게 말했다면 좋았을 내용을 말이다.

종교개혁 이전의 영어 성경

나는 최근 베일러 주석 성경을 선물받았다. 금빛으로 테두리를 두른 장들이 짙은 녹색 가죽 표지 사이에서 빛난다. 정말 아름다운 책이다. 가지고 다니기도 편하다. 초록색 리본이 달려서 잃어버리지도 않을 것 같다. 이 책에는 스캇 맥나이트, 토드 스틸Todd Still, 마이클 파슨스Mikeal Parsons를 포함해 내가 가장 좋아하는 성서학자들의 연구 주석이 있다. 우리는 성경을 생각할 때 이렇게 제본된 장정을 상상한다.

역사적으로 보면 제본 성경은 새로운 성경이다. 예수님의 죽음과 부활 후 1500년 이상이 지나고 나서야, 일반 사람들이 구매할 수 있고 가지고 다닐 수 있는 한 권으로 묶인 책이 탄생했다. 15세기 독일의 한 대장장이가 지녔던 기발한 재주가 근대 초 유럽에서 인쇄 혁명을 일으켰고, 대중에게 성경이 배포되었다. 현재 우리가 아는 구텐베르크 성경의 제작은 역사에서 중대한 전환점을 찍었다. 창세기에서 요한계시록까지의 하나님의 말씀을 하나님의 사람들이 처음으로 손쉽게 구할 수 있었다.

내가 좋아하는 런던의 한 교회가 1535년에 인쇄된 영어 성경을 소중히 간직하고 있다. 그 교회는 바로 순교자 성 마그누스 교회St. Magnus the Martyr로, 1666년 런던 대화재가 시작된 푸딩 거리의 토머스 패리너Thomas Farriner의 빵집에서 몇 걸음 떨어진 곳에 있다. 순교자 성 마그누스에게 헌정된 이 교회는 화재로 파괴된 두 번째 교회였고, 크리스토퍼 렌Christopher Wren의 지휘로 재건된 가장 비싼 교회였다. 고가의 첨탑은 현재 대화재 기념비를 포함한 주변 건물들로 거의 가려져 있다.

그러나 순교자 성 마그누스 교회 안으로 수그려 들어가 보면, 제단 가까이 동쪽 벽면에 있는 마일스 커버데일Miles Coverdale의 유해를 표시한 19세기 명판을 발견할 것이다. 커버데일은 1535년에 인쇄된 영어 성경 역본으로 가장 잘 알려져 있다. 명판에는 다음과 같이 새겨져 있다. "마일스 커버데일을 추모하며…. 자기 동포뿐 아니라 어둠 가운데 앉은 열방에게, 그들의 말로 하나님의 놀라운 일들을 읽고 쓸 수 있는 통로를 만들어 주고자…. 그의 감독 아래 최초로 완전한 영어 성경 역본이 인쇄되었다."[11]

어떤 면에서 명판의 말은 정확하다. 커버데일 성경은 현대가 이해하는 의미에서 완전히 영어로 인쇄된 최초의 성경(구약에서 신약까지)이자, 본문이 완전히 한 권으로 묶인 책이었다. (물론 1525년에 윌리엄 틴들William Tyndale이 신약성경을 영어로 번역하여 인쇄했다. 틴들이 구약성경 번역을 마치기 전에 처형당했으므로, "최초의 완전한 영어 역본 성경"이라는 명칭은 틴들 신약성경에서 10년 지난 후 인쇄된 이 커버데일 성경이 차지했다.)

그러나 다른 측면에서 보면 명판의 말은 틀렸다. 커버데일의 명문은 영어 성경이 종교개혁의 결과라고 선포한다. 커버데일 이전 중세 사람들은 영어로 된 성경 본문을 접할 수 없었던 것처럼 읽힌다. 19세기 명판에서 읽을 수 있듯이 그들은 (성경의) 어둠 가운데 앉아 있었다는 것이다. 이는 사실이 아니다.

중세 역사가 베릴 스몰리Beryl Smalley가 쓴 고전『중세의 성경 연구』The Study of the Bible in the Middle Ages는 다음 문장으로 시작한다. "성경은 중세에서 가장 많이 연구된 책이다."[12] 개신교 종교개혁은 그리스도인들이 성경을 이용하는 방식을 바꾼 것이지, 그리스도인들에게 성경을 처음으로 소개한 것은 아니다. 성경 영어 역본은 종교개혁 훨씬 이전부터 존재했다. 11세기에 시편과 구약의 첫 여섯 권(고전 영어 육경) 그리고 복음서(웨스트 색슨 복음서)가 영어로 번역되었다. 비록 이 성경 본문들은 성직자 집단 안에서 회람되었지만, 학자들은 "글을 읽고 쓸 줄 아는 일반인들"의 활용을 염두에 둔 성경이었다고 주장한다. 중세 성경을 다룬 내가 가장 좋아하는 책의 저자인 중세 역사가 프란스 판 리에레Frans van Liere는 매튜 파커Matthew Parker, 1559-1575년 캔터베리 대주교가 영어 성경(주교 성경the Bishop's Bible으로 알려진 1568년 역본)을 출판할 그의 권리를 주장하기 위해 중세에 영어로 된 성경 사본들이 존재했다는 사실을 이용했음을 언급한다. 성경이 영어로 번역된 역사가 오래되었기 때문에, 파커는 잉글랜드 성공회가 성경을 영어로 계속해서 번역할 수 있다고 주장했다.[13]

영어 성경 완역본들이 흔하지는 않지만 중세 시대에 존재하기는 했다. 내가 자주 다루는 15세기 설교 모음집『롱리트 주일 복음서』 Longleat Sunday Gospels에는 "복음서를 영어로 설교하는 것이 합법적이므로, 만일 우리가 글을 쓸 줄 안다면 이를 영어로 기록하는 일 역시 교사와 청중 모두에게 합법적입니다"라는 도발적인 주장이 담겨 있다.[14] (아마도 프란치스코회 수사였을) 설교자는 개인적으로 복음서를 영어로 기록하지 말라는 말을 들었다고 인정하지만, 그것이 다른 누군가가 자국어로 번역하는 일을 막을 수는 없었다. 우리는 14세기 존 위클리프 John Wycliffe를 따르는 이들이 성경 전체를 영어로 번역했다고 알고 있다. 현대 개신교도들은 종종 이를 잉글랜드 가톨릭교회에 불만을 품었던 이들이 사용한 "이단적" 성경으로 여긴다. 그러나 오늘날 250개가 넘는 엄청난 양의 위클리프 성경 사본이 존재하며(사본의 범위는 신약성경부터 온전한 전체 성경까지 다양하다), 이는 위클리프 성경이 흔히 사용되었음을 보여 준다.[15] 15세기 가톨릭 설교가 이를 확인해 준다.[16] 가톨릭 성직자들이 이 "이단적" 성경을 사용했다는 기록은 영어 성경들이 널리 승인되었음을 보여 준다. 사실 헨리 앤스가르 켈리 Henry Ansgar Kelly는 중세 후기 잉글랜드 교회가 예배에서 위클리프 성경을 자주 사용했으며, 이는 "일반 대중에게 역본들이 광범위하게 수용되었음을 보여 주는 강력한 지표다"라고 쓴다.[17]

　　인쇄술로 책을 더 널리 이용할 수 있기 전에, 성경 전체 역본을 소유하기는 어려웠다. 사본을 만드는 데 오래 걸렸기 때문에 성경 사본은 비싸고 희귀했다. 그런데도 대다수 중세 사람은 문학, 설교, 시편에서 발췌해 묶은 성경의 시 모음집(성시집)으로 성경을 퍼뜨렸고, 이런 풍성한 경로를 통해 하나님의 말씀에 접근할 수 있었다. 제임스 모리James H. Morey는 『책과 절: 중세 잉글랜드의 성경 문학에 대한 설명』*Book and Verse: A Guide to Middle English Biblical Literature*에서 성경 영어 역본들이 중세 후기 문화를 타고 얼마나 빠르게 확산했는지 보여 준다.[18] 『책과 절』은 총 264면에 걸친 여섯 개의 부록을 포함하는데, 여기에는 그가 중세 영어 문학에서 찾은 성경 본문의 모든 구절을 포함한다. 복음서 기사, 시편, 성경 개관, 주석, 시, 전문 종교 논문 심지어 요한계시록 전체의 중세 영어 역본 두 편도 실렸다. 중세 후기를 살았던 잉글랜드의 평범한 그리스도인들은 그들의 언어로 된 성경이 낯설지 않았다.

학기마다 강의 내내 겨우 눈을 뜨고 강의를 듣는 학생이 꼭 한 명씩 있다. 그런 학생이라면 아마 이쯤에서 슬슬 눈이 감길 것이다. 그러므로 요점만 짚고 넘어가야겠다. 순교자 성 마그누스 교회의 명판이 주장하는 바가 무엇이든, 종교개혁 이전에 성경은 이미 영어로 존재했다. 분명히 종교개혁은 '솔라 스크립투라' *sola scriptura*(오직 성경)를 강조하며 자국어로 된 성경의 사용을 널리 확산시켰고 인쇄된 성경을 장려했다. 그러나 종교개혁이 성경에 대한 접근을 강조하기 전에 앞선 중세 그리스도인들은 이미 성경 본문에 접근했다.

중세 설교 속 영어 성경

중세 사람들이 가장 꾸준하게 성경에 접근했던 방식은 설교였다. 지금 무슨 생각을 떠올리고 있는지 안다. 중세 사람들이 설교를 들었다는 말에 의아해할 것이다. 반가톨릭Anti-Catholic 수사법은 종교개혁에 대한 미화와 결합하고, 현대 학자들이 중세 교회의 출석률을 측정하는 서투른 방법론과 만나, 중세 기독교에 대한 우리의 이해를 왜곡시켰다. 캐피틀힐 침례교회가 이용한 중세 역사 시리즈 때문에 나는 지금도 치를 떤다(이 교회는 매주 일요일 아침에 신학, 목회, 역사를 가르치는 '코어 세미나'Core Seminars 프로그램을 운영했으며 자료를 교회 홈페이지에 게재했다—옮긴이). 이 시리즈는 "뿔뿔이 흩어진 수도사들과 수녀들"이라는 남은 자들을 제외하고는 구원을 얻을 이가 거의 없는, 부도덕하고 부패한 중세 교회라는 암울한 그림을 그린다. 잠에 취한 학생을 위해서라도 개신교도들이 만든 중세 기독교 신화에 관해서는 향후 책으로 편집되어 나올 자료에서 보기로 하고, 나는 온라인 세미나에서 다룬 이 한 문장을 지적하려고 한다. 중세 기독교는 "사람들이 우리의 성경을 읽지 못할 때 어떤 일이 벌어질지 다시 한번 알려 준다. 그것은 바로 우리가 하나님이 받으실 만한 것이 무엇인지를 알 수 없다는 것이다."[19] 이 개신교 교회의 역사 세미나 과정이 언급하기를, 중세 사람들은 성경을 알지 못했기 때문에 결과적으로 그들 대부분은 영원히 저주받았다. (이 문장을 적고 난 이후 나는 심호흡을 했다.)

복음주의자들은 중세 사람들이 적어도, 더 나은 정도는 아니더라도 오늘날 우리가 성경을 아는 것 못지않게 성경을 알고 있었다는 사실을 알아야 한다. 프란스 판 리에레는 성직자들만 성경 지식을 가졌던 것이 아니라고 말한다. 종교개혁이 일반 그리스도인 가운데 일으킨 성경 혁명은 (캐피틀힐 침례교회 세미나에서 다루는 단 세 사람이 아니라) 중세 세계를 살았던 보통의 그리스도인들과 더불어 시작되었다.[20] 판 리에레는 중세 교회가 "평신도가 성경 본문에 접근해 온 오랜 전통"을 가지고 있었다고 쓴다.[21]

마저리 켐프를 예로 들어 보자. 린네스 밀러 렌버그Lynneth Miller Renberg의 도움을 받아, 나는 『마저리 켐프 서』에 직간접적으로 인용된 50개의 성경 참조를 확인했다. 15세기 그녀의 일상 이야기에는 영어 성경 구절이 차고 넘친다. 누가복음에서 마리아가 사촌 엘리사벳을 방문한 이야기부터(『마저리 켐프 서』 1권 6장) 그녀가 온 마음과 온 힘을 다해 하나님을 사랑한다고 부르짖은 외침(1권 13장; 신 6:5; 마 22:37; 막 12:30-33; 눅 10:27), 예수님이 간음으로 붙잡힌 여성을 만나는 요한복음 8장에 대한 그녀의 묵상까지(1권 27장), 마저리 켐프는 성경을 잘 알고 있었다. 그녀의 삶은 15세기 여성이 "성경"Holy Writ, 성경에 대한 중세 민중의 표현에 접근할 수 있었음을 증명한다. 그녀는 성경을 손에 쥐고 다니는 대신, 가슴에 새기고 자신의 단어들로 말했다. 매일 경건 시간에 성경을 읽고 어와나Awana(1950년 미국에서 시작된 어린이·청소년 선교 기관—편집자)에서 구절들을 외우면서 성경을 배우는 대신, 교회에 가면서 성경을 배웠다. 사제들과 대화하고, 종교 문헌을 읽는 그들에게 귀 기울이고, 기도문을 외우면서 그리고 무엇보다 설교를 들으면서 말이다.

중세 후기 사람들은 설교에 귀 기울였다. 설교 원고 필사본의 대량 제작과 교회 공간에 대한 물리적 변화가 중세 후기 설교의 인기를 증명한다. 역사가 라리사 테일러Larissa Taylor는 설교가 중세 시대의 "대중 매체"였다고 묘사하며, 베벌리 킨슬리Beverly Kienzle는 설교를 중세 그리스도인들의 "중심 문학 장르"로 일컫는다.[22] 마저리 켐프는 사람들이 유명한 설교자의 설교를 들으려고 달려간 모습을 묘사했으며, 일부 중세 도시에 남은 기록들도 수천 명의 사람이 설교를 들었다고 밝힌다. 이런 군중은 종종 너무 많아서 지역 교회 안에 다 들어갈 수 없었고, 대각성 운동과 침례교의 천막 부흥회 훨씬 이전에 중세 설교자들은 이미 야외무대 전문가로 활동했다.[23]

성경은 평범한 그리스도인들이 하나님의 말씀을 이해할 수 있도록 번역된 라틴어 본문과 함께 중세 설교를 통해 흘러갔다. 우리의 목적대로 여기서 주목할 점은 성경 본문이 종종 모든 성별을 포괄하는 언어를 포함했다는 사실이다. TNIV나 ESV 심지어는 KJV King James Version 번역 훨씬 이전에 중세 후기 잉글랜드의 유명한 사제들은 그들의 교회 예배당을 채운 남성과 여성에게 설교하면서, 일찍부터 성경에서 "남자 지향적 세부 사항들"을 지우고 있었다.[24]

TNIV보다 앞선
모든 성별을 포괄하는 언어

라틴어 불가타(히에로니무스의 4세기 역본이자 중세에 주로 사용된 성경)는 창세기 1:27을 이렇게 읽는다. *"Et creavit Deus hominem ad imaginem suam ad imaginem Dei creavit illum masculum et feminam creavit eos.*" 위클리프 성경(불가타의 영어 역본)은 이렇다. "그리고 하나님이 무에서 그의 형상과 모습대로 사람ᵃ ᵐᵃⁿ을 만드셨다. 하나님이 무에서 하나님의 형상대로 그ᵃ ᵐᵃⁿ를 만드셨다. 그렇다, 하나님이 무에서 그들을, 남자와 여자를 만드셨다." KJV 번역은 이렇다. "이처럼 하나님은 그분 자신의 형상대로 사람ᵐᵃⁿ을 창조하셨다. 하나님의 형상대로 그분은 그를 창조하셨다. 남자와 여자를, 하나님이 그들을 창조하셨다." 또 현대 NIV 번역은 이렇다. "하나님은 그분 자신의 형상대로 인간ᵐᵃⁿᵏⁱⁿᵈ을 창조하셨다. 하나님의 형상대로 그분은 그들을 창조하셨다. 남자와 여자, 그분은 그들을 창조하셨다."

2012년에 웨스트민스터 신학교의 번 포이트리스Vern S. Poythress는 창세기 1:27을 바꾼 TNIV에 대해 크게 우려를 표명했다.²⁵ TNIV는 NIV의 번역 "하나님은 그분 자신의 형상대로 인간을 창조하셨다"를 따르는 대신, "인간"mankind을 "인간들"human beings로 제시했다. 포이트리스는 "바뀐 복수형 표현은 하나로 묶인 인류의 이미지를 흐트러뜨린다"라고 썼다. 포이트리스에게 "인간들"human beings은 "인간"mankind의 적절한 대체어가 아니었다.²⁶

이뿐 아니다. 히브리어 단어 '아담'*adam*은 '인간'을 가리키는 모든 성별을 포괄하는 단어다. 사실 창세기 1:27이 이를 설명한다. 하나님은 그분의 형상대로 **인간들**humans을, 남성들과 여성들을 창조하셨다. 불가타 성경은 히브리어 단어의 성별 포괄력을 반영하여, 이를 모든 성별을 포괄하는 라틴어 단어 '호모'*homo* 또는 '호미넴'*hominem*으로 번역한다. '호모'는 남자 단수를 가리킬 수도 있지만, 한쪽 성으로 한정된 단어는 아니다. 대신 단어 '비르'*vir*는 '남성'만을 가리킨다. 이와 대조적으로 '호모'는 인류에 상응한다. 따라서 불가타 성경은 히브리어 단어 '아담'(human)을 '호미넴'(human)으로 번역했다.²⁷

중세 후기 잉글랜드의 많은 설교도 동일하다. 솔즈베리 대성당의 기록 보관소에서 발견된 15세기 설교 모음집 저자는 창세기 1:27에 대해 더 간결한 영어 번역을 보여 준다. 어떻게 인간의 얼굴이 아침 해를 비추는지와 어떻게 깨끗한 영혼이 하나님의 모습을 비추는지 비교하는 구절에서, 저자는 인류가 하나님의 형상을 반영하기 위한 목적으로 창조되었다고 강조한다. 설교는 창세기 1:27을 인용해 이 점을 강조한다. "하나님께서 그분의 모습대로 **남성과 여성**을 만드셨다."²⁸

설교의 저자는 중세 회중에게 모든 사람이 포함된다는 사실을 확실히 이해시키고자 이 절의 첫 부분을 생략하고 오로지 '마스쿨룸 에트 페미남'*masculum et feminam*, 곧 남성과 여성이라는 단어만 번역한다. 이 설교를 들은 사람들은 설교에서 읽은 본문 "하나님이 그분의 형상대로 **남성과 여성**을 만드셨다"와 위클리프 성경의 "하나님이 무에서 그들을, 남자와 여자를 만드셨다"라는 단어들 사이의 차이를 발견하지 못했을 것이다. 중세 사람들에게 창세기 1:27은 어떻게 하나님의 형상대로 각 남성과 각 여성이 만들어졌는지를 선포하는 절이었다.

중세 영어 설교들은 성별을 구체적으로 언급하는 방식으로 성경 본문을 번역하는 경우가 많았기 때문에, 많은 중세 사람은 성경에서 모든 성별을 포괄하는 언어를 당연하게 인식했던 것 같다. 요한복음 6:44이 또 다른 예를 보여 준다. 위클리프 신약성경은 이렇게 번역한다. "나를 보내신 아버지가 그를 이끌지 않는다면, 어느 남성도 no man 내게 올 수 없다." 그러나 옥스퍼드 보들리 도서관의 기록 보관소에서 나온 한 15세기 설교는 "또한 여성도" nor woman 라는 구절을 이 절에 덧붙인다. 다시 말해 "나를 보내신 아버지가 그를 이끌지 않는다면, 어느 남성도 **또한 여성도** 내게 올 수 없다."²⁹ 이는 KJV의 "어느 남성도 no man 올 수 없다"와 심지어 NIV와 같은(그리고 흥미롭게도 ESV 또한) 성별에 세심한 현대 역본들의 "어느 누구도 no one 올 수 없다"보다 훨씬 포괄적이다.

또 다른 도미니크회의 모음집에 수록된 15세기 설교도 성경 본문 안에 여성을 넣는다. 설교는 누가복음 14:11을 두 번 인용한다. "자신을 높이는 모든 남성 every man 은 낮아질 것이고, 자신을 낮추는 그는 높아질 것이다." 이 설교는 본문의 '남자 지향적 세부 사항들'을 언급한 후 이 절을 다시 쓴다. "자신을 높이는 **모든 남성과 여성** every man and woman 은, 이 자만의 죄가 그를 낮출 것이다."³⁰ 파이퍼와 그루뎀은 TNIV의 번역가들이 더욱 성별을 포괄하기 위해 의도적으로 성경 본문을 "모호하게" 번역했다고 비난한다. 중세 영어 설교의 저자들은 성경 본문 안에 여성을 써 넣는 것이 더 정확한 번역이라고 생각했다.

정확도를 위해 이런 변화들이 중세 후기 사본들에서 일어났다. "여성"과 "모든 남성과 여성"을 끼워 넣는 것은 정치적 올바름이나 페미니즘 사안과 아무 관련이 없다. 설교자들은 모든 교회 구성원이 마음 깊이 성경의 가르침을 얻기를 바랐다. 그래서 그들은 여성을 위해 "남성 지향적 세부 사항들"을 바꾸었으며 심지어 "모호하게" 번역했다. 이런 방식 덕분에 남성과 여성이 하나님의 말씀을 더 잘 들을 수 있었다. 그리고 중세 여성은 성경이 그들에게 직접 전하는 말을 들었다.

당연히 모든 설교자가 이렇지는 않았으나, 이런 경우는 쉽게 찾을 수 있을 만큼 충분했다. 나는 대학원생 한 명과 계획에 없던 수업을 하다가 창세기 1:27의 번역을 발견했다. 솔즈베리 대성당의 원고를 디지털 사본으로 구매했고 이를 처음 들여다봤다. 나는 그녀에게 중세의 페이지 매기는 방식과 중세 설교가 어떤 모습이었는지를 보여 주고자 문제의 이 설교를 예로 들었다. 이내 나는 창세기 1:27을 모든 성별을 포괄하는 방식으로 번역했다는 사실에 집중했다.

한쪽에서 보면 이는 모든 성별을 포괄하는 방식으로 성경 본문을 번역했던 중세 영어 설교의 다른 한 가지 예에 불과하다. 하지만 이는 성경적 여성이란 개념이 정말 얼마나 현대적 개념인지를 보여 주는 놀라운 사례이기도 하다. 중세 세계는 일상에서 여성들의 평등을 주장하는 것과는 거리가 멀었다. 그런데도 평범한 그리스도인들과 성경으로 소통해야 했던 중세 잉글랜드의 성직자들은 남성적 권위를 강조하기보다 성경 본문에 여성들을 포함하는 일에 더 주의를 기울인 듯하다.

현대 복음주의자들은 모든 성별을 포괄하는 언어가 페미니즘의 위험한 산물이라고 맹렬히 비난한다.

중세 성직자들은 그들의 교구원들을 더 잘 돌보기 위해 모든 성별을 포괄하는 언어를 사용했다.

여성 배제하기

그래서 무슨 일이 발생했는가? 왜 일부 중세 성직자가 사용했던 모든 성별을 포괄하는 역본들이 성경 전체 본문으로 이어지지 않았는가?

대답은 쉽다. 영어 성경을 제작한 세계가 중세 영어 설교를 제작한 세계와 같지 않았기 때문이다. 영어 성경은 하나님의 말씀인 만큼 역사적 유물이기도 하다. 이는 시간을 초월하며 신성하게 영감받은, 인류를 구원하기 위한 하나님의 계획 이야기를 들려준다. 동시에 영어 성경은 시간에 얽매인 인간 번역가들의 손을 **통해서** 이야기를 들려준다. 그루뎀은 TNIV가 비기독교 문화(페미니즘)에 굴복한다고 불평하지만, ESV 역시 비기독교 문화(가부장제)에 굴복한다. 사람들은 그들이 사는 세계의 산물이며 번역가들도 예외는 아니다. 성경을 번역하거나 해석한 사람이 성경에 무엇을 가져왔든, 우리는 성경을 이해할 때 그 영향을 받는다.

사본 전승을 연구하는 역사가로서 성경이 지닌 기적은 역사 내내 성경의 메시지(그리고 그 본문)가 한결같다는 점이다. 심지어 불가지론자이자 신약성경의 신랄한 비평가 바트 어만[Bart Ehrman]도 초기 기독교 신약성경 사본들의 변형된 본문 대다수가 "신학이나 이념과 전혀 관련이 없다"고 인정한다. 그는 "단연코 가장 큰 변화는 실수들이 낳은 결과다. 단순하고 순수하게 펜을 놓쳤거나 우연히 생략했거나 의도치 않게 추가되었거나 단어 철자를 틀렸거나 하는 이러저러한 실수들이다"라고 설명한다.[31] 수 세기 동안 손을 댔음에도, 인간 번역가들이 하나님의 구원 이야기에 미친 영향이 **거의 없다**는 사실이 나는 항상 놀랍다. 나는 어만의 다른 지적들에는 동의하지 않지만, 본문의 변화에 대한 그의 평가에는 동의한다. 성경의 본문에서 단어가 변경되면, 우연이든 번역의 결정이든 인간이 그 본문을 이해하는 방식도 달라진다. 이런 변화들이 (어만이 단언하듯) 기독교의 큰 이야기에 영향을 미치지는 않았지만, 작은 이야기들에는 영향을 끼쳤다. 이를테면 유니아가 초대교회에서 뛰어난 사도였는지 아니면 단순히 주목할 만한 여성이었는지와 같은 것 말이다.

근대 초의 영어 성경은 여성을 그녀의 남편과 아버지라는 정체성 뒤에 정치적·법적·경제적·사회적으로 감추려는 맥락에서 번역되었다. 근대 초의 잉글랜드 세계는 여성을 남성에게 의존적인 존재로 취급했고, 이런 문화적 태도가 영어 성경으로 번역되었다.

이 말이 무슨 의미인지 이제 보여 주려 한다.

영어 성경 역본들은 16세기와 17세기에 크게 늘었다. 틴들과 커버데일 역본부터 1539년 그레이트 성경 the Great Bible, 제네바 성경 the Geneva Bible(1560년 완성) 1568년 주교 성경 그리고 1611년 KJV로 이어졌다. 이 가운데 가장 영향력이 큰 역본은 제네바 성경(세 가지 주요 판이 있다)과 KJV다.

사실 KJV는 제네바 성경에 대한 직접적 대응이었다. 이는 ESV가 TNIV에 대한 직접적 대응인 것과 거의 비슷하다. 엘리자베스 1세 여왕의 왕위 승계자였던 제임스 1세는 1604년에 새로 공인된 영어 성경 역본이 필요하다고 선언했다. 당시 그는 엘리자베스 치하 잉글랜드에서 가장 대중적인 역본이었던 제네바 성경이 거슬렸다. 장 칼뱅과 존 녹스John Knox 같은 급진적 청교도 번역가들의 극단적 견해가, 특히 교회의 본질과 국가의 역할에 관한 견해가 제네바 성경의 연구 주석에 영향을 미쳤다. 예를 들어 세 번째 판이자 가장 극단적인 제네바 성경(1608년)에는 로마서 13:5의 주석이 포함되어 있다. 이 절은 그리스도인들에게 양심을 위해 권위에 복종하도록 촉구한다. 하지만 연구 주석은 합법적 권위일 때만 적용된다고 반박한다. 다시 말해 "우리는 베드로의 가르침대로 대답해야 한다. 사람이 아니라 하나님에게 순종하는 편이 더 낫다."[32] 20세기 스코필드 관주 성경 Scofield Study Bible이 세대 종말에 대한 모호한 이론(세대주의)을 표준으로 만들었듯이, 제네바 성경도 왕의 권위와 성공회 신학에 비평적인 반대자들을 표준으로 만들었다.

그리고 극단적인 1608년 판이 나오기 전에 제임스 1세는 이미 여기에 넌더리가 났다.[33]

그는 제네바 성경이 "치우쳤고 진실하지 않고 선동적이면서 위험하고 반역적인 비유들을 너무 지나치게 선호"한다고 말했다.[34] 그래서 그는 잉글랜드 전역에서 불러 모은 54명의 학자에게 새로운 역본을 만들도록 명령했다. 규칙은 간단했다. 평범한 사람들이 접근할 수 있는 언어를 사용하고 주석이 필요 없는 정확한 영어 역본을 만들어야 했다. 그래서 KJV가 태어났다. 이는 제네바 성경을 압도했을 뿐 아니라 역대 가장 인기 있는 성경 역본이 되었다.

제네바 성경과 KJV의 인기가 치솟자, 근대 초의 잉글랜드인들은 성경 구절로 말하고 쓰면서 일상으로 이 언어를 흡수했다.[35] "향유에 빠진 파리"(전 10:1에서 유래, '가치를 망치는 흠'을 의미—옮긴이)부터 "세상의 소금" "늦 땅"(창 4:16에서 유래, '꿈나라'를 의미—옮긴이) 심지어 "혼을 넘겨주는 것"(마 27:50; 요 19:30에서 유래, '숨을 거두다'라는 의미—옮긴이)까지 KJV는 근대 초의 (그리고 심지어 현대의) 사람들이 사용하는 언어를 만드는 데 일조했다. 언어학자 데이비드 크리스털David Crystal이 언급하듯이 KJV는 오늘날 사용되는 적어도 257개의 구절을 대중화시켰다.[36] 근대 초에 영어 성경이 번역된 방식이 오늘날 우리의 영어를 변화시켰다.

그리고 이는 여성에게 영향을 미쳤다. KJV 번역가들의 한 가지 목표는 성경을 더 자주 읽도록 일상 언어를 사용하는 것이었다. 셰익스피어를 읽은 사람이라면 누구나 근대 초의 영어에서 일상 언어가 남자 속성의 언어로 넘쳐 난다는 사실을 안다. 힐다 스미스Hilda Smith는 이를 "거짓 보편 언어"라고 부른다. 근대 초의 영어는 남자 속성의 단어들을 통해 **여성도 포함하는 체한다**(보편 언어 "사람"man처럼 말이다). 그러나 남성형 방식으로 예문, 은유, 경험에 성별을 불어넣으면서 **여성들을 배제했다**. 도로시 세이어즈Dorothy L. Sayers는 이를 다음과 같이 설명한다. "라틴어 '비르'Vir는 남자이고 '페미나'*Femina*는 여자다. 그러나 '호모'*Homo*는 남자면서 여자다." 문제는 "영어 남성Man이 언제나 '호모'와 '비르' 둘 다를 포함한다. 그러나 여성은 오로지 '페미나'다."³⁷

이는 거짓 보편 언어다. 이는 여성을 포함하는 척하지만, 사실 그렇지 않다.³⁸ 남성형 단어가 왕, 정치가, 설교자, 가장, 철학자 심지어 모든 "인간"mankind을 지칭할 때 혼용되었으나, 구체적인 여성형 단어는 여성에게만 그리고 특히 가정의 영역과 관련해서만 배타적으로 사용되었다. 근대 초의 영어에서 "남성"man은 인간을 대표할 수도 있었으나 이 단어가 묘사하는 인간들은 정치 시민, 정책 결정자, 지도자, 가장, 신학자, 설교자, 공장 소유주, 국회의원이었다. 다시 말해서 "사람"man은 남성과 여성을 포함할 수도 있었으나 거의 그렇지 않았다. 대부분 남성만을 포함했다.

거짓된 보편성이 작용하는 예를 살펴보자. 17세기 설교자 윌리엄 가우지William Gouge는 새로운 설교 시리즈 "가정에서의 의무들"로 자기 교회 여자 구성원들의 분노를 샀다. 그들은 특히 남편에게 먼저 허락을 구하지 않고 자선 단체에 기부하면, 이는 여성이 남편의 돈을 훔친 것이라는 설교에 분노했다. 그래서 가우지는 그 말의 의미를 확실히 했다. 가우지는 또한 자기 언어 일부에서 여성을 배제한 이유를 분명히 하는 것이 중요하겠다고 생각했다. 집안의 주인master과 여주인mistress(주부라는 의미—옮긴이)을 가리키는 대목에서 그는 주인에 대해서만 언급했다. 그는 "나는 성경 구절을 따라 주인 아래 여주인을 포함시켰다"라고 썼다.³⁹ 가우지는 에베소서 6장(종과 주인의 관계를 다룬 엡 6:5-9에서 "상전"

으로 번역된 단어가 영어 역본에서 "master"다—편집자)을 인용해 그의 거짓 보편 언어를 신성화했다. 그는 남성형 언어인 "주인들"이 여성에게 적용된다고 주장했다. 그러나 여성을 배제하는 언어를 사용하는 것이 가우지에게는 괜찮았다. 성경 번역가들도 그렇게 했기 때문이다.[40]

이것은 비교적 악의 없는 사례다. 비록 이 사건이 가우지의 여성 회중들을 화나게 했을지 모르지만, 그 결과는 미미했다. 근대 초의 잉글랜드에서 잘못된 보편 언어가 오늘날 영어 성경 역본들에 더 심각한 영향을 미친 사례를 살펴보려 한다.

몇 달 전 나는 남침례교가 보수적인 방향으로 인수되는 이야기를 다룬 스티브 립스컴Steve Lipscomb의 다큐멘터리 〈정신을 위한 전쟁〉Battle for the minds을 다시 보았다. 나는 남침례교 지도자들이 감독은 한 아내의 남편이어야 한다면서, 디모데전서 3:2을 되풀이하는 방식을 보고 놀랐다. 이들은 담임목사가 남성이어야 한다는 철통같은 증거로 이 구절을 사용했다. 그러나 루시 페피아트는 보수주의의 부활the conservative resurgence을 꿈꾸는 남자 지도자들이 왜 남성만 설교할 수 있는지를 설명할 때 매우 자주 인용되는 디모데전서 3장을 영어 번역이 어떻게 실제 의미보다 더 남성적으로 보이게 만들었는지를 보여 준다.[41] 우리는 디모데전서 3:1-13이 리더십 역할(감독/주교, 집사)로 남성을 언급한다고 간주한다. 그러나 이는 우리가 보는 영어 성경들이 본문을 이렇게 번역했기 때문은 아닐까? 그리스어 본문은 **누구든지** 및 **아무나** 같은 단어들을 사용하며, 12절에서 **남성**을 단 한 번 언급하는 반면(문자 그대로 이 구절의 그리스어 번역은 "한 여성의 남성"으로 집사의 결혼한 상태를 가리킨다), 현대 영어 성경들은 이 단락에서 여덟 번에서 열 번 남자 대명사를 사용한다. 영어 성경에서 사용된 이 남자 대명사 중 어느 것도 그리스어 본문에는 나타나지 않는다. 페피아트는 여자 리더십에서 문제가 되는 것이 실제로 성경 본문이 아니라고 결론 짓는다. 진짜 문제는 번역에서 "남자 편향적인 잔인하고 지배적인 서사"다.[42]

KJV도 제임스 1세가 경멸한 연구 주석에서는 해방되었지만, 제네바 성경보다 문화적 영향에서 더 자유롭지는 못했다. 로드니 스타크 Rodney Stark는 초대교회에서 여성이 집사로 섬긴 사실을 잊어버린 주된 이유를 우리에게 일깨워 준다. "KJV 번역가들이 뵈뵈를 집사가 아니라 단순히 교회의 '종'으로 언급하기로 했고, 디모데전서에서 바울의 말들을 집사의 **아내들**을 향한 직접적인 비평으로 바꿔 버리기로 했기 때문이다."[43] 근대 초의 영어 성경들이 생겨난 맥락에서는 여성을 배제하는 언어를 옹호했다. 존 더반 출판사가 성경 본문의 모든 성별을 포괄하는 언어를 복구한 시도에 이르기까지 남성형 언어의 강조는 계속되었다. 이런 관점에서 모든 성별을 포괄하는 언어는 성경을 왜곡하지 않는다. 모든 성별을 포괄하는 언어는 특정 영어 성경 역본들이 끼친 영향으로부터 성경을 **복원**한다.

성경에서의 결혼 번역

영어 성경 역본들은 성경 본문에서 여성을 배제한 일 말고도 더 많은 영향을 여성에게 미쳤다. 성경에서 결혼을 이해하는 방식을 바꾸어 버린 것이다.

KJV를 만든 문화는 결혼을 하나님이 명령하신 이상적 상태로 옹호했다. 도시 상인 가정부터 국회의원들의 영지에 이르기까지, (남자가 머리인) 거룩한 가정이 잉글랜드 사회의 중심을 형성했다. 법 조항은 상속에서 여성을 배제하고, 결혼한 여성의 법적 지위를 자녀 수준으로 축소하며, 남성의 사회 계급과 권위를 확보하기 위해 결혼을 고양하여 남편과 남자 상속인을 편애했다.

그러나 근대 초의 성서학자들은 구약성경(히브리 성경)에서, 하나님이 지지하신다고 생각되는 제도 가운데 특히 이상하게도 결혼이 빠진 것을 발견했다. 역사가 나오미 태드머Naomi Tadmor는 구약성경에서 **여성**을 가리키는 주요 단어가 복잡하다고 설명한다. 이 단어는 어른 여성에게 적용되었고 또한 남성에게 "속한" 여성, 곧 아내, 첩, 일부다처 관계의 아내 심지어 노예에게 적용되었다. 이런 복잡성을 분명히 인식했음에도 영어 성경 번역가들은 이 히브리어 단어를 단 두 개의 영어 단어 **여성**(KJV에서 259회 사용)과 **아내**(KJV에서 312회 사용)로 축소해 버림으로써 문제를 단순화했다. 따라서 리브가는 이삭의 "아내"가 되었고 라반의 딸들 라헬과 레아도 야곱의 "아내들"이 되었다. 심지어 신명기 21장에서 강간당한 여성도 "아내"가 된다.[44] 태드머는 "히브리 성경 속 일부

다처제 사회의 세계가 일부일처제인 영국식 결혼 담론의 용어로 번역되었다"라고 쓴다.[45] 근대 초 영국 사회의 결혼 제도가 반영된 근대 초의 영어 성경에서 여성은 아내가 되었다.

이는 무슨 의미일까?

초기 영어 성경 역본들이 히브리어 단어와의 관계를 정확하게 반영하지 않은 대신, 근대 초 잉글랜드의 감각을 반영했다는 의미다. 심지어 성경의 세계에서 여성을 아내로 고려하지 않았음에도 여성은 영어 성경 역본에서 "아내"가 되었다. 히브리어 본문에서 **결혼**이라는 단어는 절대 등장하지 않는다. 그러나 이 단어가 제네바 성경에서 50회, KJV에서 19회 나온다.[46] 태드머에 따르면 창세기 2:22-24은 영어 성경이 동시대의 렌즈로 히브리 문화를 어떻게 번역했는지를 가장 두드러지게 보여 준다. KJV는 이 절들을 이렇게 번역한다. "주 하나님이 남자에게서 취하신 그 갈비뼈로 **여성**을 만드시고, 그녀를 그 남성에게 데려오셨다. 그러자 남성이 말하기를, 이는 이제 내 뼈 중의 뼈, 내 살 중의 살이다. 그녀가 남성에게서 취해졌으니 **여성**이라고 불릴 것이다. 그러므로 남성은 그의 아버지와 그의 어머니를 떠나고 그의 **아내**와 연합해야 한다. 그리고 그들은 한 육체가 될 것이다."

24절에 "아내"로 번역된 단어는 22절과 23절에서 "여성"으로 번역된 단어와 같다. 태드머의 주장에 따르면 24절의 단어가 "아내"로 번역된 이유는 여성의 "결혼이라는 사회적 틀 안에서의 상태"를 강조하기 위해서다.[47] 1611년 KJV는 심지어 이 절들을 "결혼 제도"라는 소제목 아래 묶어 버렸다. 영어 성경은 창세기 2:22-24이 결혼을 신성시한다고 명시한다. 하지만 **결혼**이나 **아내**라는 단어는 히브리어 본문에 나오지 않는다. KJV가 22-24절을 결혼으로 추론한 최초의 번역은 아니었지만 근대 초의 독자들은 이런 단어들을 정상 상태로 읽으면서, 구약성경 세계의 결혼을 17세기 잉글랜드의 결혼과 매우 비슷한 것으로 보았을 것이다.

　　영어 성경은 히브리어 본문 이상으로 번역했다. 여성을 배제한 '거짓 보편 언어'만이 아니라, 결혼에 대한 근대 초 잉글랜드의 사상들을 성경 본문 안에 집어넣었다. 점점 높아지는 성경적 여성이라는 사상을 근대 초에 영어 성경 번역가들이 한층 더 쌓아 올렸다. 초기에 번역된 영어 성경이 여성을 배제하면서 쓰였기 때문에, 현대 복음주의자들은 더 쉽게 교회 리더십에서 여성들을 배제하고 쓸 수 있었다.

여섯

신성화된 종속

"잠시만요. 바 교수님, 뭐라고요?"

나는 박사 과정 학생들로 꽉 찬 강의실에 앉아 있었다. 그 가운데 다수는 미국 역사를 전공했으나, "1300-1700년, 북대서양 세계의 여성과 종교"라는 내 강의를 수강 중이었다. 겨우 한두 주쯤 지난 학기 초였다. 우리는 중세가 여성을 어떻게 인식했는지를 다루었다. 지나가는 말로 나는 성욕을 억제하지 못해 시동생을 살해한 여성을 다룬 중세 설교에 대해 이야기했다. (계속 말하지만, 중세 역사는 절대 지루하지 않다.)

이야기는 다음과 같다. 성관계는 부정하다고 여겨졌고, 그래서 (중세 달력에 따르면 여러 차례에 걸쳐 있는) 신성한 절기에 중세 그리스도인들은 성관계에서 벗어나 금욕을 권장받았다. 한 여성이 부활절 아침 남편과 성관계를 갖고 싶었으나, 그는 안 된다고 말했다. 그녀는 욕구를 주체할 수 없어서 시동생을 유혹하려 했는데 그 역시 거절했다. 성욕에 미쳐서 그녀는 칼을 집어 그의 머리를 잘라 버렸다. 그녀의 남편이 그녀를 발견했을 때, 그녀는 피가 뚝뚝 흐르는 칼을 들고 서서 다음과 같이 소리쳤다. "보세요, 내가 저지른 모든 일은 당신이 그렇게 하게 만든 거예요!"[1]

중세 설교에 따르면, 그녀의 말이 옳다.

이야기의 교훈은 신성한 절기에는 성관계를 떠나 금욕해야 한다는 것이다. 그렇다. 그러나 결혼한 사람들은 결혼의 빚(성관계)을 갚아야 하며, 남편은 그의 아내를 거절해서는 안 되었다. 결혼의 빚이 순결 규제를 앞질렀다. 여자의 몸은 선천적으로 약하기 때문에 중세 여성들은 죄, 특히 성적인 죄를 더 잘 저지른다고 여겨졌다. 중세 전설에서는 대부분 남성보다 여성이나 악마가 유혹한다. 따라서 신성한 절기마다 성관계를 금지하는 경고에 순종하는 일보다, 남편들에게는 아내의 욕구 충족이 더 중요했다.[2] 이 경우에 남편이 그렇게 했더라면, 그의 형제가 살해되는 것을 막을 수 있었을 것이다.

학생들은 혼란스러워했는데, 이 여성은 그들이 아는 미국 역사 속 여성들과 정반대였기 때문이다. 앞서 보았듯 근대 초에 (적어도 유럽과 미국의 역사에서) 남성보다 여성이 더 음탕하다는 인식은 뒤집혔다. 이제 남성이 자신의 욕구를 절제할 줄 모르는 이가 되었다. 여성은 포식자로부터 보호받아야 했고 더는 남성의 탐욕스러운 욕구를 유혹하지 않는 법(이를테면 더 얌전하게 옷을 입는 식)을 배워야 했다. 역사가 매릴린 웨스터캠프 Marilyn Westerkamp는 19세기에 이르자 "보통의 여성은 잠재적으로 유혹하는 여자가 될까 봐 더는 걱정하지 않았다. 남성이 성적 죄에 더 취약한 존재로 여겨졌기 때문에 여성은 이제 유혹당하기 쉬운 존재가 되었다"라고 설명한다.³ 그 대신 순결이 여성들의 특징이 되었다.

나는 중세 역사가이므로 여성이 유혹하는 사람으로 묘사되는 데 아주 익숙해서, 미국 역사 전공자들에게 이것이 얼마나 이질적으로 비칠지를 잊고 있었다. 나는 종교개혁 후에 일어난 일들이 오늘날의 여성 이해를 어떻게 형성했는지를 잊고 있었다.

사실 생각해 보면 개신교 여성들을 위한 현대의 성경적 여성은 16세기 이전보다 이후의 발전에 훨씬 더 큰 빚을 지고 구축되었다. 앞서 다루었듯이 "성스러움의 이념적 기준"은 종교개혁을 거치며 바뀌었다. 여성들은 동정을 통해 성스러움을 찾기보다 이제 부부 관계에서 이를 찾았다. 이제 가장 신성한 사람은 하나님을 섬기기 위해 단호히 자신의 성을 넘어선 남성과 여성이 아니었다. 이제 가장 신성한 제도는 거룩한 가정이었다. 웨스터캠프가 강력히 주장하듯 "일부 남성과 여성이 독신주의와 서원의 힘으로 특별한 영적 지위를 부여받았던 반면에 이제는 결혼으로 부여된 권한이 남성을 만족시켰다. 각 남성이 아브라함의 발자취를 따르는 가부장이 되었다." 그러면 여성은? "결혼, 가사 노동 그리고 자기 남편의 지배 아래에 그녀 자신을 복종시키는 운명이 예정되었다."⁴

학생들의 시선이 집중되었다. 강의실을 둘러보면서 그들이 새로운 무언가를 막 깨우쳤음을 알았다. 가부장제는 중세 여성과 근대 초 여성 모두의 삶을 규정했다. 그러나 어느 순간 거대한 분열을 가로질러, 가부장제가 변신했다.

중세 여성은 결혼 상태에서 가장 멀리 떨어져 있을 때 남성과 가장 평등한 상태에 가까워졌다. 중세의 영적 질서에서 처녀가 가장 많은 점수를 받았고, 이어 과부 그리고 마지막 자리는 아내가 차지했다. 종교개혁 이후 영적 질서가 뒤집혀 아내가 가장 높은 영예를 안았고, 이어 과부였다. 처녀는 성인으로 칭송받는 대신 이제 품위가 손상된 독신녀가 되어 가장 뒷자리로 밀려났다. 역사가 메리 위즈너행크스는 "개신교 교단들, 이를테면 루터교, 성공회, 칼뱅주의, 후대에는 감리교, 침례교 그리고 많은 다양한 교단이 교리의 여러 측면에서 서로 달랐지만, 그들은 성직자는 결혼한 가장이어야 하고 수도 생활은 아무런 가치가 없다는 데 동의했다.…따라서 여성에게만 열린 독립된 종교적 소명은 없었다. 여성은 남편의 '조력자'이자 자녀의 안내자로, 가정 안에서 자기 헌신을 표현하도록 강요받았다."[5] 여성은 가장 고귀한 영적 소명을 따라 여자의 몸을 내버리라는 권고 대신, 이제 하나님을 향해 자신이 할 수 있는 최고의 섬김으로써 여성적 특수성을 수용하도록 강요받았다.

여성은 다시 규정되었고 아내와 어머니의 역할은 종교개혁 이후 세계에서 신성화되었으며, 그렇게 여성의 종속도 신성화되었다. 역사적으로 여성은 언제나 남성에게 종속되었으나, 이제 여성의 종속은 복음주의 신앙에서 핵심으로 자리 잡았다. 기독교 여성은 남성의 권위 아래 있어야 했다.

신성화된 정숙

1990년대 말 어느 여름이었다. 우리는 다섯 소녀와 네 소년이 조촐하게 모인 노스캐롤라이나 청소년 그룹을 데리고 근처 주에서 개최하는 청소년 집회에 참석했다. 무더운 날씨였다. 여행용 가방과 침낭을 들고 다니는 동안 옷이 몸에 달라붙었다. 소녀들은 저녁 식사와 예배 전에 더위를 식히려고 씻으러 갔다. 30분이 지난 후 우리는 깨끗하고 쾌적한 기분으로 야영지 안을 걸어 다녔다. 한 젊은 여성이 내 옆으로 다가왔다.

"이 소녀들의 인솔자신가요?" 그녀가 물었다. "옷을 갈아입어야겠어요."

나는 멈춰 서서 고개를 돌려 그녀를 봤다.

"민소매 끈이 너무 얇아요. 브래지어 끈도 다 보이고요. 몸을 가려 주어야겠는데요."

나는 20대 초반이었다. 아직 부드럽게 말할 줄 몰랐다. "복장 규정을 읽었지만, 민소매도 괜찮던데요"라고 대답했다.

그녀는 내 대답이 만족스럽지 않았지만, 우리를 그냥 내버려 두었다.

이 대화를 시작으로 집회 주최자들과 일주일 내내 정숙을 두고 전투를 벌여야 했다. 예배 후 집회 기획자 중 한 사람이 특별히 나를 찾아와 소녀들이 최근에 바뀐 복장 규제를 따라야 한다고 일러 주었다. 민소매가 허용되지 않는다는 것이었다. 나는 그에게 맞섰다. 민소매는 허용되었다고. 우리 청소년들도 다른 옷이 있었지만, 나는 물러서지 않았다.

당연히 집회 주최자들도 물러서지 않았다. 그들은 소녀들이 입을 특대형 사이즈의 티셔츠 한 상자를 들고, 그날 밤 문 앞에 나타났다. 나는 정말 너무 화가 났고 그 박스를 돌려보냈다.

다음 날 아침 소녀들과 나는 특별 면담에 불려 갔다. 집회에서 일하는 한 젊은 남성이 우리에게 다가왔다. 그는 젊고 아름다운 여성은 옷차림에 유의해야 한다고 말했다. 소년들은 그들의 상상을 통제하기 어려우므로, 글쎄 그들이 본 브래지어 끈이 그들을 죄짓게 부추긴다는 것이었다. 정숙이 하나님을 영화롭게 한다고 했다. 그렇다면 우리 소녀들은 하나님을 영화롭게 하기를 바라지 않는다는 말인가?

또다시 티셔츠 상자가 왔다. 이번에는 메시지가 분명했다. 가려라, 그렇지 않으면 우리는 너희에게 떠나라고 요구하겠다.

우리는 그 집회로 돌아가지 않았다.

다음 해 나는 여성의 역사에 관한 종합시험 때문에 책을 읽다가, 청소년 집회에서 벌인 정숙의 전투가 생각보다 뿌리 깊다는 것을 발견했다. 순결 반지, 결혼식 드레스를 입은 10대 소녀가 아버지와 춤추는 충격적 의례, 눈에 보이는 브래지어 끈에 대한 이상한 두려움 등 순결 문화는 확실히 1990년대에 걷잡을 수 없이 커졌다. 그러나 여성의 성적 순결에 대한 기독교의 집착은 이때가 처음이 아니다. 19세기에 역사가들이 가정성 숭배 the cult of domesticity라고 부르는 이념, 곧 여성과 일 그리고 가정생활에 대한 새로운 이념에서 여자의 순결에 대한 병적 집착이 일어났다.

가정성 숭배는 서유럽 중산층 문화의 중심 현상으로 나타났다. 이는 이상적인 기독교 여성의 특징으로 경건함, 가정성, 복종, 순결을 강조했다. 이는 계층과 국경을 넘나들었고, 소작농 여성부터 여왕에게까지 영향을 미쳤다. 이는 제국주의와 인종 억압의 서사들과 더불어 발전했다. 역사가 린 에이브럼스Lynn Abrams는 "어디서든지 소녀는 좋은 아내와 어머니가 되는 법, 곧 검소한 가정 관리자, 자발적 일꾼, 자기 남편의 순결한 동반자, 자기 자녀들을 위한 충실한 어머니가 되는 법을 배웠다. 19세기 유럽 여성은 주로 가정 안에서 역할과 행동거지로 평가받았다"라고 우리에게 말해 준다.[6] 우리 청소년 그룹의 10대 소녀들이 헐렁한 티셔츠를 입으라고 제재당한 이유는 예수님이 그 정도로 브래지어 끈을 신경 쓰시기 때문이 아니었다. 이는 그리스도인 여성됨의 의미와 여성 순결이라는 19세기 사상들(남자의 과오는 말할 것도 없고)이 뒤엉킨 그 집회의 주최자들 때문이었다. 보수 복음주의자들은 남성의 성적 유혹을 줄이는 비결이 여성에게 순결을 강조하는 것이라고 믿는다. 마거릿 벤드로스는 『근본주의와 성별』에서 1920년대 근본주의 출판물에 담긴 비슷한 정서를 인용한다. "모든 남성은 그 안에 많은 다이너마이트, 또는 그에 상응하는 무언가를 지녔다. 원칙적으로 성냥은 세상의 여성의 손안에 있다."[7] 집회에 온 10대 소년들이 소녀들의 브래지어 끈을 본다면, 당연히 그들의 다이너마이트에 불이 붙을 것이다.

청소년 집회 주최자들은 안전 요원의 성적 순결을 돕기 위해 민소매 티셔츠와 짧은 반바지를 금지했다. 19세기는 차례대로 매춘부, 노동하는 소녀들, 댄스 무대를 악마로 만들었고 존경받을 만한 여성을 위한 가장 안전한 공간으로 가정을 드높였다. 우리 청소년 그룹의 10대 소녀들이 받은 티셔츠는 정숙을 가르쳐 주고, 소녀들의 몸이 일으킬 유혹에서 남성을 보호하도록 하는 그리스도인의 책임을 소녀들에게 상기해 주었다. 19세기 노동자 계층 여성에게 부과된 순결 가르침은 더 심했다. 성적 부도덕이 의심되거나, 또는 성적으로 부도덕한 행위를 수행할 위험이 크다고 여겨지는 사람들은 교화를 위해 막달라의 집("타락한 여성"을 가두는 수용소. 18세기 개신교 교회들이 운영하기 시작했고 이후 로마가톨릭 교회에서 20세기까지 운영했다. 재소자들의 생활은 감옥과 다를 바 없었다—옮긴이)으로 체포되어 연행될 수 있었다. 에이브럼스는 "여성들은 종교의 세뇌와 가사 노동 훈련을 통해 정숙하고, 침묵하며, 열심히 일하라고 배웠다." 세탁은 이런 여성들에게 가르치기에 가장 좋은 직업이 되었는데, "가사 노동을 훈련할 뿐 아니라 도시 환경의 더러움과 소녀들의 수치를 씻어 낸다는 상징이 되었으며, 소녀들의 타락을 넌지시 상기해 주기도 했다."[8] 따라서 순결 문화는 19세기 여성에게 수치심을 주었으며, 오늘날까지 여성에게 수치심을 주고 있다.

    기독교 역사에서 순결에 대한 강박이 그리 새롭지 않음을 알았다 해도, 청소년 집회에서 겪은 내 절망감은 줄지 않았다. 그러나 성적 도덕성을 위해 분투하라는 바울의 요구가 어떻게 산업 혁명이 일으킨 역사적 변화들과 여자 몸을 통제하겠다는 가부장제의 오랜 관심과 뒤엉켰는지를 볼 수 있었다. 댄 브라운Dan

Brown의 『다빈치 코드』 *The DaVinci Code*, 문학수첩처럼(많은 그리스도인이 아주 약간의 역사적 사실과 뒤섞인 흥미진진한 허구 이야기에 속았을 때처럼) 그리스도인들은 또 한 번 가부장적 평형을 유지하기 위해 엄청나게 쏟아부은 인간의 노력과 뒤섞인 아주 약간의 성경적 진실에 홀랑 넘어갔다.

  지나치게 열성적인 집회 주최자들과 치른 정숙의 전투를 떠올릴 때 예수님이라면 그 상황을 어떻게 생각하셨을지 궁금하다. 마태복음 12장을 보면 제자들이 배가 고파서 안식일에 이삭을 거두는, 꽤 엄격한 율법을 어겼을 때 예수님은 그들을 비난하시는 대신 그들을 위해 바리새파에게 항변하셨다. 누가복음 8장에서 피 흘리는 여인이 허락 없이 그분에게 손을 뻗어 만졌을 때, 예수님은 그녀를 비난하시는 대신 그녀의 믿음이 그녀를 낫게 했으니 평안히 가라고 말씀하셨다. 예수님은 마리아가 남자 제자들처럼 그분의 발치에 앉아 배우도록 허락하셨고, 여성의 힘 있는 믿음을 거듭 인정하시는 동시에 그분의 메시지에서 요점을 놓친 제자들을 거듭 꾸짖으셨다. 이런 예수님이 흘러내린 브래지어 끈 때문에 집회 주최자들과 함께 10대 소녀들을 수치스럽게 하셨을까?

  다시 말하지만, 우리가 사는 세계는 여성의 '타고난' 타락성으로부터 여성의 몸을 통제하려고 사투를 벌이며 여성을 억압한다.

  다시 말하지만, 우리가 섬기는 하나님은 언제나 정반대로 하신다. 예수님은 언제나 여성들을 해방하신다.

신성화된 가정성

"물론입니다!" 나는 답장을 보냈다. 다가오는 여성 수련회에서 멘토링 워크숍을 진행해 달라는 요청 메일이었다. 아주 오랜만에 여성 수련회에 참석했고 그동안 수련회 조직위원회는 진행 형식을 바꾸었다. 외부 강사에 의존하기보다 이제 우리 공동체 안의 사람들로 워크숍을 운영했다. 나는 멘토링의 중요성을 말하고 훨씬 많은 자원봉사자에게 10대 소녀들의 조언자가 되도록 격려할 수 있으리라는 생각에 흥분했다.

그러고 난 뒤 시간표를 봤다.

멘토링 워크숍은 명절 쿠키 굽기 워크숍과 같은 시간에 일정이 잡혀 있었다. 멘토링이 쿠키에 질 게 뻔했다.

화를 내지는 않았고, 그냥 단념했다. 몇 명이 멘토링 활동에 들어오기도 했지만, 쿠키 굽기가 훨씬 인기 있었다. 한 여성이 멘토링 활동에 오지 않은 데 대해 사과했다. 그녀가 덧붙인 설명으로 나의 우려, 곧 복음주의 세계 속 많은 여성의 우선순위에 대한 나의 걱정이 더 커졌다. 그녀는 다른 여성을 멘토링 하는 일이 아주 중요하다고 말했지만(디도서 2장, 그렇지 않은가?), 이를 우선순위로 보지 않았다. 그녀가 제일 먼저 할 일은 가정 바깥에 있는 사람들이 아니라, 자기 자녀들에게 조언하는 일이었다. 그녀에게는 가족이 우선이었고, 쿠키 굽기는 아이들을 돌볼 뛰어난 수단이었다. 게다가 이는 수련회였으므로 다른 여성들과 쿠키 굽는 일이 재미있기도 했다.

괜찮다고, 나도 쿠키를 좋아한다고, 그녀에게 말했다.

정말로 나도 쿠키를 좋아한다. 쿠키 만들기도 좋아한다. 수년간 내가 쿠키를 구워 먹인 10대들, 그러니까 우리 아이들, 매 학기 내 학생들, 기숙사 담당 교직원으로서 함께 지낸 대학생들 모두가 이를 증언해 줄 수 있다. 쿠키 만들기는 내가 가장 즐거워 하는 일 가운데 하나이기도 하다. 페미니스트라는 내 정체성과 내 요리 기술은 상충하지 않는다. 나는 뛰어난 가사 노동 솜씨를 자랑스러워하는 여성이나 남성과 아무 문제가 없이 지낸다.

내가 문제 삼는 것은 계속해서 현대 기독교 여성에게 가정성 숭배를 가르치는 방식이다. 바울은 우리 몸이 하나님의 성전이므로 그리스도인에게 성적 죄가 얼마나 중대한지를 일깨워 주지만, 요리나 청소가 여성에게 유일하게 중요하다고 말하지는 않는다. 우리는 가사 노동이 지닌 영적 가치의 본보기로 마르다와 잠언 31장을 제시하기를 좋아한다. 그러나 역사적으로 이는 나쁜 비유들이다. 성만찬 빵을 굽고 재단 덮개를 세탁하는 중세 여성처럼 교회 역사를 통틀어 여성에게 가정성은 중요했다. 그러나 가정성을 영적 소명과 연결하기 시작한 것은 근대 초부터였다. 가정(가족에게 집중된)에서의 탁월한 가사 노동은, 여성이 흔히 하곤 했던 일이 아니라 이제는 선한 기독교 여성이라면 **반드시** 해야 하는 일이 되었다. 왜냐하면 우리가 그 일을 하도록 의도되었기 때문이다. 이것이 이 세계에서 우리의 첫째가는 소명이다.

복음주의 여성에게 가정성은 신성화되었다.

어떻게 이런 일이 벌어졌는지, 어떻게 가정성이 기독교 여성의 정체성으로 자리 잡았는지를 설명하려면 종교개혁의 여파까지 몇 세기를 거슬러 올라가야 한다. 기억하겠지만 종교개혁은 아내와 어머니라는 지위에 영적 존엄성은 물론 심지어 어떤 권위까지 불어넣었다. 여성의 육체가 하나님의 형상대로 만들어졌다는 신념과 결합된 의학의 발전은 마침내 여성을 아리스토텔레스의 사상을 넘어서는 존재로 만들었다. 더는 여성을 기형의 남성으로 여기지 않았다. 대신 이제 남성을 보완하기 위해 하나님이 독특하게 창조하신 존재가 되었다. 역사가 캐서린 브레커스Catherine Brekus는 "남성의 덜떨어진 형태, 성기가 뒤집힌 미완성 남성으로 여성을 보는 대신에 성직자들과 과학자들은 생물학과 기질 두 가지 모두에서 성별이 본질적으로 다르다고 묘사했다"라고 썼다.[9] 이는 거의 『화성에서 온 남자 금성에서 온 여자』Men Are from Mars, Women Are from Venus, 동녘라이프의 시작이라 할 수 있다. 여성과 남성은 그냥 다른 게 아니었다. 그들은 대단히 다르다.

그러나 이쯤에서 나는 잠시 멈추고, 학생들에게 질문을 던진다. 적어도 여성이 더는 괴물이나 기형은 아니지 않느냐고, 그렇지 않은가?

하지만 근대 초의 사상가들에게 남성과 "다르다"라는 것은 성기만이 아니었다. 린 에이브럼스는 "여성이 되는 법 배우기"라는 장에서 당시 자료에서 몇 가지 예를 가져와 이제 여성에게 "다르다"가 의미하는 바가 무엇인지를 알려 준다. 예를 들어 프랑스의 정치 작가 비콩트 드 보널드Vicomte de Bonald는 1802년 교육에 관한 논문에서 "여성들은 정치 사회가 아니라 가정에 속하며,

자연은 여성을 공적 기능을 위해서가 아니라 가정을 돌보게 하기 위해서 창조했다"라고 썼다. 그는 계속해서 "그러므로 소년들의 교육이 공익성을 지양해야 하듯이 [소녀들의] 모든 가르침은 가정의 효용성을 지양해야 한다"라고 썼다. 그의 다음 문장이 학생들 가운데 격렬한 대화를 부추기기 때문에 나는 강의마다 이 쯤에서 잠시 멈춘다. 다음 문장은 이렇다. "거짓된 교육은 자신의 성향을 자연과 반대되는 방향으로 끌고 가서, **성별 간에 옷을 바꿔 입듯이 직업도 교환하고 싶게 만든다.**"[10] 과학은 여성이 남성과 매우 다르므로 이런 차이가 그들의 삶에서 교육과 직업을 포함한 모든 측면에 영향을 미친다고 선언했다.

오늘날 많은 복음주의 여성이 들어 왔던 말과 똑같지 않은가? 여성은 일시적으로 그러니까 필요할 때만 바깥에서 돈을 버는 일을 할 뿐 가정에 머물도록 의도되었다.

에이브럼스는 1856년 아일랜드 설교가의 말에서 한 사례를 가져온다. 목사인 존 그레그John Gregg는 여성이 남성과 다르게 의도되었으며, 여기에는 직업이 포함된다고 설교했다. 남성은 "삶의 대단하고 중대한 본분"으로 집 바깥에서 일한다. 여성은 남성의 일에 "맞지" 않으므로 가정 안에서 일한다. 그의 말은 이렇다.

> **우리**는 남자로서 우리 특유의 특징이 있고, 또한 우리는 우리 특유의 능력과 책임감도 있다. 삶의 위대하고 중대한 본분이 남성에게 맡겨졌다.…그러나 일상, 특히 사적 생활의 책임에서 가장 중요한 부분은 여성의 몫으로 떨어졌다. 하

나님은 당신들에게는 잘 맞을 리 없는, 우리가 특별히 부름받은 고유의 책임에 적합하도록 우리의 성별을 조정하셨다.…각 성이 특별히 제정된 대로 책임을 수행할 때 사회는 최고의 상태가 된다.[11]

여성이기에 다르다는 말은 여성은 사적 영역, 곧 가정생활로 성역할이 제정되었다는 의미였다. 이는 리더십과 경제적·정치적 역할에서 여성이 물러서야 함을 의미했다. 이는 말 그대로 존 맥아더John MacArthur가 베스 무어에게 한 말, "집에 가시오"와 같다.[12]

신성화된 종속의 역사적 뿌리

이런 사상들은 어디서 왔을까?

우선 계몽주의에서 왔다. 역사가 캐서린 프렌치와 앨리슨 포스카는 『과거 서양에서의 여성과 성별』에서 이에 대한 개요를 탁월하게 제시한다. 어떻게 계몽주의가 종교개혁처럼 여성에게 더 나은 평등을 만들 수 있었는지, 곧 여성이 더는 기형인 남성으로 간주되지 않고, 오히려 남성처럼 이성적 사고를 할 수 있는 사람으로 여겨질 수 있었는지에 주의를 기울인다. 불행히도 이런 "인간 평등이라는 급진적 견해"는 상호보완주의 등장으로 누그러졌다.[13] 달리 말해 가부장제가 그 형태를 다시 바꾼 것이다. 새롭게 나타난 이론은 계속해서 여성을 남성의 힘 아래 두었다. 이를 상호보완성이라고 부른다니, 흥미롭지 않은가? 프렌치와 포스카는 "상호보완성은 여성이 가정성 곧 자녀 양육을 위해 지어졌고, 남성이 통치와 이성적 활동 그리고 공적 책임을 위해 지어졌다는 사상의 토대가 되었다. 이런 식의 성별 이해는 남성과 여성이 받는 서로 다른 교육과 정치적 권리를 정당화했다"라고 쓴다.[14] 상호보완성의 가장 유명한 초기 옹호자는 아마 철학자 장자크 루소Jean-Jacques Rousseau일 것이다. 유명한 책 『에밀』*Emile*에서 그는 여성에 대한 자신의 교육 철학을 자세히 설명했다. "심원한 진리를 추론하여 찾는 것, 과학에서 원리와 공리를 찾는 것, 광범위한 일반화 경향이 있는 모든 것은 여성의 이해를 넘어선다. 여성의 공부는 철저히 실용적이어야 한다."[15] 루소에 따르면 단지 여성은 남성만큼 똑똑하지 않기 때문에 더 진보된 학습에 대해서는 신경 쓰지 말아야 한다. 여성은 가사 노동에 더 적합하다.

둘째, 근대 초에 과학은 여성이 남성과 너무 다르기 때문에 가정성을 위해 예정되었다는 사상을 강화했다. 여성의 신체검사 결과는 여성이 남성보다 더 작고 약하다는 사실을 시사했다. 여기에는 머리가 더 작다는 사실도 포함되었는데, 당시에 이는 더 작고 약한 뇌를 의미했다. 찰스 다윈Charles Darwin은 1871년 『인간의 유래』*Descent of Man*, 한길사에서 바람직한 진화적 특성들은 "여자 자손보다 남자에게 더욱 충분히 전달되었다.…따라서 남성은 궁극적으로 여성보다 우월해졌다"라고 설명한다.[16] 이 용감하고 새로운 과학 세계에서 여성의 몸은 출산과 모성에 맞게 고안되었기에 출산과 모성이 여성의 본분이어야 함은 말할 필요도 없다.

마지막으로 우리는 산업 혁명이 남긴 결과들을 이해해야

한다. 여성의 육체적 차이에 대한 계몽주의 신념은 기계가 나타나면서 달라진 세상과 손을 잡았다. 18, 19세기 서양에서 노동의 모습이 변화했다. 기계와 공장이 재화 창출에서 음식 생산까지, 모든 것의 속도를 높였다. 혁신된 기술 덕분에 작업을 완성하기까지 드는 시간만이 아니라(일이 훨씬 빨리 끝났다), 일하는 공간까지(가정 공간과 작업 공간이 분리되면서 돈을 버는 일은 가정에서 공적 영역으로 이동했다) 바꾸었다.

여성에게 끼친 영향도 상당했다.

한편으로 산업 혁명은 여성에게 더 많은 직업 선택권을 제공했고 독립적으로 생계를 꾸릴 수 있게 해 주었다. 공장에서 여성은 남성과 비슷한 지위로 함께 일했고, 노동조합 같은 새로운 여자 공동체를 구축할 수도 있었다. 프렌치와 포스카는 1830년에 "마드리드의 담배 공장에서 일하는 3천 명의 여자 노동자가 임금 삭감과 열악한 근무 환경에 항의하며 5일간 폭동을 일으켰다"라고 언급한다.[17] 그러나 다른 한편, 산업 혁명은 성별 제약을 강화했다. 산업 혁명은 분명히 일자리 호황을 가져왔고 초기에는 여성 고용의 비율을 높이 촉발시키기도 했지만, 여성 임금 인상까지 이어지지는 못했다. 그야말로 단지 여성이라는 **이유로** 남성보다 더 낮은 임금을 받는 것이 마땅하다는 주장을 만들어 냈다. 1833년 영국의 공장협회장 제임스 미첼James Mitchell은 이렇게 선언했다.

어떤 이들은 여자의 임금이 그렇게 낮은 것에 큰 유감을 느낀다.…그러나 어쩌면 그런 사람들이 잘못되었다고 할 수 있다. 가장 현명한 사람이 할 수 있는 것보다 자연 본성이 더 현명하고 효과적으로 여자의 목적에 영향을 미친다. 여자 노동력에 매긴 낮은 가격은, 가정이라는 기관을 관리하는 일이 여자에게 가장 높은 수익성을 줄 뿐 아니라 가장 적합한 직업이라는 점을 알려 주며, 낮은 임금 때문에 여자가 자기 자녀 돌보기를 그만두지 않을 것이다. 그러므로 자연의 본성을 따를 때, 여자가 고안된 목적이 헛되지 않을 것이다.[18]

미첼은 여성이 임금을 덜 받아야 한다고 주장했다. 여성이 있어야 할 집 바깥에서 너무 많이 일하는 것은 그들을 헛되게 하기 때문이다.

여성이 연약하기 때문에 공장 노동에 적합하지 않다는 신념과 여성의 본업이 가정 안에 있다는 신념은 여성 노동 시간의 단축과 여성의 무급 출산 휴가, 심지어 어떤 곳에서는 여성 고용 금지를 포함하는 법을 유럽 전역에서 통과시켰다. 프랑스 운동가 폴 밍크Paule Mink는 여성을 옹호하며 항변했다. "여성의 일할 권리를 거부함으로써 여러분은 여성을 비하하고, 여성에게 남성의 멍에를 씌워 남성의 쾌락에 여성을 넘겨 버립니다. 여성이 노동자가 될 수 없게 함으로써 여러분은 여성의 자유를 박탈하고 이어서 그녀의 책임감도 박탈합니다.…이렇게 여성은 더는 자유롭고 이성적인 생명체일 수 없고 단지 자기 남편의 작은 부분, 곧

그림자로 존재해야 합니다."¹⁹

나는 강의할 때마다 이쯤에서 항상 잠시 멈춘다. 여성을 집에 머물도록 강요함으로써, 또한 원하는데도 여성이 일할 권리를 허락하지 않음으로써 여성이 자신의 자유뿐 아니라 정체성도 잃어버렸다고 밍크는 주장했다.

신성화된 가정성 숭배

이제 가정성 숭배에 대해 충분히 살펴볼 때가 되었다.

19세기 초반에 이르자 직장과 가정의 분리, 여성의 특수성과 약함에 대한 과학의 주장 그리고 아내 역할과 여성의 경건한 본성을 강조한 기독교의 가르침이 한데 어우러졌다. 이렇게 가정성 숭배가 탄생했다. 언제부터인지 정확히 말하기는 어렵지만, 확실히 19세기 초반 무렵에는 그 모습을 드러냈다. 바버라 웰터 Barbara Welter가 처음 기술한 가정성 숭배를 구성하는 네 가지 주요 요소를 요약하면 다음과 같다.

> 1. **경건**. 여성은 선천적으로 남성보다 더 종교적이며 영적 문제에 더 민감하다. 이는 남성보다 여성에게 자녀들을 영적으로 교육하고 지도할 준비가 더 잘 갖추어져 있음을 의미한다. 또 여성 교육은 이런 특성을 기르는 데 초점을 두어야 함을 의미한다.
> 2. **순결**. 여성은 선천적으로 성적인 생명체가 아니다. 여성

의 정신과 마음은 남성보다 더 순수하며, 성적 욕구는 오로지 여성이 어머니가 될 수 있게 하므로 중요하다. 여성은 성욕의 포식자에게서 감추어져야 하고 보호받아야 한다.

3. **복종**. 여성은 이끌도록 의도되지 않았다. 여성은 정치나 경제 영역에서 이끌어 갈 정신적 능력이나 정서적 기질을 가지고 있지 않다. 여성은 강한 남성의 지도를 따르기를 갈망한다.

4. **가정성**. 여성은 집 바깥에서 일하도록 의도되지 않았다. 산업 혁명은 돈을 벌기 위한 노동을 가정 공간 바깥으로 이동시켰다. 여성은 집에 남아 가정을 관리하는 반면, 남성은 집 바깥으로 나가 생계를 꾸린다. 이는 여성의 교육이 (가정이란 학과목의 시작이 된) 가사 노동 기술을 향상하는 데 집중해야 한다는 의미이기도 하다.[20]

이런 특징들이 익숙하지 않은가? 현대 복음주의 중심에 가정성 숭배가 새겨져 있지 않은가? 솔직히 성경적 여성이 가정성 숭배의 갱신된 형태로 보이지 않는가? 성경적 여성은 성경에서 나오지 않았다. 그 대신 산업 혁명의 결과로 집 바깥으로 옮겨 간 노동이 사회·경제적 변화를 일으켰고, 이에 대응하기 위해 발전된 성 위계가 성경적 여성을 빚어냈다. 프렌치와 포스카가 분명히 진술하듯이 "산업화가 가정성 숭배를 만들었다."[21]

내가 가정성 숭배를 처음 접했을 때, 떠오른 건 제임스 돕슨뿐이었다. 그의 책 『영원한 사랑』은 내게 지울 수 없는 인상을 남겼다. 나는 어떻게 여성이 남성보다 더 수동적으로 의도되었는지, 어떻게 여성이 신체적으로 더 약하고 정서적으로 더 쉽게 불안정해지는지, 어떻게 여성이 미국 경제계라는 가혹한 노동의 세계보다 가정에서의 안전과 생계를 책임지는 남편을 선호하는지와 같이 그의 책에서 읽은 내용을 분명히 기억한다. 돕슨이 여성의 본성이라고 가르친 내용은 성경적이지 않다. 그의 가르침은 가정성 숭배 및 여성을 생물학적으로 열등하다고 본 고대 사상에 뿌리를 둔다. 돕슨은 단순히 19세기 가정성 숭배를 설교했으며, 오로지 차이라면 그는 이를 신성화했다는 것이다.

복음주의가 지속적으로 이어 온 가정성 숭배, 곧 여성은 가정을 위해 창조되었고, 남성은 공적 임무와 리더십을 위해 창조되었다는 사상에 대해 나는 주디스 베넷의 의견을 수정해야 할 것 같다. 그녀는 "가부장제는 모든 곳에 있을 수 있으나, 모든 곳에서 똑같지는 않다"라고 쓴다.[22] 대개 이 말은 맞으나, 가정성 숭배는 예외로 보인다. 가부장제는 모든 곳에 있으며, 19세기 가정성 숭배가 현대에 성경적 여성으로 부활했듯이 때때로 가부장제는 똑같다.

여성의 적응 방식

나는 역사가 케이트 보울러Kate Bowler가 유명해지기 전에 그녀의 연설을 두 번이나 들을 기회가 있었다. 처음은 2015년 미국 역사 학회 the American Historical Association에서였다. 나는 보울러가 그녀의 신간 『축복: 미국 번영 복음의 역사』 Blessed: A History of the American Prosperity Gospel를 소개하는 발표를 들었다. 당시 나는 2016년 신앙과 역사 학회의 행사 의장직을 맡았고, 즉시 그녀에게 2016년 우리 학회에서 정식 연설을 해 달라고 요청했다.

우리 학회 도중에 벌어진 괴상한 사건, 행사 장소였던 크리스천 칼리지에 갑자기 모여든 도널드 트럼프 집회의 결과로 나는 보울러의 두 번째 연설이 처음보다 훨씬 더 기억에 남는다. 학회 장소로 배정되었던 건물이 트럼프 집회에서 아주 가까웠기 때문에 우리는 건물에서 쫓겨났고 교내 예배당을 다시 배정받았다. 이것은 보울러가 버지니아 비치 리젠트 대학교에서, 팻 로버트슨의 설교단 위에서 발표했다는 의미다. 나 역시도 그녀를 소개하고자 같은 설교단에서 말했다는 사실을 알릴 수 있어 기쁘다. 설교단 뒤 스테인드글라스의 예수님처럼 손을 높이 들 만큼 나는 용감하지는 못했지만, 케이트 보울러라면 충분했다.

보울러의 발표가 기억에 남는 두 번째 이유는 어떻게 보수 복음주의 여성이 여성 리더십을 금지하는 전통에서 종교적 권위를 얻어 냈는지를 다룬 그녀의 발표 주제 때문이었다. 그녀의 연구는 이후에 『설교자의 아내: 복음주의 여성 유명 인사들의 위태로운 권력』 The Preacher's Wife: The Precarious Power of Evangelical Women Celebrities 이라는 제목으로 출판되었다. 연설 중 다소 재미있는 이야기가 있었는데, 그녀가 표로 정리해 설명한 복음주의 여성들의 트위터 프로필이었다. 나도 끄적거린 적 있는 **커피, 요가 바지, 어리바**

리한 사람 같은 단어들을 가장 선호했다면, **아내**와 **어머니**는 정체성을 나타내기 위해 가장 흔하게 사용된 표현이었다. 보울러가 그녀의 책에서 사례로 제시한 앤 보스캠프Ann Voskamp는 "농부의 아내, 일곱 아이의 엄마"로, 로런 챈들러Lauren Chandler는 "맷의 아내, 오드리, 리드, 노라의 엄마"였다. 그들은 가장 먼저 아내의 역할을, 두 번째로는 어머니의 역할을 강조했다.[23] 아내와 어머니가 되는 것은 복음주의 여성의 신용을 올려 준다. 보울러가 『설교자의 아내』 서문에서 쓰듯 "초대형 사역으로 유명한 한 여성은…어미니, 자매, 딸 또는 권위 있는 경건한 남자의 아내라는 가족을 표현한 역할로 명성을 얻었다.…여성 대부분은 결혼과 가족이라는 수동적 기초 위에 세워졌다."[24]

보울러의 작업 때문에 나는 종종 나의 연구 대상인 설교하고 가르치는 중세 여성들의 트위터 프로필을 생각해 본다. 나는 그들의 프로필이 보울러의 복음주의 여성들과는 다르리라고 생각한다. 마저리 켐프는 반드시 **창조물**이라는 단어를 포함했을 것이다. 아마 "하나님의 창조물, 전문적으로 울부짖는 사람, 순례자, 성관계는 하지 않음, 순결을 서약함"이지 않을까 싶다. 나는 켐프가 자기 가족이나 남편에 대해 언급하지는 않을 것으로 생각한다. 노리치의 줄리언은 추측하기 더 쉽다. "은수 중인 수녀, 하나님의 종, 환상을 보는 사람, 영적 조언자, 혼자 지내고 있음"이 떠오른다. 아마 안디옥의 마르가리타의 프로필 "반항하는 처녀, 고문에도 끄떡없음, 용을 처단함, 전도자, 기적을 행함, 하나님의 친구"가 나는 가장 마음에 들 것이다. 이 중세 여성들의 트위터 프로필에서 결혼이나 모성과 관련된 어떤 특징도 의미 있게 등장하지는 않을 것이다. 또 그들은 가정 기술도 강조하지 않았을 것이다.

설교자 여성들의 트위터 프로필은 18, 19세기에 들어서면, 보울러가 사례로 제시한 여성들과 더 가까워질 것이다. 아내와 어머니인 그들의 상태는 아마 "정숙한 아내"와 "사랑 가득한 엄마"로 확대될 것이다. 그들은 "가정 관리자"나 "가족에게 성경을 읽어 주는 사람"처럼 그들의 가사 노동 솜씨를 뽐낼지도 모르며, 자신을 "상냥한 자매" "인내심 강한 어머니" "예언자의 딸" "침묵하는 영혼" 그리고 심지어 "더 약한 성"으로 묘사하며 반드시 여성적 특수성을 언급할 것이다.

여성은 계속 그 형태만 바뀌는 가부장제의 역할에 적응한다. 가부장적 평형은 지속되지만, 우리를 둘러싼 문화에 의해 가부장제가 정의된다. 가부장제의 규칙이 변화하는 역사에 따라 달라진다(지속되는 가정성 숭배는 예외일 수 있다!). 중세 유럽에서는 여성적 특수성을 거부할 때 여성의 목소리에 권위가 주어졌으나, 종교개혁 이후 세계에서는 더 이상 통하지 않았다. 설교자로 부름받은 여성에게 이제 최선은 여성적 특수성을 수용하는 것이었다. 역사가 캐서린 브레커스는 "여성이 자기 성별을 초월했다는 이유, 곧 여성이 남자도 여자도 아니었다는 이유로 여성의 설교할 권리가 정당화되었던 것 대신에 여자의 미덕이라는 새로운 이념"이 여성적 특수성에 근거를 둔 여성의 권위와 더불어 부상했다.[25]

우리는 힘을 낼 수 있다.

가부장제의 목표가 끊임없이 변신하는 중에도, 여성은 언제나 하나님의 말씀을 설교하고 가르칠 방식을 찾아 왔다. 브레커스는 1740년에서 1845년 사이 미국 교회에서 여성이 설교하고 권징한 기록을 찾아 각 여성을 한 학술 문헌의 부록으로 남겨 놓았다. 내가 접한 모든 글 가운데 가장 가슴 벅찬 내용이다. 123명의 이름이었다. 삶에서 하나님의 소명을 느끼고 이에 응답한 123명의 여성이었다. 약 20개 개신교 교단 출신 123명의 여성이었다. 알미라 프레스콧 불럭Almira Prescott Bullock은 그녀의 남편인 제리마이아Jeremiah와 함께 1821년 새로운 침례교 종파를 세웠다. 질파 엘라우Zilpah Elaw는 1827년 아프리카계 감리 교회에서 설교했다. 엘런 하먼 화이트Ellen Harmon White는 1844년에 제칠일안식일예수재림교를 창립했다. 백인 여성들과 흑인 여성들은 미국 기독교 전반에 걸쳐 설교했다. 브레커스는 힘주어 결론 내린다. "여성을 경멸하는 듯 보였던 세계 속에서 신앙을 지키고 하나님의 선하심을 신뢰하면서, 그들은 미래 세대의 복음주의 여성이 영감을 얻어서 설교단을 자기 것으로 주장하기를 바랐다."[26] 침례교 여성으로서 나는 브레커스가 부록에 실은 설교자 여성 가운데 약 서른 명이 침례교도였다는 사실이 대단히 기쁘다.

그러나 이런 정보가 우리를 낙담시킬 수도 있다.

이 여성들이 설교하기 위해서는 자기들에게 기대되는 바를 따라야 했다. 여성들은 그들의 뛰어난 경건과 하나님이 주신 양육 역할이 그들에게 설교할 힘을 주었다고 주장함으로써 가정성 숭배를 자기들에게 유리하게 바꾸었다. "목회 활동은 모성의 활동이므로, 이는 여성에게 적합하다"라고 감리교 설교자 애나 올리버Anna Oliver는 설명했다. "엄마로서 자기 식구 각각의 필요에 적합한 음식을 식탁 위에 차려 놓으면, 목회자가 양들을 먹인다."²⁷ 틀림없이 이는 하나님의 소명을 성취해 낸 여성들의 끈질긴 의지를 보여 준다. 그러나 이는 또한 여성에게 적용된 규칙들이 어떻게 다시 바뀌었는지도 보여 준다. 여성의 삶에 대한 하나님의 소명은 여성이 설교해도 될 만큼 충분히 타당한 이유가 되지 못했다. 이는 19세기 여성들이 자신의 여성적 특수성을 활용해야만 그들의 목소리에 권위가 주어진다는 의미였다.

  잉글랜드에 뿌리를 둔 가정성 숭배는 미국으로 침투했고 현대 복음주의 문화를 만드는 데 재빠르게 스며들었다. 1850년대 「고디의 숙녀 지침서」Godey's Lady's Book(집을 가정으로 변화시키는 법을 가르쳤다) 같은 잡지부터 마라벨 모건Marabel Morgan의 1973년 책 『완전한 여성』The Total Woman(완벽한 결혼의 핵심은 여성이 남편에게 극도로 복종하는 것이라고 주장한다) 오늘날 낸시 더모스 월거무트Nancy DeMoss Wolgemuth가 이끄는 진정한 여성 회의True Woman conference(페미니즘에 맞서 하나님이 의도하신 진정한 여성성을 회복하겠다는 운동—옮긴이)에 이르기까지 이상적인 복음주의 여성은 자신의 성적 순결함을 지키고 집에 머물며 자기 가족의 영성을 양육하고 남편에게 헌신하는 사람이다. 역사가 랜들 발머Randall Balmer는 복음주의자들은 우리가 믿는 "여성의 자질이라는 전통적 개념"이 성경에서 온 것이 아니라, "19세기 사고 체계"에 불과하다는 사실을 절대 깨닫지 못한다고 설명한다.²⁸

우리가 반드시 해야 할 일은 존 파이퍼, 프랜시스 찬Francis Chan, 낸시 더모스 월거무트 등이 결혼의 헌신을 다룬 책 『평생 행복하게』Happily Ever After를 읽는 것이다. "그가 희생하고 그녀는 복종한다. 그가 이끌고 그녀는 따른다. 그가 시작하고 그녀는 인정한다. 그가 예수님을 반영하고 그녀도 예수님을 반영한다."[29] 여성의 역사를 배우고 훈련받은 내가 듣기에, 이 단어들은 루소의 계몽주의 글과 다를 바 없다. "남성은 강하고 적극적이어야 한다. 여성은 연약하고 수동적이어야 한다. 누군가는 힘과 의지를 갖춰야 하며, 상대방은 거의 저항하지 않는 것으로 충분하다."[30] 여성은 수동적인 동반자로, 복종하고 따르고 인정하며 자기 남편에게 권력을 양보한다. 루소와 『평생 행복하게』의 유일한 차이라면, 헌신적인 결혼을 위해 이제 예수님이 이런 차이를 신성화하셨다는 점이다.

우리가 반드시 해야 할 일은 가정성 숭배를 지지하는 초대형 캠페인 "변화된 아내"The Transformed Wife 블로그에 들어가 어떤 게시글이든 일단 읽는 것이다. 실제로 이 블로그를 운영하는 로리 알렉산더Lori Alexander가 게시한 도표를 살펴보자. 그녀는 가정주부인 엄마와 일하는 엄마를 비교했다. "어머니가 경력을 가져야만 할까?"라는 제목의 이 글은 2018년 입소문을 탔다. 당연히 아니다가 그녀의 대답이었다. 알렉산더의 의견에 따르면 가정주부인 엄마는 "충만한 삶"을 살며 "자기 남편과 자녀들이 그녀를 높이고 복되다고 부른다." 반면 일하는 엄마는 "산산이 부서진" 삶을 산다. 알렉산더는 그녀가 교사로 일했을 때 "좋은 아내 또는 어머니라고 느끼지" 못했다고 설명한다.[31] 그리고 그녀는 본인의 경험을 추론한 결과, 모든 여성이 이렇게 느낄 거라고 또는 이렇게 느껴야 한다고 확신한다.

우리가 반드시 해야 할 일은 1장과 2장에서 다룬 바나 조사를 다시 살피는 것이다. 여론 조사 결과는 복음주의자들이 여전히 여성 지도자에게 얼마나 저항적인지를 보여 준다. 바나 그룹이 2017년 조사 결과에 대해 한 말처럼 "교회 안에서, 특히 복음주의자들 가운데 여성 리더십과 여성이 직면하는 문제들에 대한 지원이 가장 현저하게 뒤떨어진다."[32]

역사는 중요하다. 현대 복음주의 여성들에게 19세기 역사는 다른 어떤 때보다 훨씬 더 중요해졌다.

일곱

복음 진리가 된 성경적 여성

크리스토퍼 매쿼리Christopher McQuarrie 극본, 브라이언 싱어 Bryan Singer 감독, 케빈 스페이시Kevin Spacey(그의 성폭력 혐의가 #미투 운동으로 폭로되기 훨씬 전에) 주연의 1995년 영화 〈유주얼 서스펙트〉The Usual Suspects는 경찰 조사 피의자들로 만난 다섯 명의 범죄자들이 강도 짓을 계획하는 다소 기발한 이야기다. 영화 내내 모든 증거는 전설적인 범죄 주모자 카이저 소제를 가리키면서 긴장감을 형성한다. 마지막 가장 놀라운 극의 반전은 나이트 샤말란 M. Night Shyamalan의 영화(대표작으로 영화 〈식스 센스〉The Sixth Sense가 있다—편집자) 못지않다. 나는 스페이시가 연기한 인물이 전한 대사를 절대 잊을 수 없다. "악마의 가장 큰 속임수는 악마가 세상에 없다고 믿게 하는 것이다."

이 말에 동의하지 않기 때문에 이 대사를 잊지 못한다. 악마의 가장 큰 속임수는 그리스도인들에게 억압이 경건하다는 확신을 심어 준 것이다. 그 하나님이 성별 또는 피부색(또는 둘 다)에 따라, 일부가 다른 사람들의 권력 아래 있도록 위계를 제정하셨다. 여성의 종속이 그리스도의 복음 한가운데를 차지한다.

나는 2006년 러셀 무어가 쓴 "가부장제 이후, 어떻게 되나?"After Patriarchy, What?라는 제목의 글을 보면 아직도 놀란다. 여성의 종속이 복음에 속한다고 주장하는 그의 글을 더는 믿지 않기를 바란다. 그는 "우리는 남자의 머리됨을 복음 전체와 연결시켜야 한다"라고 쓴다.[1] 무어는 일부 사회학 이론을 요약하면서, 복음주의 가정들이 "협상, 상호 순종, 합의를 통해" 의사 결정을 함으로써 기능상 페미니즘적이라며 안타까워한다.[2] 무어는 복음주의자들이 입으로는 남자의 머리됨을 인정하지만, 대다수는 이를 실천하지 않는다고 주장한다. 페미니즘은 현대 문화에 만연하기 때문에 일상에 넘치는 경험들을 통해 복음주의 가정 안으로 침투한다. 베스 무어가 설교하는 모습을 복음주의자들이 자주 접하면서 여성 설교를 더 잘 수용하게 되었고 따라서 (그가 은연중에 암시하듯) 평등주의도 더 잘 수용하게 되었다. 그는 평등주의를 대체할 "성경적·신학적으로 설득력 있는 대안"을 제공하는 기독교의 비전, 곧 "그리스도의 복음과 그분 안에서의 만물의 회복이라는 우주적 규정 아래, 남자의 머리됨이라는 취지를 제시하는" 비전을 제공할 때라고 결론 내린다.[3] 다시 말해서 기독교의 중심에 여자의 복종을 새길 때라는 것이다.

러셀 무어가 2006년 이 논문을 쓰기까지 그의 비전이 펼쳐질 토대는 이미 구축되어 있었다. 악마가 복음주의 그리스도인들에게 이미 속임수를 쓴 뒤였다. 〈유주얼 서스펙트〉 마지막에서 특수 요원 데이비드 쿠얀이 마침내 털어놓듯이, 나도 어떻게 이런 일이 벌어졌는지를 털어놓으려 한다. 왜 복음주의자들이 성경적 여성을 복음의 진리로 믿게 되었는지를 밝히려 한다. 이를 들으면 아마 쿠얀처럼 들고 있던 커피를 떨어뜨릴지도 모른다.

잊힌 우리의 과거

1934년 6월, 텍사스 웨이코 근처 예전 남침례교 소속이었던 엘름모트 제일침례교회First Baptist Church Elm Mott에 집사들이 모였다. 그들은 만장일치로 부흥회 설교자로 루이스 볼Lewis Ball 여사를 모시기로 했다. 집사들은 "휴스턴의 루이스 볼 여사가 곧 열릴 우리 부흥회에 오셔서 일주일간 우리를 돕기로 했습니다. 그녀는 젊은이들에게 큰 영감을 불어넣을 겁니다. 볼 여사는 아주 특별한 영적 승리를 거둔 분입니다"라며 그녀를 추천했다.[4]

1934년 7월 3일 아침 예배에서 볼 여사가 설교했다. 손으로 쓴 교회 기록에 잭 와일리와 바너 모두 "그리스도를 그들 개인의 구주로 고백했다"라고 진술한다. 볼 여사는 젊은이들을 위한 기도 모임인 저녁 예배에서 설교하자, 메리 브러스트룸 양은 신앙을 고백했다. 루이스 볼 여사는 7월 5일 "당신의 영혼은 잘 지내고 있나요?"라는 제목의 메시지를 포함해 일주일 내내 설교했고, 이 기간에 여섯 사람이 신앙을 고백했다. 1934년 부흥회에서 엘름모트 제일침례교회의 본당에 가장 많은 군중이 들어온 것이 목격되었으며(139명), 그 주의 교회 학교 출석 인원은 이전의 모든 기록을 깨뜨렸다(176명 참석). 그 결과 열여섯 번의 침례식이 있었다. 볼 여사는 1935년과 1938년에 다시 초청받을 만큼 인기를 끌었다.

1934년 이 남침례교회에서 누구도 루이스 볼 여사의 설교를 문제 삼지 않았다. 집사들의 추천은 성별과 아무 상관 없었으며 오로지 그녀의 설교 능력만을 고려했다. 그들은 볼의 "큰 영감"과 "아주 특별한 영적 승리" 때문에 그녀를 초대했다.[5] 볼을 향한 태도에서 이 시기 남침례교의 포용력 있는 태도를 볼 수 있다. 1963년 남침례교는 에디 데이비스Addie Davis에게 목사직을 수여했고, 1974년에는 사역에서 여성의 역할을 인정하고 지지하는 학술회를 후원했다. 그 결과 학술회 모음집이 브로드먼 출판사 Broadman Press에서 『여성과 타인을 위한 기독교 자유』Christian Freedom for Women and Other Human Beings라는 제목으로 출판되었다.[6] 남침례교 역사가 찰스 드위즈Charles Deweese는 어떻게 남침례교가 (오늘날 남침례교처럼 이 구절들을 사용해 여성을 사역에서 몰아내지 않고) 한때 여성의 공적 사역을 지지하고자 신약성경 구절들을 사용했는지를 언급한다.[7] 예를 들어 1969년부터 출판된 주석 『브로드먼 성경 주석』The Broadman Bible Commentary은 로마서 16장에서 뵈뵈를 여성 집사로 읽는다.[8] 종교학자 티머시 라슨Timothy Larsen은 2017년 침례교 전통을 포함한 복음주의 전통에서 여성 리더십의 오랜 역사를 보여 주는 글을 썼다. 그는 심지어 여성이 공적 사역에 참여한 것을 "복음주의의 역사적 특징"이라고 일컬었다.[9]

여기서 잠시 멈춰 내가 라슨의 글을 처음 읽었을 때를 이야기하고 싶다.

남편이 해고된 후 첫해에 나는 힘겨웠다. 가끔 지하 교직원 사무실 안에서 숨 쉬기 어려워했다. 그래서 나는 길 건너 베일러 교내의 캐럴 도서관 앞 의자에 앉아 있곤 했다. 매일 의자의 밝은 표면이 뜨거운 텍사스의 태양을 흡수한다. 탁 트인 공간에서 따뜻한 돌에 등을 기대 앉아야 숨을 쉴 수 있음을 깨달았다. 수업 준비나 채점으로 바쁜 것처럼 보이려고 시험지 뭉치나 책을 들고 다니곤 했다. 그렇게 하면 그냥 앉아서 혼자 숨을 쉴 수 있었다.

하루는 내가 책 읽는 체해야 한다는 것을 잊었다. 2017년 초가을 버거운 아침이었다. 우리 미래의 대부분이 여전히 불확실했다. 함께 15년이라는 세월을 보낸 교회 식구들을 갑작스럽게 떠나면서, 우리에게 남겨진 상처가 새로운 학기와 더불어 더욱 낯설게 느껴졌다. 보통 개학을 맞이할 때마다 진행했던 청소년 사역 활동이 사라졌다. 우리 아이들이 친구들과 함께 참석하려고 기다린, 곧 시작할 교회의 어린이 활동에 대한 희망이 사라졌다. 우리가 다른 우정을 찾기도 전에 함께 많은 시간을 보냈던 부부가 사라졌다. 우리 아들이 학교에서 아버지의 직업을 물을 때 대답할 거리가 사라졌다. 나는 선의를 가진 한 친구가 따뜻한 석조 의자에 앉은 내 곁에 와서 나에게 대화를 건네고 내 실수를 일깨울 때까지, 우리 삶의 공허에서 빠져나오지 못했다.

그녀가 떠나자마자 나는 스마트폰으로 동료가 보낸 기사 링크를 클릭했다. 그냥 읽는 척하는 게 아니라 진짜 무언가를 읽느라 바빠 보였을 것이다. 나는 "여성 사역에 대한 복음주의의 강력한 역사"라는 한 기사 제목에 집중했다. 그 힘들었던 나날에 그 기사는 내게 정말 큰 선물이었다! 우리 가족에게 충격을 가져다준 질문은 우리가 속한 복음주의 교회에서 여성이 교회 학교 청소년을 가르칠 수 있는지 여부였는데, 여기 한 존경받는 복음주의 학자가 복음주의 역사 내내 어떻게 여성이 교사, 지도자 심지어 설교자였는지를 설명하고 있었다.

라슨의 주장에 귀 기울여 보자. "기독교의 공적 사역에 참여한 여성들은 복음주의의 역사적 특징이다. 복음주의 여성은 복음주의가 시작한 세대부터 오늘날에 이르기까지 그리고 그 사이 모든 시기에, 공적 사역에서 소명을 다해 왔기 때문에 역사적이다." 그는 공적 사역을 설교, 가르침, 목회 및 그 외 다른 형태의 영적 돌봄을 포함하는 "어른 신도를 위한 섬김"으로 정의했다. 감리교 창시자 존 웨슬리John Wesley는 여성을 설교자가 되지 못하게 하는 대신 여성을 포괄하는 방향으로 나아갔다. 라슨은 웨슬리가 (다른 사람들 가운데) 세라 크로즈비Sarah Crosby에 대해 "특별한 부름"을 받았다고 언급하면서 어떻게 그녀를 설교자로 인정했는지 설명한다. 이것이 웨슬리가 남자 평신도 설교자를 받아들였듯이 그녀를 설교자로 받아들인 이유였다. 라슨은 "[웨슬리가] 명시적인 평등주의 언어로, 성공회 사제 서품을 받지 않은 남성들의 공적 사역을 인정한 것과 같은 순서를 따라 이 여성들의 사역을 긍정했다는 점이 흥미롭다"라고 쓴다.[10]

존 파이퍼의 강경한 상호보완주의 입장에도 불구하고, 과거 칼뱅주의 복음주의자들도 하나님의 공적 사역자로서 여성의 소명을 인정했다. 라슨은 18세기 복음주의 부흥 때 어떻게 헌팅던 백작 부인 셀리나Selina라는 여성이 미국 최초 칼뱅주의 교단을 창시했는지를 설명한다. 이 교단은 아직까지 복음주의 동맹의 일원으로 존재하며, 여전히 교단에 "헌팅던 백작 부인의 교파" Countess of Huntingdon's Connexion라며 그녀의 이름을 담는다.[11]

많은 복음주의자는 여성의 공적 사역을 지원하는 일이 자유주의와 불가지론으로 미끄러지는 위험한 비탈길이라고 믿는다. 웨인 그루뎀은 교회에서 여자 지도자(특히 목사)들은 "하나님의 보호와 복의 손길을 뿌리치는 데" 스스로를 노출시킴으로써 하나님의 말씀을 거역한다고 주장한다.[12] 그루뎀에 따르면 여자 리더십은 성경 오독과 성경에 대한 신뢰의 결핍을 초래하여 교회의 정통성을 무너뜨린다. 여자 리더십은 또한 남성의 권위를 약화시키고 아이들에게 성 정체성의 혼란을 부추기면서 적절한 가족 역할을 무너뜨린다. 그루뎀은 심지어 삶에서 하나님의 보호를 잃고 고통당하는 여자 설교자의 구체적 사례로 주디 브라운Judy Brown이라는 목사를 언급한다. 그루뎀은 이어 즉각 고든 피Gordon Fee가 편집한 『성경적 평등의 발견: 위계 없는 상호보완성』Discovering Biblical Equality: Complementarity without Hierarchy에서 브라운이 한 장을 맡아 기고했음에 주목했다(이 책은 2004년에 출판되었고, 또 다른 편집본이 2005년에 다시 출판되었는데, 여기서 브라운의 글은 삭제되었다). 브라운이 감옥에 간 것은 그녀가 사랑한 이의 남편을 살해하려고 했기 때문임에도, 한 인터뷰에서 진행자가 그루뎀에게 주디 브라운의 비극적 운명이 "설교하는 여성에 대한 그녀의 견해와 관련"된다고 생각하는지 물었고 그는 다음과 같이 명료하게 대답했다. "이 경우 제 눈에는 성경이 명령한 교회의 남자 리더십과 가르침에 불순종한 영역이 있다고 여겨집니다."¹³ 여성을 설교자와 장로로 세우라는 압박은 기독교 바깥에서 가해지기 때문에, 그루뎀이 암시하듯 여자 리더십의 허용은 문화적 타협의 징후였다. 여자 리더십은 성경을 믿는 복음주의의 일부가 아니다. 주디 브라운의 삶의 궤적처럼 이는 죄이며 멸망으로 이끈다.

티머시 라슨의 글은 웨인 그루뎀이 틀렸음을 입증한다.

역사적으로 심지어 복음주의 세계에서도 여성은 지도자, 교사, 설교자로 왕성하게 활동했다. 18, 19세기의 많은 복음주의자는 설교하고 가르치는 여성을 억압하기보다는 그 반대로 했다. 곧 여성의 공적 사역을 지원했다. 라슨의 글에서 내가 가장 좋아하는 단락은 복음주의자들이 여성의 사역을 지원한 이유에 대한 우리 이해를 뒤집는 방식이다. 그루뎀과 파이퍼에게 여성의 공적 사역은 어떻게 복음주의자들이 동시대 문화에 굴복했는지, 곧 어떻게 하나님의 말씀이라는 영원한 기준에 신실하게 남는 대신 현대 페미니즘의 사회적 압력에 무릎 꿇었는지를 보여 주는 증거다. 실제로 그들의 책 『성경적 남성과 여성의 회복』에는 "복음주의 페미니즘에 대한 대응"이라는 소제목이 있다. 라슨은 그들의 주장을 뒤엎는다. "복음주의가 더 넓은 세상에서 존중받을 만한 것으로 인식되려 하기보다 성경과 복음에 더 주의를 기울였을 때, 이런 헌신들이 여성의 공적 사역을 인정하는 것으로 이어지곤 했다."¹⁴ 복음주의자들이 여성의 공적 사역을 지원할 때, 그들은 예수님의 복음과 가장 가까이에서 함께한다. 복음주의자들이 동시대 문화에 무릎 꿇을 때 그들은 여성의 공적 사역에서 등을 돌린다.

우리의 관점이 얼마나 바뀌었는가!

여성의 공적 사역이라는 복음주의의 강력한 역사를 주장한 이는 라슨만이 아니다. 역사가 베티 콜리어토머스Bettye Collier-Thomas는 아프리카 감리교 감독African Methodist Episcopal교회, AME 시온교회, 침례교회, 컬럴드 감리교 감독교회 같은 교단과 경건 운동에서 활발하게 설교하고 지도한 여성들을 발견했다. 그녀는 1850년에서 1979년까지 활동한 열네 명의 흑인 여자 설교자가 남긴 설교 서른여덟 편을 책으로 냈으며, 이 책은 복음주의 페미니즘이 부상하기 훨씬 전부터 지도자, 교사, 설교자였던 여성들의 끊이지 않는 고리를 다시 보여 준다.¹⁵

콜리어토머스의 책 제목이 아주 근사하다. 『우레의 딸들: 1850-1979년, 흑인 여성 설교자들과 그들의 설교』Daughters of Thunder: Black Women Preachers and Their Sermons, 1850-1979이다. 그녀는 메리 스몰Mary J. Small(1898년 AME 시온교회에서 장로로 안수받았다) 그리고 미국침례교협의회 여성보조협의회 선교사로, 1911년에 약 500번의 설교를 했고 천 곳이 넘는 가정과 교회를 방문한 텍사스 침례교도인 엘라 유진 휫필드Ella Eugene Whitfield 같은 20세기 설교자들처럼, 앞서 길을 닦은 여성들을 다룬다. (나는 20세기 초 휫필드가 한 사역의 공공성과 광범위하게 드러난 탁월함이 텍사스 침례교도 자매인 베스 무어가 행한 공적 사역의 전조로 느껴진다.) 설교단에서 흑인 여성의 목소리는 교회 안 그들 형제의 목소리와 똑같이, 천둥처럼 울려 퍼졌다.[16] 침례교 사역자 새뮤얼 베이코트Samuel W. Bacote는 공적 사역을 하는 횟필드의 모습을 "지칠 줄 모르는 열정과 위풍당당한 외모의 여성"이라며 칭송했다. 그는 "그녀는 청중을 무한히 붙잡아 둘 수 있었다"라고 말하며 "성실의 힘, 명료하고 적합한 단어의 선택 덕분이었다. 유용한 주제들과 탁월한 전달력은 그녀를 유명한 대중 연설가로 만들었다"라고 썼다.[17]

루이스 볼 여사가 1930년 엘름모트 제일침례교회에서 설교했을 때 교회가 페미니즘의 압력에 무릎 꿇었기 때문에 설교한 것이 아니다. 교회가 그녀를 위대한 영혼의 승리를 이룬 설교자로 여겼기 때문에 그리고 엘라 유진 횟필드와 그 시대 많은 다른 여성처럼 그녀를 둘러싼 기독교 공동체가 그녀의 소명을 인정했기 때문에 그녀는 설교했다.

다만 문제는 복음주의자들이 이런 역사를 잊은 것이다.

안수받은 사역자였던 플로렌스 스피어링 랜돌프Florence Spearing Randolph가 1941년 남긴 "내가 백인이었다면"이라는 제목의 힘 있는 설교를 읽는 대신, 1934년 루이스 볼 여사가 이끈 부흥회에서 열여섯 명이 받은 침례에 대해 배우는 대신, 복음주의자들은 존 파이퍼의 "하나님을 욕망하기"Desiring God 웹사이트를 들락거리거나(지난 6개월간 6백만 명이 접속했다), "존 목사에게 물어보세요"Ask Pastor John 팟캐스트에서 "장로들이 허락하면 여성도 설교할 수 있을까?" 같은 인터뷰를 듣거나 메리 캐시언Mary A. Kassian

의 "남성을 가르치는 여성, 얼마나 멀리 떨어져 버렸는가?" 같은 기사를 읽는다. 라슨이 쓴 "여성 사역에 대한 복음주의의 강력한 역사" 기사나 콜리어토머스의 책 『우레의 딸들』을 읽는 대신, 우리는 존 파이퍼가 여성이 남성을 가르치는 것은 옳지 않으며, 결코 옳았던 적이 없었다고 하는 확신에 찬 말을 듣는다.[18] 우리에게는 파이퍼의 주장을 평가할 역사적 맥락이 부족하기에 복음주의자들은 그의 가르침을 수용해 버린다.

우리는 과거를 잊어버려서, 특히 일부 복음주의자가 제시하는 서사에 들어맞지 않는 여성들을 잊어버려서, 성경적 여성을 '진리'라고 너무 쉽게 받아들였다. 우리는 다른 어떤 것도 기억하지 못한다.

다시 정의된 성스러움

중세 유럽의 설교자였던 여성들처럼 복음주의 여성들도 대중을 상대로 설교했다. 그런데도 복음주의 여성 설교자들은 마저리 켐프의 구름같이 둘러싼 허다한 여자 증인들과는 꽤 달라 보인다. 루이스 볼 여사를 조금 더 자세히 살펴보자. 사실 우리는 그녀의 이름을 알지 못한다. 기록된 내용은 그녀 남편의 이름으로만 그녀를 확인해 준다. 그녀는 사역에 대해 사례를 받지 못했다. 기록된 내용에는 엘름모트의 여성들이 그녀에게 감사를 전하고자 함께 "세간살이 모으기"를 했음에도, 그녀가 전혀 사례를 받지 못했다고 나온다.

엘름모트 제일침례교회가 1930년대에 여러 차례, 여성이 설교단에서 설교하도록 초대한 일은 주목할 만하다. 이 설교하는 여성이 남자의 권위에 도전하지 않고 그렇게 할 수 있었다는 점도 주목할 만하다. 그녀는 자신이 남편의 허락을 받고 설교한다는 사실을 강조하고자 남편의 이름 루이스 볼로 자신을 드러냈다. 그녀는 (자기 직업인) 설교의 사례를 받는 대신, 교회의 로티 문 선교 자금에 25달러를 기부하며 오히려 교회에 돈을 주었다. 루이스 볼 여사는 전통적인 아내의 평판을 유지하면서, 위대한 영혼의 승리를 이룬 복음주의자로서 명성을 얻었다. 그녀는 심지어 설교는 부업일 뿐이라는 메시지도 전달하려 했다. 물론 결혼한 여성이었기에 그녀의 주된 직업은 가족을 돌보는 일이었을 것이다.

침례교 역사의 초창기까지 거의 3세기를 거슬러 올라가면, 우리는 또 다른 여자 침례교도 설교자에게서 비슷한 강조점을 볼 수 있다. 1655년 캐서린 서턴Katherine Sutton은 하나님에게 "그분의 복된 영을 부어 달라"고 간구했고, 그녀는 설교하고 노래로 예언하기 시작했다.[19] 서턴의 침례교 목사였던 핸서드 놀리스Hanserd Knollys가 그녀의 영적 자서전에서 서문을 썼다. 그의 목적은 그녀의 공적 사역을 옹호하려는 것이었으나, 그는 그녀의 영적 소명을 여성적 특수성에 근거하게 함으로써 그렇게 했다. 루이스 볼 여사가 남자의 권위에 직접적으로 도전하지 않았듯, 놀리스도 서턴을 확실하게 그런 식으로 만들었다. 놀리스는 요한복음 6:12로 틀을 짜고, 어떻게 하나님이 자기 영을 가장 먼저 그분의 신실한 종들(남성들)에게 부어 주셨는지, 그런 다음 여성들(시녀들)

이 와서 "영적 빵에서 떨어진 부스러기들"을 주워 모으는지를 설명한다.[20] 남성은 그리스도의 영을 직접 받는 반면, 여성은 남은 부스러기를 뒤쫓아서 주워 모은다. 놀리스는 서턴이 예언할 수 있는 권리를 정당화했지만, 동시에 그녀의 부차적 지위를 강조했다. 그녀는 남자의 권위를 위협하지 않았다. 서턴은 (매우 훌륭하게, 활동적으로, 노래로) 설교하는 예언자였지만, 그녀는 또한 가족에게 헌신한 경건한 여성이었다. 놀리스는 그녀가 자애롭고, 친절하고, 지혜로우며 현숙하고, 모성 가득하고, 가족에게 헌신한다고 쓰며 여성으로서의 평범함을 강조하는 방식을 통해 그녀의 뛰어난 영적 은사를 정당화했다.

내가 1930년대 루이스 볼 여사의 리더십에서 주목한 특징은 300년 전 놀리스가 특징지은 서턴의 리더십과 비슷하다. 두 여성 모두 전통적 여자의 역할을 유지하고 남자의 권위를 뒤집지 않는 한, 설교하고 예언할 권리를 가졌다.

중세 역사가로서 나는 이 유사성에 깊은 관심이 생겼다. 마저리 켐프의 구름같이 둘러싼 허다한 여자 증인들이 기억나는가? 중세 여성들의 리더십 역시 자격 요건을 갖춰야 했으나, 그들은 여자로서의 특수성을 유지해야 하는 대신 성을 뛰어넘어야 했다. "서로 가까워지도록 움직여 온 성스러운 여성과 남성은 양 끝에 있는 각자의 성적 기질에서 멀어지는 동시에, 몸과 영혼은 서로 점점 비슷해졌다"라고 재클린 머리Jacqueline Murray는 설명한다.[21] 중세 여성들은 자신의 여자 역할을 버리고 남성처럼 행동할수록 영적 권위를 얻었다.

그래서 중세 세계는 성 체칠리아Saint Cecilia 같은 여성들의 이야기를 들려준다. 체칠리아의 리더십과 루이스 볼 여사, 캐서린 서턴의 리더십을 비교해 보자. 14세기 설교 모음집 "거울"The Mirror 에 성 체칠리아에 대한 이야기 하나가 발견된다. 이 설교는 스테파누스라는 이름의 남성 이야기로 끝난다. 스테파누스는 부유한 로마인으로, 완전한 성인이나 완전한 죄인도 아닌 다소 평범한 삶을 살았다. 예를 들어 그는 호화로운 별장을 짓기로 하고서는 이웃이었던 동정녀 순교자 성 체칠리아에게 헌정된 교회 땅을 훔쳤다. 그는 땅을 되돌려 주거나 자기 행동에 대해 사과하기를 거부했다. 그러다가 스테파누스의 사제가 그에게 회개하도록 설득하기 전에 죽고, 그는 자기 죄를 짊어진 채 영원한 심판에 처한다.

그러나 스테파누스가 심판의 길로 가는 중에 어떤 흥미로운 일이 벌어진다. "그때 성 체칠리아가 스테파누스에게 다가왔고, 그를 지나쳐 가던 그녀가 그의 팔을 잡아 꼬집었다. 그것은 마치 살아 있었다면, 곧 죽을 듯한 큰 고통을 가져왔다. 그리고 그는 심판자 앞으로 불려 가 체칠리아에게 저지른 죄로 형벌을 받았다."[22] 스테파누스는 결국 두 번째 기회를 얻는다. 심판자가 가엾게 여겨 스테파누스는 다시 살아나고 그는 즉각 체칠리아의 교회를 복원한다. 그러나 체칠리아가 꼬집어서 생긴 고통은 절대 사라지지 않는다. 그는 남은 생애 내내 이 고통 때문에 자신이 저지른 죄를 계속해서 떠올렸다. 2004년판 "거울"의 편집자 캐슬린 블룸라이Kathleen Blumreich는 체칠리아가 "자비보다 복수"를 선호하고 "복된 여성보다 전형적으로 경멸당하는 여성에 가깝게" 행

동한다는 사실에 주목한다.[23]

그런데도 체칠리아의 행위는 비난받지 않는다. 사실 이야기의 교훈은 성인을 건드리기 전에 다시 한번 생각해 보라는 것이다. 체칠리아의 공격적 성격은 (14세기 초서Chaucer가 묘사한 그녀 이야기에서 나오듯)[24] 중세가 그녀에게 부여한 반역적이고 반항적인 페르소나에 부합한다. 그녀가 스테파누스에게 행한 가혹한 형벌은 현대적 개념의 성경적 여성과 일치하지 않는다. 그러나 캐런 윈스테드Karen Winstead가 우리에게 일깨워 주듯, 이는 중세 청중들에게 아무 문제가 되지 않았다.[25] "거울" 설교는 체칠리아의 행위를 칭송하면서 마무리된다. "하나님이 우리에게 그런 성인들을 섬기고 성스러운 교회를 유지하도록 허락하셔서, 우리는 천국의 기쁨에 다가가며 영원히 성인들과 거할 수 있습니다."[26]

체칠리아의 이야기는 종교개혁 이후 여자의 성스러움에 대한 기준이 어떻게 바뀌었는지를 생생히 보여 준다. 고대와 중세 세계의 여성들은 자기 성을 뛰어넘어, 오늘날 우리가 여성으로서 부적절하다고 여길 방식으로 행동하면서 자기들의 종교적 권위를 지지받았다. 예를 들어 초서는 체칠리아가 로마 재판관들에게 무례하게 소리 질렀고 그녀의 목이 잘린 후 짙은 피가 흥건한 중에 사흘간 목구멍에서 피를 솟구치며 설교했다고 묘사하면서도, 그녀의 "선하고 신중한 행위"를 칭송했다.[27] 『완전한 여성』에서 "여성적이고 부드러우며 감동을 주는" 여성이 되라고 조언했던 마라벨 모건이 체칠리아에 대해서는 어떻게 생각할지 정말 궁금하다.[28] 종교개혁 무렵에는 체칠리아 유형의 성경적 여성은 이미 사라졌고, 훨씬 더 수동적인 복종을 포함한 여자의 특수성만이 강조되었다.

매릴린 웨스터캠프는 그녀의 책 『1600-1850년 초기 미국의 여성과 종교』Women and Religion in Early America, 1600-1850에서 흥미로운 결론을 내린다. 1600년에서 1850년 사이의 여성들이 자신의 영적 소명을 묘사하기 위해 사용한 단어들이 더욱 수동적이었던 반면 남성들의 단어들은 더욱 능동적이었다고 그녀는 주장한다. "증언할 때 남성과 여성은 같은 여러 묘사와 명칭 그리고 공식을 이용했지만, 그들의 영적 자서전은 같은 이야기를 하지 않았다."[29] 여성은 하나님의 지배를 받고 오로지 하나님이 그들을 통해 말씀하실 때만 말했다. 남자는 하나님을 위한 지도자로서 과감한 선택을 했고 하나님께 힘을 부여받아 그들 자신의 목소리로 말했다. 여성은 수동적이었다. 남성은 능동적이었다. 남성이 좋은 소식을 전하기 위한 예수님의 재빠르게 달리는 발이었다면, 여성은 하나님이 자기에게 부어 주신 것이 흘러넘치도록 가만히 있는 옥합이었다. 성스러움의 기준이 너무나 많이 변해서, 로마 관리들을 저속하게 협박하며 고함지른 체칠리아와는 완전히 반대로 여성은 이제 잠잠하고 고요하게 있는 것을 그들 자신의 영적 소명에 스스로 포함시켰다.

캐서린 서턴부터 루이스 볼 여사에 이르기까지 그 여성들은 여전히 설교하고, 가르치고, 예언할 수 있었다. 그러나 그녀들은 여성적 특수성 안에서 자기 사역의 근거를 찾아야 했다. 사실 여성의 성스러움은 복종과 수동성 그리고 아내와 어머니라는 역할에 점점 뿌리내렸고, 여성은 더더욱 자기 소명이 남성의 권위에 도전한 것이 아니라고 해명해야 했다.

성경적 여성은 여성이 하나님에 의해 남성과 다르게 의도되었고, 그리고 (적어도 자기 남편들이 지닌) 남성의 권위에 복종하도록 의도되었다고 가르친다. 공개적으로 사역한 여성에 대한 우리 오랜 역사를 잊어버리고, 여성의 성스러움을 여자의 특수성과 여자의 복종(성경적 여성의 중심)에 뿌리를 두고 다시 정의함으로써 복음주의자들은 점점 성경적 여성을 복음의 진리로 형성해 갔다.

다시 정의된 정통성

이 책 내내 내가 주장했듯이 여성 리더십을 기독교 역사 바깥으로 빼 버리는 일은 불가능하다. 우리가 이를 잊거나 무시할 수는 있으나, 역사적 현실을 없앨 수는 없다. 여성의 종속에 관한 주장도 하나님의 명령에서 비롯된 것이 아니라 역사적 상황의 변화에서 비롯된 것이기에, 이런 주장을 일관되게 유지하기도 불가능하다. 여성 리더십을 계속해서 배제하려면 이를 정당화할 새로운 이유가 나와야 할 것이다. 제마르 티스비Jemar Tisby가 날카롭게 지적하듯 "인종주의는 사라지지 않았다. 그저 상황에 적응했다."[30] 가부장제도 똑같다. 인종주의처럼 가부장제도 마치 항상 그 시대에 속했던 것처럼 보이기 위해 각 시대에 맞춰 순응하며 변신한다. 18세기와 19세기는 남성과 다른 여성의 특수성을 강조했고, 이런 특수성을 이용해 여성의 종속을 정당화했다. 경건

수사법이 여성을 "집의 천사"로 묘사했고 여성의 역할을 가정의 수호신이라 말하며 감상적으로 다루었다.[31] 여성이 주로 가정에 배치되면서 가정 바깥에서 여성의 노동은 가치가 떨어졌다. 이런 방식으로 고용주들은 여성에게 남성보다 더 적은 임금을 주는 것을 정당화했고, 따라서 여성은 고용 시장에서 남성과 경쟁할 가능성이 줄어들었을 것이다. 또 여성은 정치 영역 바깥으로 밀려났고, 남성은 여성의 간섭 없이 통치할 수 있었다. 다시 한번 기독교 가부장제가 더 넓은 세계로 쏟아져 나오면서, 여성의 기회는 한층 더 한정되었다.

20세기 초에 이르자 여성을 옹호하는 이들이 남성과의 생물학적 차이만으로 여성을 분류해서는 안 되며 인간이라는 동등성으로 이해해야 한다고 주장했다. 도로시 세이어즈는 1938년 그녀의 에세이 "여성은 인간인가?"에서 다음과 같이 쓴다. "여성도 남성만큼이나 평범한 인간이어서 개인마다 기호가 다르고 따라서 자신의 기호와 선호를 가질 권리가 남성과 동일하게 있다." 우리가 성 때문에 여성을 차별할 때, 우리는 여성을 대상화하며 그들의 인간성을 거부하는 것이다.[32]

세이어즈 같은 사상의 영향력에도 불구하고, 기독교 안의 가부장제는 20세기 동안 맹렬히 스스로를 주장했다. 성경적 여성을 복음의 진리로 봉인하는 데 도움을 준 두 가지 중대한 변화가 복음주의 신학에서 발생했다. 그것은 바로 무오성 옹호와 아리우스주의Arianism의 부활이다.

성경의 무오성 옹호

나는 아직도 성경을 들고 손짓하며 칠판 앞에 선 그녀가 눈에 선하다. 내가 교회 학교 학생이었을 때 그녀는 아침마다 우리 반을 가르쳤다. 그녀는 여성들의 성경 공부를 지도했고, 많은 젊은 여성에게 조언하며 그들을 이끌었다. 내가 몇 살이었는지, 고등학교 1학년이었는지 2학년이었는지는 정확히 기억나지 않는다. 그러나 그녀의 주장을 기억한다. 그것은 내게 깊이 각인되었다. "만일 창세기를, 창조와 홍수를 문자 그대로 받아들이지 않는다면 여러분은 성경의 나머지도 내버리게 될 거예요."

나는 그녀의 말이 성경에서 비롯된 것이 아니라, 20세기 초 미국의 개신교 세계를 집어삼킨 신학 전쟁의 한 양상, 곧 근본주의 대 현대주의 논쟁에서 비롯되었음을 몇 년이 지나서야 알았다. 한번은 학교에서 회의가 끝난 후, 베일러 대학교의 동료 안드레아 터핀을 붙잡아 그 논쟁에 관해 설명해 달라고 했다. 그 설명을 들은 뒤 나는 내가 겪은 복음주의 삶을 더 잘 이해할 수 있었다.[33]

20세기 초 근본주의 대 현대주의 논쟁은 개신교를 자유주의와 보수주의 진영으로 찢어 놓으며, 현대 문화 전쟁의 토대를 놓았다. 자유주의는 선교에 더 보편적인 ecumenical 접근과 전통적 신념들을 현대화할 자유를 원했다면, 보수주의자들은 잠식하는 문화의 압박에서 전통적 신념들을 지켜 내고자 했다. 마거릿 벤드로스가 핵심을 짚는다. "근본주의 대 현대주의 논쟁은 성경적 진리의 본질을 둘러싼 갈등이었다. 근본주의자들에게 진화, 외국 선교 활동 또는 다가오는 천년에 관한 모든 논의가 단 하나의 원리로 압축되었다. 그들은 하나님의 말이라면 전적으로 신뢰해야 한다고 주장했다."[34] 근본주의 대 현대주의 논쟁으로, 복음주의자들은 과학과 역사의 영역을 포함한 모든 부분에서 성경이 오류 없이 완전하다는 성경 무오성이 중요함을 굳건히 고수했다.

많은 이에게 무오성은 성경이 오류가 없을 뿐 아니라, 진리가 되려면 오류가 **없어야만 한다**는 것을 의미했다.[35] 나의 청소년 시절 교회 학교 교사처럼 복음주의 지도자들은 무오성이라는 무기를 장착하기 위해 미끄러운 비탈길 같은 사고방식을 장착했다. 만일 우리가 성경의 창조 기사를 신뢰하지 않는다면, 우리가 어떻게 예수님의 성경 이야기를 신뢰할 수 있겠는가? 그들은 이렇게 주장했다. 문자 그대로 그리고 완전한 형태로 성경을 믿든가 믿지 않든가, 둘 중 하나였다. 핸킨스가 쓰듯 이러한 선택지를 제시하고 "선택하도록 강요"했을 때 그토록 많은 20세기 복음주의자가 무오성을 선택했다는 사실은 전혀 놀랍지 않다.[36]

1980년대와 1990년대에 남침례교회에서 자라면서, 나는 솔직히 무오성이 침례교 사상인 줄 알았다. 실제로는 프린스턴 신학교의 칼뱅주의 신학자들이 무오성 격론을 주도했다는 사실을 알고 얼마나 놀랐는지 모른다. 칼뱅주의와 무오성의 연관성은 칼뱅주의와 상호보완주의의 연관성을 더 잘 이해하도록 도움을 주었다. "여성들의 종속이 창조 질서에 내재되었다"는 그들의 신념 때문에 "칼뱅주의자들은 여성의 지위가 사회적으로 향상될 가능성에 대해 조심스럽게 낙관할 뿐이었다"라고 벤드로스는 설명한다. 하나님은 여성을 종속되고 가정적인 존재로 선택하셨고, 남성을 지적이고 공적인 존재로 선택하셨다. 설교하는 여성들은 단순히 "골칫거리들"이었다.[37]

사실 20세기 초 무오성 강조는 여성을 희생시킴으로써 남자 설교자의 권위를 높이려는 광범위한 시도들과 밀접하게 연관된다. 우리가 살폈보았듯 19세기 후반에서 20세기 초반 미국에서 설교하는 여성들은 여러 곳에서 다양하게 등장한다. 그들은 복음 전도자와 지도자로 선교 현장에서 쏟아져 나왔고, 오순절 계열과 근본주의 교파들에서도 설교자의 명성을 쌓았다. 이런 여성들이 두드러지자, 무오성 가르침도 부상했다. 그리고 이런 가르침은 여성을 다룬 바울의 구절들을 문자 그대로 읽어 불변의 진리로 변형하면서, 여자의 권위를 떨어뜨리고 남자의 권위를 뒷받침했다.[38]

프린스턴 신학교의 교수인 워필드 B. B. Warfield는 1920년 "우리는 바울의 말을 좋아할 수도 있고 좋아하지 않을 수도 있다"라고 말하며 "그러나 그의 말에는 의심의 여지가 없다"라고 주장했다.[39] 신성하게 제정된 가부장제를 견고히 지켜 내겠다는 그의 말은 루이스 볼 여사처럼 설교하는 침례교도 여성들에게 종말을 알리는 소리로 들렸을 것이다. 무오성 개념은 "여자는…잠잠하라" 또는 "여자가 가르치는 것…을 허락하지 아니하노니"의 '있는 그대로, 문자 그대로' 해석을 반박하기 점점 어렵게 만들었다. 성경을 믿는 것과 성경의 '있는 그대로, 문자 그대로' 해석을 믿는 것 사이의 경계가 모호해졌다. 만일 에베소서 5장이 아내에게 자기 남편에게 복종하라고 말한다면 있는 그대로, 문자 그대로의 해석은 아내가 자기 남편에게 복종해야 한다고 강요했다.

이처럼 복음주의자들은 가부장제에 세례를 주었다. 여성은 더는 설교하지 못했고 복종해야 했다. 여성의 몸에 너무 결함이 많거나 정신이 너무 약해서가 아니었다. 하나님이 바울의 무오한 글을 통해 이를 명령하셨기 때문이었다. 이런 성경적 진리들을 의심하는 사람은 성경의 진리 자체를 의심하는 것과 같았다. 무오성은 가부장제의 궁극적 정당성을 도입했다. 여성을 다룬 바울의 본문들을 있는 그대로, 문자 그대로 해석하기를 저버린 그리스도인들은 성경의 정통성이라는 절벽에서 내던져질 것이었다.

남침례교회에서 자랐으며 어른이 된 후 보수 복음주의 교회에 남겨진 사람들처럼, 나도 무오성이 두려움의 분위기를 형성하는 것을 경험했다. 성경의 정확성을 묻는 어떤 질문이든, 믿음의 연약한 짜임새가 풀려 버리지 않도록 완벽하게 대답을 얻거나 완벽하게 거절을 당했다. 예를 들어 남편의 해고 후 우리 견해를 회중들과 직접 공유하게 해 달라고 장로들에게 간곡히 부탁했지만, 이는 결코 허락받지 못했다. 한 장로에게 이메일을 보내 우리가 걱정하는 바를 전달했고(그 이메일은 우리의 허락 없이 다른 사람들에게 전달되었다) 그 후 일정 기간 안에 서면으로 답신을 주겠다고 들었다. 그러나 직접 대면하여 일어난 일은 사실상 해고였다. 마침내 남편은 한 장로에게서 이런 대답을 들었다. 단순히 장로들이 우리 견해를 고려하지 않을 것이기 때문에 우리가 이 견해를 직접 공유할 수 없을 거라고 했다. 만일 장로들이 여성도 남성(예를 들어 교회 학교 10대 소년들)을 가르치거나 남성에 대한 권위를 갖도록 허용할 것인지에 대해 고려했다면, 이는 곧 문화적 타협으로 "미끄러운 비탈길"에 들어서는 것이었다(이 표현은 실제로 사용되었다).

무오성을 위한 복음주의의 싸움은 처음부터 성별과 떼려야 뗄 수 없었다. 크리스틴 코브스 듀 메즈는 특히 남침례교에서 침례교 여자 신도가 증가하면서 어떻게 남자의 머리됨에 문제가 제기되었고, 이런 직접적인 도전이 보수 침례교 지도자들을 수세에 몰아넣었는지를 설명한다.[40] 20세기 말 무오성은 그 자체로 중요했다기보다 여성을 설교단 바깥으로 몰아낼 방법을 제공해 주었기 때문에 중요해졌다. 이 방식은 극도로 잘 작동했다.

성경적 여성이 복음의 진리로 바뀌는 마지막 단편을 마주할 준비가 되었는가?

일단 커피 한 잔 들고 시작하자.

아리우스주의의 부활

그 일요일 아침 만일 커피를 들고 있었다면 분명 바닥에 떨어뜨렸을 것이다. 지금 같았다면 거의 의자에서 미끄러졌을 것이다. 그 목사의 눈에 잘 띄는 자리에 앉아 있었으니 좋은 장면은 아니었을 것이다. 그러나 정말로 나는 그가 이단적 사상의 설교를 하는 것을 들었다. 나는 **이단**이라는 단어를 가볍게 사용하지 않는다. 내가 들은 우리 교회 목사의 입에서 나온 말은 교회 역사 내내 반복적으로 여러 차례 이단적 사상이라고 선포되었던 내용이었다. 그러나 21세기 복음주의 목사는 대담하게도 예수님이 영원토록 성부 하나님께 종속된다고 선포했다. 4세기 교회의 교부였던 아타나시우스Athanasius는 이 진술을 지지한 사람이라면 그리스도인이라고 인정하기를 거부했을 정도로 심각한 이단적 사상이다.[41]

이단.

나는 다른 사람들의 반응을 기대하며 주위를 둘러보았다. 우려하는 이가 아무도 없는 듯 보였다. 남편은 아직 오지 않았다(그는 예배 진행을 위한 작업을 자주 도왔다). 나는 어쩔 수 없이 계속 들었다. 내가 뭘 잘못 들었나? 정말 그랬으면 했다.

잘못 들은 게 아니었다. 그 설교는 여성 종속에 대한 주장이 삼위일체 교리를 다시 쓸 만큼, 너무 멀리 가 버린 상황에 경종을 울렸다.

그러나 이단을 말하기 전에 역사적 맥락부터 다루어야 한다. 제1차 세계대전과 제2차 세계대전, 남성들(그리고 몇몇 여성)이 싸우는 동안 수많은 여성은 집 바깥에서 일했다. 그러나 전쟁이 끝나자 그 규칙이 바뀌었다. 전쟁에서 돌아온 병사들을 수용하기 위해 여성은 직장에서 밀려났고, 가정주부라는 여성의 역할을 강조하기 위한 수사학이 다시 한번 시작되었다. 캐서린 프렌치와 앨리슨 포스카는 여성 종속이라는 오래된 법이 전쟁 후에 어떻게 부활했는지를 잘 보여 준다. 이 법들은 여성을 남편이 가진 가정의 권위 아래에 두었고(고대 로마가 그랬듯!), 결혼하고 아이들을 낳은 여성에게 보상했으며, 심지어 여성이 집 바깥에서 일하고 이혼 소송을 제기하지 못하게 제한했다. 프렌치와 포스카는 "전쟁을 치르는 동안 직장에서 여성들이 중요한 일을 맡았음에도, 정부 정책들은 전쟁 이전의 결혼 및 출산 장려 정책으로 재빠르게 되돌아갔다."[42]

그러나 여성들은 이전 방식으로 돌아가는 데 관심이 없었다. 참정권 운동이 숨 막히는 가정성 숭배의 시기에 탄생했듯, 현대 페미니즘도 제2차 세계대전의 여파로 탄생했다. 여성은 바깥에서 일하기 위해, 남성과 동등한 교육을 받기 위해, 남성과 같은 법적 권리를 갖기 위해, 심지어 하나님이 부르실 때 복음을 선포하기 위해 싸웠다.

바로 이때 내가 막 설교로 들은 이단적 사상이 기독교 역사에 다시 등장하기 시작했다. 심지어 C. S. 루이스도 이에 대해 충분히 주의를 기울이지 않고 다루었다.[43] 이 이단적 사상은 성자가 성부에게 영원히 종속된다고 말한다. 20세기 말에 이 이단은 새롭게 탈바꿈한다. 예수님이 영원토록 성부 아버지에게 종속되므로, 아내도 영원토록 자기 남편에게 종속된다고 말이다.[44] 브루스 웨어Bruce Ware가 어린이들을 위한 그의 신학책 『부모와 함께 하는 청소년 교리 교실』Big Truths for Young Hearts에서 성부와 성자의 관계를 어떻게 설명하는지 들어 보자. "성부의 아들로서 예수님은 항상 그분 아버지의 권위 아래 산다. 과거와 현재, 미래의 모든 시간에…성자는 항상 그분의 아버지 아래 서서 성자의 뜻을 행한다. 예수님은 성부가 그분에게 하기를 바랐던 일을 정확히 행하면서 지극히 큰 기쁨을 취한다. 성자는 이에 대해 분노하지 않는다. 그분은 통제하는 자가 되지 않기를 바란다."[45] 웨어의 말을 따른 그 삼위일체 사상은 위계를 지닌다. 성자는 영광과 권능에서 성부와 동등하지만, 성자는 그분의 역할에서 동등하지 않다.

"성자의 영원한 종속"이라 불리는 이 가르침이 복음주의 세계에 침투했다. 에이미 버드Aimee Byrd는 2001년 성경적 남성과 여성 위원회 문서가 "성자, 곧 삼위일체의 두 번째 인격이 구원의 섭리뿐 아니라 그분의 본질에서도 성부에게 종속된다"라고 가르쳤다고 설명한다.[46] 또한 오언 스트라한이 최근에 자기 신간을 그녀에게 보냈는데, 이 책은 "삼위일체의 본질에서 권위와 복종의 관계를 근거로 남성과 여성의 상호보완성을 이해"하는 위원회의 논리에 근거한다.[47]

이미 많은 복음주의자가 성자의 영원한 종속이 기독교 정통성의 경계를 벗어난 가르침임을 깨닫지 못할 만큼 개조되었다는 사실에서 나는 두려움을 느낀다. 상호보완주의자들은 설교하는 여성이 기독교 정통성에서 위배된다고 주장할지 모르나, 성자의 영원한 종속이야말로 정말 기독교 정통성에 위배된다. 철학 교수 필립 케리Phillip Cary가 썼듯이 성 평등주의자들이 "여성 서품과 같은 동방정교회나 로마 가톨릭 전통에 동의하지 않는 것은 보수 복음주의자들이 삼위일체의 위대한 전통을 저버린 것과 비교할 때 미미한 수준이다."[48] 삼위일체 가르침은 정통 기독교의 중심이다. 그리고 상호보완주의자들은 맹목적으로 여성을 통제하려고 애쓰는 동안, 하나님의 진리를 인간에게서 기원한 성 위계와 맞바꿔 버렸다.

교회 역사가이므로 나는 성자의 영원한 종속이 아리우스주의임을 바로 알아차렸다. 4세기 이집트 알렉산드리아에 사는 한 사제가 성자는 성부와 다른 실체이며, 이는 성자가 성부 하나님에게 종속된 역할을 가졌음을 의미한다고 설교하기 시작했다. 성부 하나님이 지시했고, 성자 하나님이 이 지시에 복종했다. 기독교 세계의 다른 모든 사람은 아리우스Arians가 가르치는 내용을 소문으로 들었고, 공포에 휩싸였다. 만일 예수님이 성부 하나님과 동일 본체가 아니라면, 그분의 십자가 죽음이 죄를 덮을 수 없었을 것이다. 오직 하나님만 구원할 수 있으며, 만일 예수님이 온전한 하나님이 아니었다면 그분의 죽음과 부활은 무엇을 의미했단 말인가? 케빈 자일스Kevin Giles가 쓰듯 "성자가 성부와 **다른 존재**라고 주장함으로써, [아리우스는] 성자 하나님의 완전한 신성을, 곧 그리스도 안에서 하나님의 계시에 대한 진실성 그리고 남성과 여성의 구원 가능성에 이의를 제기했다."[49] 구원 자체가 위태로워졌다.

그래서 초기 그리스도인들은 아리우스의 가르침을 반박하고자 325년 니케아 공의회를 개최했다. 그들은 일방적으로 아리우스주의를 이단으로 보고 거부했다. 그들은 니케아 신조가 밝히듯 예수님은 성부 하나님과 동일 실체, 곧 "빛에서 나신 빛"이라고 선언했다. 삼위일체는 한 분 안에 세 분이 계신 것이지, 둘 또는 셋이 따르는 한 분이 아니다. 실제로 아리우스주의의 함의가 너무나 두려웠던 나머지 니케아 공의회는 "의도적으로 종속주의적 표현을 전부 배제했다." 삼위이신 하나님 안에 위계가 없음을 확언했고, 381년 콘스탄티노플 공의회가 이를 다시 확언했으며, 500년 아타나시우스 신경으로 한 번 더 확언했다. "우리는 삼위 안에서 한 분이신 하나님을, 일치 안에서 삼위를 예배한다. 위격들을 혼합하거나 실체를 분리하지 않는다." 이 의미는 "아무도 더 크거나 작지 않다. 세 위격이 모두 서로 똑같이 영원하시고 똑같이 동등하시다"라는 것이다.[50]

초기 그리스도인들에게 단호하게 주어진 가르침, 곧 삼위 하나님 안에 어떤 위계도 없다는 사실을 현대 복음주의자들은 단호히 잊어버린 듯 보인다. 자일스는 근대 세계 이전의 그리스도인들이 삼위일체의 중요성과 의미에 훨씬 더 익숙했다고 쓴다. 칼뱅도 성자의 종속에 반대했다. 종교개혁은 아타나시우스의 삼위일체 가르침을 받아들이고 장려했다. 불행히도 종교개혁 후 개신교와 가톨릭 모두 삼위일체의 중요성을 가르치는 데 느슨해졌고 종종 잘못된 방식으로 가르쳤다. 자일스가 쓰듯 "19세기와 20세기에 보수 복음주의자들 가운데는 역사를 거치며 발전된 삼위일체 교리에 대해 매우 빈약하게 이해했을 뿐 아니라 때로는 잘못 이해하기도 했다."[51] 이런 보수 복음주의자들이 (삼위일체를 "빈약한" 것으로 "잘못" 이해한 것과 더불어) 아리우스주의를 부활시켰음은 놀랄 일도 아니다. 이 복음주의자들은 하나님을 더 닮기 위해 노력하는 대신 하나님이 우리를 더 닮아 보이게 만들기 위해 싸웠다.[52]

복음주의자들이 무오성으로 돌아섰던 것과 같은 이유로

아리우스주의를 부활시켰다는 사실 또한 놀랄 일이 아니다. 만일 예수님이 성부 하나님에게 영원히 종속된다면, 여성 종속은 정당화하기 훨씬 쉬워진다. 무오성처럼 아리우스주의는 기독교 가부장제를 위한 완벽한 버팀목, 여성 평등성을 반박할 완벽한 무기로 드러났다.

여전히 이단이라는 점만 제외하고, 아리우스주의는 다시 포장되었다.

그리스도의 종속적 지위에 대한 가르침이 4세기부터 9세기까지 지속되었고 때로 번성했음은 사실이다. 아리우스주의는 너무 빨리 퍼져서 빠르게 제압할 수 없었다. 325년 니케아 공의회는 예수님이 똑같이 영원하시며 성부와 동일 실체이시라는 가르침을 거부한 사람들을 "파문했다." 그러나 (이베리아의 중세 왕국을 통치했던) 서고트족의 레카레드왕 king Reccared 은 587년까지 아리우스주의에서 전향하지 않았으므로, 니케아의 기독교가 널리 수용되기까지는 꽤 더뎠다.[53]

그렇지만 아리우스주의가 항상 이단으로 여겨졌다는 것 또한 사실이다. 핸슨 R. P. C. Hanson 이 그의 책 『기독교 교리 연구: 318-381년 아리우스 논쟁』 *The Search for the Christian Doctrine of God: The Arian Controversy, 318-381* 에서 쓰듯 아리우스주의는 "불평등한 두 하나님, 곧 인간이 경험할 수 없는 높은 하나님 그리고 말하자면 더러운 일을 처리하는 더 작은 하나님"을 가르쳤다.[54] 오늘날 많은 현대 복음주의자가 이를 계속해서 비난하듯 초기 그리스도인들도 이를 비난했다. 버드는 상호보완주의 지도자들에게 이단적 아리우스주의가 부활한 현상에 관심이 쏠리도록 자신이 어떻게 도왔는지 이야기해 준다. 그 결과 2016년 니케아의 기독교를 지지하고 성자의 영원한 종속을 비판하는 학술회가 개최되었다.[55]

그런데도 이미 피해가 발생한 것 같아서 걱정이다. 보수 복음주의 지도자들은 전통적인 가족 가치를 유지하고 페미니즘을 피하면서 오래전의 이단으로 전향했다. 그들은 복종과 권위에 대한 사상을 하나님의 본성에 박아 넣었고, 이미 무오성과 여자의 복종을 한데 엮어 믿고 있는 똑같은 복음주의자들인 그들의 회중이 흡수한 가르침에 쏟아부었다. 복음주의자들은 성경적 여성이 하나님 말씀을 믿는 우리의 신뢰와 연결될 뿐 아니라 하나님 그분 자체에 내재되어 있다고 배웠기 때문에, 성경적 여성만이 유일한 선택이라고 믿는다. 여자들은 예수님이 종속적이므로 종속적이다. 참으로 복음 진리다.

성경적 여성의 문제

연한 파란색과 초록색 조명이 거의 다 벗겨진 벽을 비췄다. 나는 아직도 그 빛이 스테인드글라스의 색상들로 연설자의 몸을 감싸면서 그녀의 얼굴에 비췄던 것을 기억한다. 큰 무대 한가운데 서 있는 그녀는 너무 작았다. 그녀의 책 『착한 소녀들은 세상을 바꾸지 못한다』 Nice Girls Don't Change the World를 읽는 그녀의 목소리도 너무 작고 머뭇거렸다. 그녀는 린 하이벨스 Lynne Hybels 였다. 2007년 당시 모든 이가 그녀의 남편 윌로우 크릭 커뮤니티 교회 Willow Creek Community Church의 창립 목사를 대단히 좋아했다.

그런데도 11월의 그날, 대다수는 그녀에게 귀 기울이지 않았다. 세인트루이스에서 열린 전국 청소년 노동자 대회였고 거의 점심시간에 가까웠다. 모두가 허기졌다. 내 앞의 좌석 전체가 꽤 시끄럽게 일어서더니 자리를 떠났다. 내 옆에 앉은 거의 모든 이도 점심 특선 메뉴를 알리는 무례하고 시끄러운 소리를 들으면서 떠났다.

나는 움직이지 않았다.

린 하이벨스가 나를 완전히 사로잡았다. 그녀는 적어도 내 역사가로서의 정신에서 베티 프리던Betty Friedan을 연상시킬 만한 충격적인 말을 하고 있었다. 프리던이 1963년 그녀의 유명한 책 『여성성의 신화』 The Feminine Mystique, 갈라파고스에서 이름 없는 미국 가정주부들의 문제를 묘사했다면, 하이벨스는 기독교 여성들의 문제, 곧 성경적 여성의 문제를 묘사하고 있었다.

미국 기독교에서 가장 강력했고 존경받았던 목사의 아내인 린 하이벨스는 자신의 책에서 발췌한 문장들을 읽으며, 자신이 가짜였다고 고백했다. 미국 복음주의에서 자란 여성으로서 그녀는 모든 것을 바르게 해 왔다. 그녀는 올바른 믿음을 주장했고 올바른 선택을 했다. 그녀는 심지어 목사와 결혼했고 좋은 그리스도인 아내이자 어머니가 되었다. 그러나 서른아홉의 나이에 그녀는 자신이 심각하게 우울하다는 사실을 깨달았다. 그녀는 상담사에게 "저는 다른 사람들을 행복하게 해 주려 열심히 일했지만, 너무 비참해서 죽고 싶어요"라고 말했다고 한다.[56]

거의 마흔이 다 되어서 하이벨스는 하나님이 그녀를 부르신 모습대로 변해 가는 것이 아니라, 그리스도인 소녀들이 되어야 할 모습에 관한 가르침이 담긴 대본대로 살아왔음을 깨달았다. 이 대본은 여성의 가장 높은 소명이 남편과 아이들의 삶을 향상시키는 일이라고 가르쳤다. 이 대본은 여성에게 자기를 없애고 복종을 실천하라고 가르쳤다. 이 대본은 여성에게 가족을 위해 개인의 욕망과 꿈을 억누르라고 가르쳤다. 이 대본을 쫓아 사는 동안 하이벨스의 삶은 페이스북에 올라오는 소식들이 대개 그렇듯, 외적으로는 완벽하나 속은 엉망진창으로 변했다.

그 자리에 꼭 붙어 앉아 들으면서 구체적인 내 삶의 조각들이 하나씩 떠올랐다. 역사가인 나는 성경적 여성이 나머지 인류 역사와 아주 많이 닮았음을 알았다. 여성을 남성보다 못한 존재로 정의하면서 억압하고 학대했다. 그러나 여전히 나는 여성과 남성은 신성하게 제정된 성 역할을 감당하도록 부름받았다고 믿고 있었다. 그래서 언제나 나는 내게 문제가 있다고 판단했다. 내가 자존심이 너무 강해서 복종하지 못하는 줄 알았다. 적어도 린 하이벨스의 말을 듣기 전까지 나는 그렇게 생각했다.

린 하이벨스의 문제도 나와 똑같았다. 20세기 후반에 자란 여성들, 곧 지도자, 교사, 설교자였던 기독교 여성들의 오랜 역사를 거의 알지 못한 여성들, 아내와 어머니가 되는 일을 기독교 소명의 일부라고 믿었던 여성들, 무오성과 성자의 영원한 종속이라는 새로운 가르침이 부상하는 중에 그 여파 속에서 살았던 여성들, 우리는 성경적 여성이 성경적이라고 믿었다. 심지어 린 하이벨스처럼 여성 사역을 지원하는 교회를 다닌 여성도 여전히 성경적 여성에 대한 복음주의의 가르침에 갇혀 있는 듯했다. 그녀의 말을 들으며 성경적 여성이 "침례교의 신앙과 메시지 2000"의 한 조항 정도가 아님을 깨달았다.[57] 이는 전통적인 가족의 가치를 되돌리는 것 이상이었다. 하나님의 본성과 맞물려 복음의 쟁점이 되었다. 가장 신실하게 남은 자들이 수호하는 영원한 하나님의 진리가 되었다.

복음 연합The Gospel Coalition을 예로 들어 보자. 이곳의 신앙 성명서에 성경적 여성이 포함되어 있음을 아는가? "하나님은 그리스도와 교회의 사랑하는 관계를 반영한 [여성과 남성의] 특수한 역할을 제정하셨다. 남편은 돌봄과 그리스도의 희생적 사랑을 드러내는 방식으로 남편의 머리됨을 수행하며, 아내는 주님을 향한 교회의 사랑을 본보기 삼아 그녀의 남편에게 복종한다."[58] 존 파이퍼와 팀 켈러Tim Keller는 상호보완주의가 구원에 필수적이지 않다는 데 동의했으나, 그들은 이것이 복음의 매우 중요한 측면이며 복음을 적절히 이해하는 데 필수라고 주장했다. 켈러는 "이는 우리가 성경을 이해하는 방식, 그래서 복음을 이해하는 방식에 영향을 미친다. 평등주의 입장을 위해 여지를 남기려는 많은 사람이 우리가 성경을 읽는 방식에 어떤 식으로든 영향을 미친다. 이는 성경에 대한 우리 이해를 느슨하게 만든다."[59] 켈러는 성경적 여성에 동의하는 이들만 복음을 온전히 이해할 수 있다고 암시한다.

오늘날 우리가 알고 있는 성경적 여성은 완전히 형성된

것이다. 여성은 항상 남성에게 종속되었음을 역사가 보여 주었고 (가부장제), 여성은 남성에게 복종해야 한다고 신약성경이 확인해 주었으며(바울), 아내와 어머니 역할의 중요성과 존엄을 종교개혁이 복구했고, 이제 우리는 여성 종속이 복음의 진리라고 확신하며 선언한다. 여성은 여자라는 몸의 목적을 따라 가정성과 종속을 위해서 남성과 구별되게 창조되었다. 여성 종속은 심지어 하나님 그분의 계획을 반영한다. 예수님이 성부 하나님에게 종속되었듯 아내도 자기 남편에게 종속되어야 한다. 성경은 분명히 여성 복종을 설교하므로 만일 우리가 이 때문에 성경을 믿지 않는다면 성경의 진실성 전체를 의심할 것이다.

이단에 대한 정의가 바뀌었다.

이제 여성이 남성에게 종속된다는 복음의 진리에 저항하면 이단이 된다. 건방지게도 여성이 교회 학교 고등부에서 가르치도록 허락해 달라고 한 남편과 내가 이단이 되었다. 우리는 미끄러운 비탈길이었다. 우리가 해고당한 것은 당연했다. 우리는 그리스도의 복음에 위험 요인이었다.

여덟

여성이 해방될 시간

2017년 10월 15일이었다. 나는 개 때문에 뒤뜰로 나가는 뒷문을 열어 둔 채 부엌에 서 있었다. 개는 뒤뜰에서 돌아다니고 있었고, 나는 폰을 들어 트위터 화면을 내리기 시작했다. 곧 그 트위터 글을 보았다. 얼리사 밀라노 Alyssa Milano의 글을 친구 하나가 리트윗했다. "만일 성추행이나 성폭행을 당하셨다면, 이 트위터 글에 '미투'me too라고 답해 주세요."[1]

나는 한동안 그 글을 바라보았다. 나도 "미투"라고 답하고 싶었고, 나흘 후 그렇게 했다. 그러나 곧 크리스틴 코브스 듀메즈가 블로그 "참회의 자리"Anxious Bench에 올린 글 "미투, 그리고 이는 왜 기독교의 문제인가"를 트윗하면서 물었다. 나는 "#미투"라고 적었다. "고마워요. @kkdumez 이것은 기독교의 문제예요."[2] 아마 대다수는 내가 남긴 #미투의 의미가 문자 그대로 **나도 그랬다**임을 놓쳤을 것이다. 나는 아직 충분히 용감하지 못했다.

나는 여태껏 상호보완주의 안에서 겪은 내 경험 가운데 두 번째로 어두운 이야기를 말했다. 내 남편이 우리 교회에서 여성의 역할에 대해 문제를 제기한 후 해고된 경위를 말했다. 나는 그 경험이 우리 가족에게 초래한 고통과 충격을 슬쩍 보여 주었다. 어떻게 이런 경험이 내 침묵을 멈추게 했는지, 상호보완주의의 역사적 진실을 말하게 했는지 말했다.

그러나 아직 내 가장 어두운 이야기를 꺼내지는 않았다.

나는 빌 가서드라는 이름의 유명한 보수 연설가가 이끄는 일련의 저녁 세미나에 어떻게 초대받아 갔는지는 말하지 않았다. 나는 거기에 갔다. 나는 가서드가 설립한 삶의 기본 원리 교육원Institute in Basic Life Principles이 이미 여러 추문과 학대 고발로 골머리를 앓고 있는 줄 몰랐다. 나는 하나님의 완벽한 계획은 "남성들의 권위주의적 통치"에서 가장 잘 표현된다는 가서드의 가르침이 위험해질 수 있다고 생각하지 않았다.[3] 나는 나를 초대한 젊은 남성이 아내가 남편에게 전적으로 복종해야 한다고 강조한 가서드의 가르침을 어떻게 내면화할지 또는 그가 그런 가르침을 연애 중인 우리 관계에 어떻게 적용할지 생각하지 않았다. 가서드의 가르침에 따르면 우리는 연애한 것이 아니다. 우리는 구혼한 것이었고, 이는 우리 미래가 결혼임을 의미했다. 나는 가서드가 가르치는 하나님이 제정하신 "명령의 사슬"에 관해 들으면서, 이 젊은 남성이 학대자가 될 수 있다고 생각하지 않았다.

남침례교회에서 자란 젊은 여성이었던 나는 성경적 여성에 관한 많은 가르침을 내면화했다. 케이트 보울러는 "내 경험에 따르면 복음주의 소녀들은 작은 세부 사항들에서, 곧 자신이 용인된다는 느낌 때문에 겪는 격려와 좌절의 짧은 순간들로, 그들 자신의 영적 권위가 제한되었음을 배운다"라고 쓴다.[4] 이는 내 경험이기도 했다. 나는 쉽게 영향받는 청소년처럼 여성은 약하고 남성은 강하다는 『영원한 사랑』에 나온 제임스 돕슨의 관점을 믿었다. 그래서 나는 나를 분노하게 한 경험들이 나를 강하게 하리라고, 내 세상과 더불어 모든 것이 제자리를 찾으리라고 소망하면서 계속 내 남자 친구를 만났다.

  그렇게 되지 않았다. 나는 산산조각 났고, 탈진했고, 하나님 때문에 지쳐 버렸다. 나는 더는 교회에 대해 신경 쓰지 않았다. 내가 출석하던 보수 교회 설교자의 말에는 하나님 말씀의 권위가 가득하다고 생각했다. 그 말들은 내가 더는 원하지 않는 미래를, 그렇지만 전혀 도망칠 수 없다고 느껴지는 미래를 써 주었다. 나는 구약성경에서 남편을 주인으로 추대하고, 아내이자 어머니의 역할을 받아들여 칭송받는 여인이었던 사라처럼 되어야 했다. 하지만 나는 거절당해서 두려움에 떠는 하갈과 같다고 느꼈다. 몇 년 후 2019년에 레이철 덴홀랜더Rachael Denhollander가 남침례교에 와서 연설할 때, 그녀가 하는 말에서 나는 내 경험을 고스란히 발견했다. "조용히 해야 하고 복종해야 한다는 여성의 본분을 가르치는 설교를 내가 수백 번, 말 그대로 수백 번을 들었다는 사실이 큰 의미가 있다고 생각합니다"라고 그녀가 말했다. "저는 여성의 목소리를 소중히 다루는 방식을 들은 적이 없습니다. 성폭행 이슈에 대해 들은 바가 없습니다."[5] 그 세월 동안 단 한

번도 나는 학대 관계에 반대하는 설교자의 목소리를 들은 적이 없었다. 단 한 번도 가부장적 권력 위계에 내재한 위험에 대해 목사는 말한 적이 없었다. 내가 들어 온 말이 레이철 덴홀랜더가 들은 말과 같았다. 여성은 아내이자 어머니이며 순종하고 침묵하는 존재다.

나는 모든 정신을 집중해서 내 삶을 유지하는 데만 신경 썼다. 친구와 〈적과의 동침〉Sleeping with the Enemy을 보려 했던 그날 밤이 아직도 기억난다. 1991년에 개봉한 이 영화에서 줄리아 로버츠는 육체적으로 학대당하는 아내로 나온다. 나는 그 자리에서 일어설 수밖에 없었다. 정곡을 찔린 듯했다. 나는 내가 겪은 일들이 실제로 벌어지지 않은 체하면서, 정신적으로 나를 다스리는 데 너무 능숙했다. 그러나 줄리아 로버츠가 맡은 영화 속 인물이 폭력적인 남편의 성질을 건드리지 않으려 부엌 찬장의 음식 통조림들을 가지런히 정리하는 장면을 보면서, 내가 맺은 관계의 가혹한 현실을 보았다.

어느 날 밤, 유난히 무섭게 느꼈던 만남 후에 나는 우리 집 안전한 곳으로 도망쳤다. 나는 손이 너무 떨려서 방문을 잡기도 어려웠고 복도에 주저앉았다. 그 관계가 잘못되었음을 알았다. 끔찍하게 잘못되었다. 이를 오래전부터 알고 있었다. 내 가족이 보여 준 모습과 근본적으로 달랐기 때문에 알 수밖에 없었다. 내가 성경에서 본 모습과 근본적으로 달랐기 때문에 알 수밖에 없었다. 나는 예수님이 여성을 어떻게 대하셨는지 알았다. 나는 하나님이 언제나 억압당하는 이들, 자기 자신을 위해 스스로 싸울 수 없는 자들을 위해 싸우신다는 사실을 알았다. 나는 하나님이 여성에 대해 말씀하신 바와 빌 가서드 같은 남성의 설교가 다르다는 사실을 알았다. 마침내 내 손의 떨림이 멈췄고, 나는 다시 일어섰다. 복도에 비친 불빛에 그림자 진 문지방의 아주 좁은 공간 위를 밟고 서서, 나는 방문을 열었다. "나를 도와주세요." 나는 기도했다. "여기서 벗어나도록 나를 도와주세요."

다음 날 기적이 일어났다. 그는 전화하지 않았다. 오지도 않았다. 2주 넘게 그는 사라졌다. 지금까지도 그 이유는 모른다. 내가 아는 것은 시간과 공간이 내게 힘을 주었다는 점이다. 그의 목소리가 사라지자, 나는 다시 하나님을 들을 수 있었다. 계속해서 나는 고린도전서를 읽고 또 읽었고, "여자는…잠잠하라"(고전 14:34-35)보다 더 많은 말에 놀랐다. 한때 나를 짓눌렀던 그 두 구절은 더 많은 이야기 덕분에 왜소해졌다. 편지 대화라는 특징과 바울이 그리스도를 따르듯, 회중에게 자신을 따르라고 요청하는 간구가 편지 전체에서 들린다는 것을 깨달았다(10:31-11:1). 바울이 고린도 사람들에게 분열과 분쟁보다 더 훌륭한 길, 곧 그리스도의 영원한 사랑, 끝나지 않는 사랑을 보여 준 13장이 나를 위로했다. 그 2주가 끝나 갈 무렵, 나는 나의 삶에 대한 하나님의 부르심을 어렴풋이 깨달았다. 하나님의 말씀, 친구들과 가족의 보살핌으로 용기를 얻은 나는 떠났다. 절대 뒤돌아보지 않았다.

이것이 나도 겪은 #미투 이야기, 내가 교회에서 겪은 #처치투 #ChurchToo 이야기다.

남편의 해고와 이 경험이 상호보완주의에 대한 지금 내

생각의 틀을 만들었다.

    이 두 가지 충격적인 경험들, 훨씬 최근의 경험과 점점 더 먼 과거로 사라져 가는 이 경험이 내게 상처를 입혔다. 나는 이 상처를 항상 지고 다닐 것이다. 나는 상호보완주의가 주는 최악의 결과를 경험했다. 그러나 나는 상호보완주의를 엮어 낸 역사적 실타래에서 한 올의 가닥을 당기기 시작했고 정말로 의심하기 시작했다. 여러분도 보았듯 나는 가장 큰 속임수에 넘어갔다. 상호보완주의를 고수하는 일이 성경을 하나님의 권위 있는 말씀이라고 믿는 사람들에게 주어진 유일한 선택지라고 이야기하는 거짓말에 속았다.

    결국 바울은 분명 남성은 머리이고 아내는 이에 복종하라고 말한다. 다만 나는 신학적으로 그리고 역사적으로 맥락을 확인해 보면 바울의 말이 오히려 다르게 읽힌다는 사실을 이제야 알았다. 그래서 상호보완주의 가르침에 대한 내 관점이 경험들 때문에 형성되었다면, 학자로서의 연구와 대학 교수로서의 가르침 그리고 나의 개인적이고 전문적인 성경 연구는 이런 가르침을 버리도록 만들었다. 수 세기에 걸쳐 어떻게 기독교 가부장제가 차곡차곡 구축되었는지를 보여 주는 증거가 있다. 수 세기에 걸쳐 어떻게 여성 종속이라는 주장이 하나님의 얼굴보다 역사적 상황을 더 반영하게 되었는지를 보여 주는 증거가 있다. 상호보완주의가 성경 구절들을 이용했다고 해서 성경의 진리를 반영했다는 의미가 아님을 보여 주는 증거가 있다. 여성을 남성의 힘 아래에 두는 가르침의 결과가 남긴 죄악과 그 파괴의 흔적을 보여 주는 증거가 있다. 역사를 통틀어 가부장제의 실체를 언제나 알고 있었고, 예수님이 여성을 해방시키셨음을 언제나 믿었던 여성들이 보여 주는 증거가 있다. 마지막으로 하고 싶은 말이 있다. 이제 우리 모두 자유로워질 때가 되지 않았는가?

그만해야 할 때이므로

한 친구가 이 책의 차례 초안을 살핀 후, 마지막 장에 교회 안 여성에 대한 새로운 비전을 제시하는 신학적 접근을 담았느냐고 물었다. 그 말에 나는 당황했다. 나는 역사가다. 신학자도 아니며 매우 실천적인 역사가다. 사실 그녀의 메시지를 읽자마자 든 첫 번째 생각이 나에 대한 많은 것을 말해 준다. 그 생각이란 밥 뉴하트Bob Newhart가 정신과 의사 스위처 박사Dr. Switzer 역할을 맡은 〈매드TV〉라는 코미디 프로그램의 콩트에 관한 것이었다. 의사 스위처는 환자의 문제와 상관없이, 기발한 조언을 던진다. "그만하세요!"라는 단 한마디다. "여봐요." 스위처 박사는 말한다. "제 말은, 산 채로 상자에 갇혀 묻힌 것처럼 두려워하며 살고 싶지 않잖아요? 너무 끔찍하게 들리는데…. 그만하세요!"[6]

아직도 하나님이 성경적 여성을 제정하셨다고 믿는 사람들을 위해 내가 하고 싶은 조언은 스위처 박사의 말이다. 그만하세요! 우리는 그리스어 문법과 더 나은 성경 역본 논쟁에 완전히 휘말린 나머지, 예수님이 우리에게 말씀하신 가장 중요한 부분을 잊어버렸다. "네 마음을 다하고 목숨을 다하고 뜻을 다하여 주 너의 하나님을 사랑하라.…네 이웃을 네 자신같이 사랑하라"(마 22:37-39). 우리는 성경에서 예수님이 말씀하신 가장 가혹한 말들이 주변의 평범한 사람들과 죄인들, 즉 제자들이 계속 밀어내려 한 세리와 매춘부, 이방인과 여성에게 하신 것이 아니었음을 잊었다. 성경에서 예수님이 한 가장 가혹한 말들은 자칭 정통 수비대 역할을 도맡은 엄격한 남자 종교 지도자들에게 하신 것이었다. "화 있을진저 외식하는 서기관들과 바리새인들이여, 회칠한 무덤 같으니 겉으로는 아름답게 보이나 그 안에는 죽은 사람의 뼈와 모든 더러운 것이 가득하도다"(마 23:27). 예수님이 바리새파 사람들에게 "그만하라!"고 말씀하신 이유가 그들이 하는 일이 생명이 아닌 죽음으로 이어지기 때문은 아니었을까?

나는 빌 가서드 운동의 가장자리만 스쳤을 뿐이다. 그러나 내 경험상 이 운동은 회칠한 무덤이었다. 젊은 나를 그 무덤 아래 묻어 버릴 뻔했다. 몇 년이 지났고 처음 교직원이 되었을 때 막 박사 과정을 시작한 친구 한 명이 잠시 나를 방문했다. 그는 내 학문과 복음주의 세계 두 곳 모두의 일원이었고, 우리는 뉴스를 가득 채운 (가장 최근) 복음주의 성 추문에 관해 이야기하고 있었다. 나는 그에게 말했다. "상호보완주의와 학대 사이에 연관성이 있다고 생각해." 그는 고개를 저으며 얼굴을 약간 찡그린 채 "그런 증거는 없어"라고 대답했다.

그러나 있다. 우리는 상호보완주의와 학대가 연결된다는 사실을 더는 부인할 수 없다. 존 파이퍼, 앨버트 몰러, 러셀 무어가 그들의 "기독교 가부장제"는 어떻게 다른지 주장하기 위해 방어적 태도를 취했다는 정말 많은 증거가 있다(1장에 나온다).[7] 듀 메즈는 그들의 주장을 반박한다. 그녀는 내 친구가 보지 못했다는 증거, 권위주의적 리더십의 보수 교회 모델이 경직된 성 역할과 결합되어 학대 문화를 조성해 온 증거들을 (시대별·교회별·지도자별로) 제시한다. 이 모델이 모두에게 상처를 입힐까? 당연히 그렇지 않다. 빌 가서드에게 혐의를 제기한 서른 명 이상의 여성만 다쳤을 뿐이다.[8] 아동을 대상으로 한 성적 학대가 성행하는 환경을 조성한 혐의로 소버린 그레이스 사역팀에 집단 소송을 제기한 피해자들만 다쳤을 뿐이다.[9] 20년 동안 남침례교회 안에서 성적 학대를 당한 700명의 피해자만 다쳤을 뿐이다.[10]

나 같은 여성들만 상처 입는다.

복음주의자들이 "가부장제와 복종, 성과 권력을 상호 강화하는 기독교 남성성의 비전"에 대해 설교한다고 듀 메즈는 쓴다. 그녀는 "여성에게 보호를 약속하면서도 아무런 방어 없이 여성을 방치하는 비전, 권력을 숭배하고 정의를 외면하는 비전, 복음서의 예수님을 그들이 만든 이미지로 전락시킨 비전이었다"라고 말한다.[11] 법적 소송이나 뉴스 보도 그리고 피해자들이 제기하는 의혹뿐 아니라, 내 인생의 증인들도 듀 메즈의 말이 옳다고 말해 준다. 위계는 가부장제를 낳고, 가부장제는 성과 권력의 남용을 낳는다. 나는 그웬 카사도스 Gwen Casados의 말을 잊지 못할 것이다. 그녀가 잃은 딸 헤더는 10대 때 교회 성가대에서 성추행당했고, 이후 14년 동안 약물을 과다 복용하고 자살을 시도했다. 그녀는 말했다. "저는 결국 딸을 되찾지 못했어요."[12]

타인의 삶과 생명을 지배하도록 일부에게 권력을 부여한 사회적 체계들이 사람들을 파괴하는 결과를 낳는 상황이 역사적 현실이다. 최근 에드 스테처 Ed Stetzer는 "개혁주의, 상호보완주의, 여성혐오주의의 벤 다이어그램이 겹치는데, 여기에는 상당히 중요한 의미가 있다"라고 말했다.[13] 이는 거다 러너가 1986년에 설명한 가부장제, 군국주의, 위계질서, 인종주의의 벤 다이어그램이 겹친 의미와 같다.[14]

스위처 박사의 조언을 들을 때가 되지 않았는가? "수백만 명의 여성에게 끔찍한 결과를 남긴 성경에 호소하는 일"을 그만둘 때가 되지 않았는가?[15] 백인 그리스도인들은 성경적 여성의 뿌리가 백인 우월주의에서 파생되었음을 인정할 때가 되지 않았는가? 근대 초의 유럽인들은 그들의 백인 우월성을 성경적으로 정당화하기 위해 여성과 흑인의 복종을 옹호해야 했다. 케이티 캐넌 Katie Cannon이 설명하듯 "모든 사람의 동등한 권리를 선호한 사상과 관습은 가치 없고 악한 것으로 분류되었다. 왜냐하면 백인과 흑인 사이의 불평등이 놓인, 소위 말해 신성하게 제정된 구조와 충돌했기 때문이다.…흑인 남성, 여성, 아이를 인간이 아닌 소유물로 취급해야 하는 제도적 틀은 기독교 신앙의 정신과 특징 그리고 인식과 일치한다고 이해되었다."[16] 가부장제는 인종주의와 함께 가며, 항상 그랬다. 흑인이 동등하지 않다고 선언할 때 이용된 성경 구절들은 여성이 리더십에 부적합하다고 선언할 때 똑같이 이용된다. 가부장제와 인종주의는 "서로 얽히고설킨 억압의 구조들"이다. 이제 둘 다 제거할 때가 되지 않았는가?[17]

다시 한번, 기독교를 우리 주변의 세상처럼 보이게 하려는 싸움을 멈추고, 하나님이 바울의 영감을 통해 우리에게 보여 주신 세상으로 보이도록 하는 싸움을 이제 우리가 시작할 때라고 제안한다. "너희는 유대인이나 헬라인이나 종이나 자유인이나 남자나 여자나 다 그리스도 예수 안에서 하나이니라"(갈 3:28).

다시 반격할 때이므로

1948년 7월, 중세 학자이자 탐정 소설 작가가 여성 안수를 위해 싸웠다. 우리는 이미 이 책에서 그녀를 만났다. 그녀의 이름은 도로시 세이어즈이고, 1948년에 친구 C. S. 루이스에게 답장을 썼다. 그는 모두가 사랑하는 나니아 시리즈와 (내가 개인적으로 가장 좋아하는) 『예기치 못한 기쁨』Surprised by Joy, 홍성사의 저자로, 여성 서품을 향한 잉글랜드 성공회의 움직임을 우려했다. 그는 세이어즈에게 편지를 보내, 존경받는 그리스도인 지식인으로서 여성 서품을 반대하는 자신의 편에 서 주기를 요청했다. 그는 "개혁적 움직임에 대한 방어는, 가능하다면 여성이 해야 합니다"라고 썼다. 루이스는 세이어즈가 자기 의견에 동의한다고 확신했다. 어쨌든 루이스는 여성을 교사와 설교자로서 지지했다. 그는 단지 사제라는 성직에 선을 그은 것인데, 이런 입장을 옹호하는 데 여성의 목소리가 특히 유용하리라고 생각했다.[18]

세이어즈는 그렇게 하지 않았다. 그녀는 답장에서 "오히려 나는 당신이 내가 동맹 맺기 불편해한다는 사실을 알게 될까 두

렵습니다"라고 썼다. 그녀는 말했다. "[여성 서품을] 반대하는 논리적이거나 엄밀한 신학적 이유를 결코 찾을 수 없습니다. 사제가 그리스도를 대표하는 한, 말하자면 연극에서 남성이 그 역을 맡는 것이 더 적합하리라는 건 명백합니다. 그러나 만일 저를 궁지로 몰아넣은 채 그리스도가 남자 인간을 대표하는지 아니면 모든 인류를 대표하는지를 단도직입적으로 묻는다면, 저는 '모든 인류의 대표자'라고 대답해야 할 겁니다. 그리고 여성도 하나님의 형상대로 만들어졌다고 말한 성 아우구스티누스의 권위를 가져와야 할 겁니다."[19] 세이어즈는 (설교자와 교사보다 훨씬 적은) 여성 사제를 금지할 논리적·신학적 이유가 존재하지 않는다고 썼다. 그래서 그녀는 루이스의 요청을 거절했다. 그녀는 여성에 대한 자신의 견해를 밝히는 데 침묵하지 않았고, '이마고 데이'*imago Dei*(하나님의 형상—옮긴이)에 기초하는 여성 서품을 위해 싸웠다.

    몇 백 년 전, 또 다른 여성 작가가 비슷한 일을 했다. 우리는 이미 그녀도 만났다. 그녀의 이름은 크리스틴 드 피장이다. 그녀는 15세기에 여성 혐오에 맞서 싸우기 위해 펜을 들었다. 불행한 일련의 사건을 겪은 후 크리스틴 드 피장은 자신이 돈 한 푼 없이 부양할 가족만 있는, 젊은 과부임을 깨달았다. 그녀는 아버지 덕분에 교육을 잘 받은 여성이었고(당시 여성은 대학 교육받는 것이 금지되었다) 프랑스 왕실과 인맥을 쌓았다. 그녀는 곧 전문적으로 글을 쓰기 시작했는데 처음에는 사본 필경사로, 나중에는 전업 작가로 글을 썼다. 시(감상적인 사랑 이야기)와 경건한 종교 글로 시작했다. 이후 1404년 그녀는 결정적으로 큰 기회를 얻었다.

부르고뉴의 필리프 공작 Philip of Burgundy이 동생 샤를 5세 Charles V의 전기를 써 달라고 그녀에게 의뢰했다. 그 이후는 그들이 말하듯, 역사다.

  그녀가 쓴 모든 글 가운데 아마 여성을 옹호한 글이 가장 유명할 것이다. 크리스틴이 살던 세계에서 '베스트셀러'였던 책 가운데 하나는 13세기 『장미 이야기』 The Romance of the Rose였다(그렇다, 중세 사람들도 삼류 로맨스 소설을 읽었다). 이 소설은 장미 봉오리를 찾는 한 젊은 남자에 대한 우화다(명확한 상징이다). 이 책의 원작자 기욤 드 로리 Guillaume de Lorris는 여성에 대한 적대감이 적었지만, 또 다른 작가 장 드 묑 Jean de Meun은 긴 결론에서 여성에 대해 다소 다른 이야기를 본문에 덧붙였다. 실제로 크리스틴 드 피장은 (특히 묑이 수정한) 이 시가 조잡하고 비도덕적이며 중상모략을 꾀하고 여성 혐오적이라고 여겼다. 이 글의 인기가 이 글을 더 끔찍하게 만들었다. (『그레이의 50가지 그림자』 Fifty Shades of Gray, 시공사에 대한 내 느낌과 비슷하다.) 크리스틴이 장 드 묑에 대해 썼듯, "건방지게도 그는 예외 없이 성 전체를 모독하고 비난했다."[20]

  그래서 크리스틴 드 피장은 반격했다. 그녀는 『장미 이야기』의 여성 혐오를 공격하는 일련의 편지를 썼다. 그녀는 대놓고 여성을 옹호하며 여성에게 힘을 실어 주는 친여성적 입장을 취했다. 그녀는 남성이 정당한 이유 없이 여성을 음해하고 학대했다고 비난했다. 그녀는 여성이 자기 삶에서 더 많은 권한을 가져야 한다고 주장했고 어떻게 강해지고 능력을 갖출지, 심지어 남성의 세계에서 어떻게 일해야 할지에 관해 여성들에게 가르쳤다. 그녀는 또한 여성 혐오에 직접 직면했으며 (이후 작품인 『숙녀들의 도시』 *The Book of the City of Ladies*에서처럼) 여성 혐오에 대해 널리 퍼진 부정적 사상을 바꾸기 위해 자신의 글을 사용했다. 학자들은 크리스틴이 실제로 얼마나 진보적이었는지(페미니스트였는지)에 대해서는 의견을 달리하지만, 크리스틴이 여성 발전을 위한 길로써 교육을 옹호했다는 데는 동의한다. 그녀는 여성을 위한 더 나은 교육뿐 아니라 중요하지만, 종종 간과되었던 역사 속에서 수행해 온 여성의 역할에 대한 더 나은 교육을 위해서도 활동했다.[21]

그런데 그녀는 왜 이런 일을 했을까? 『장미 이야기』가 그녀에게 직접 미친 영향은 없다. 그녀는 결실 있는 경력을 쌓았고, 그녀의 가족은 잘 지내고 있었다. 그녀가 이 일에 왜 신경 썼을까? 크리스틴 드 피장은 여성 혐오와의 전쟁이 자기 목숨보다 더 중요함을 깨달았다. 『장미 이야기』가 전하는 태도는 스스로를 위해 싸울 수 없을 실제 여성들에게 영향을 미쳤다. 크리스틴은 『장미 이야기』에 반대하는 한 편지에서 이를 보여 주고자 여성 혐오적 글로 직접 고통받는 한 여성의 이야기를 한다. 그녀는 다음과 같이 썼다.

> 한 기혼 남성이…『장미 이야기』를 복음서처럼 믿었습니다. 이 남자는 질투심이 많았습니다. 격정에 사로잡힐 때마다 그는 그 책을 찾아 아내에게 읽어 주곤 했습니다. 그러고는 폭력적으로 변해서 아내를 때리고 "이런 종류의 속임수들로 당신이 나를 속이는 거군. 이 착하고 현명한 장 드 묑이

라는 선생은 여자가 어떤 일을 할 수 있는지를 잘 알고 있었어"라며 끔찍한 말들을 했습니다. 그리고 그가 적절하다고 생각하는 모든 말이 나올 때마다, 그는 그녀를 두 번 걸어차거나 뺨을 때립니다. 그래서 제가 보기에 다른 사람들이 이 책을 어떻게 생각하든, 이 불쌍한 여성은 이 책 때문에 너무 심한 대가를 치르고 있습니다.[22]

사상은 중요하다. 여성을 남성보다 부족한 존재로 묘사하는 사상은 남성들이 여성을 남성보다 하찮게 여기도록 만든다. 여성을 대상화하는 사상은 여성을 대상(주로 성적 대상)으로 취급하는 결과를 낳는다. 그러므로 많은 그리스도인에게 16세 소녀의 몸을 평가한 (그리고 그들의 웃음과 박수를 끌어낸) 페이지 패터슨이, 수백 명의 여성을 성폭행한 혐의로 연루된 침례교회와 여성의 역할에 대해 같은 이해를 공유했다는 사실은 전혀 놀랍지 않다.[23] 크리스틴 드 피장은 사상이 중요하다는 것을 이해했다. 그녀가 매우 잘 이해하고 있었기에 인기 있는 책에 제시된 사상을 폭력적 결혼 관계에 갇힌 이름 없는 여성의 학대와 연결할 수 있었다. 그녀는 여성을 반대하는 해로운 사상들에 맞서 싸우면서 이 여성을 위해 반격했다.

남침례교 세계에서 자란 그리스도인 여성으로서 나는 크리스틴 드 피장의 말에 동의한다. 그녀는 여성에 대한 학대 행동의 근저에 여성에 대한 육체적·감정적·심리적·경제적 사상이 있음을 깨달았다. 그녀는 우리가 여성 혐오를 인식하든 못하든, 여성 혐오가 우리 모두에게 상처를 주고 특히 경제·교육·인종 심지어 종교에 의해 이미 소외된 사람들에게도 상처를 준다는 사실을 깨달았다. 크리스틴은 그 여성 혐오에 맞서 싸우고자 자신이 가진 것을 사용했다. 하나님이 사랑하시는 사람을 사랑하기 위해서 그리고 여자의 삶을 더 나아지게 하고 '너무 심한 대가를 치르는 불쌍한 여성'의 삶을 돕기 위해서 말이다. 크리스틴은 여성의 삶을 바꾸기 위해 먼저 여성에 대한 사상을 바꿔야 함을 깨달았다.

목사의 아내로서 수년간 상호보완주의 교회에 침묵했지만, 나도 세이어즈의 말에 동의한다. 비록 그녀의 반응이 크리스틴의 『장미 이야기』 공격만큼 극적이지는 않았지만, 세이어즈도 그녀만큼 대담했다. 그녀는 침묵을 거부했다. 루이스에게 보낸 편지에서 여성도 하나님의 형상으로 동등하게 만들어졌고 재능을 갖췄다는 자신의 확신을 굽히지 않았다. 그녀는 여성을 위해 항변하면서, 여성 서품을 금지할 논리적·신학적 이유가 없음을 분명히 밝혔다. 그녀는 친구를 반박하고 친구와 소원해질 수 있다는 것을 알면서도 이 말을 했다. 나는 세이어즈의 용기를 조금 더 일찍 가졌어야 했다. 몇 년 동안 여성의 역사를 연구하고 가르치면서 발견한 어떤 연속성을 크리스틴과 세이어즈 둘 모두에게서 볼 수 있다. 여성은 하나님의 소명을 감당하기 위해 싸우기를 절대 멈추지 않는다는 것이다.

우리가 홀로 선 것이 아님을
기억할 때이므로

1998년에 나는 내 대학원 급료로 살 수 없는 책을 샀다. 그러나 남편이 U2의 새 앨범을 사는 데 50달러를 썼기 때문에 나도 이 책을 샀다. 베벌리 메인 킨슬리Beverly Mayne Kienzle와 패멀라 워커Pamela J. Walker가 편집한 이 책의 제목은 『2천 년 기독교의 여성 설교자들과 예언자들』*Women Preachers and Prophets through Two Millennia of Christianity*이다. 킨슬리와 워커는 설교에 대한 편협한 정의 때문에 기독교 역사 시종일관 설교했던 여성들이 가려졌다고 주장한다. 그러나 교회 기득권층이 그들의 업적을 인정하는지 여부와는 상관없이 여성들은 복음을 전하고 하나님을 섬기는 일을 고집했다. 킨슬리와 워커는 "반복적으로 드러난 여성 설교의 존재는, 권위 문제와 관련하여 기독교 내부에서의 지속적 투쟁과 여성의 목소리가 지닌 불굴의 정신을 증명한다"라고 쓴다.[24] 막달라 마리아부터 발도파 운동의 여성, 우르술라회 수녀, 모라비아교 아내, 퀘이커교 자매, 흑인 여성 설교자 그리고 참정권 운동가까지 역사는 여성이 남성의 승인을 기다리지 않고 하나님의 일들을 해 왔음을 보여 준다. 과거 기독교에서 우리는 여성의 목소리를 들을 수 있으며, 그들의 길에 놓인 온갖 장애물에도 "그녀들은 설교하고 있다."[25]

내 사무실에는 "역사 속에 다시 여자를 써넣자"라는 구호가 적힌 머그잔이 있다. 내 목표는 단지 역사 강의에서 내가 가르치는 이야기를 바꾸는 것이 아니라, 여성이 남성만큼 인간사의 일부임을 알리는 것이다. 내 목표 역시 우리의 과거를 더 정확하게 이해하여 미래를 바꾸는 일이다. 만일 복음주의자들이 크리스틴 드 피장과 도로시 세이어즈 같은 여성들을 기억한다면 어떻게 될까? 만일 우리가 심지어 복음주의 역사에서도 여성들이 항상 지도자, 교사, 설교자였음을 기억한다면 어떻게 될까? 만일 우리 신학교들이 여성들을 포함한 교과서를 사용한다면 어떻게 될까? 만일 우리 교회 학교와 성경 교육 과정이 사도 유니아, 동역자 브리스길라, 설교자 빙엔의 힐데가르트 같은 여성들을 올바로 반영한다면 어떻게 될까? 만일 바울이 편지를 쓰고 보내는 내내 뵈뵈 집사에게 편지를 맡겼듯이 우리도 이 같은 방식으로 여성의 리더십을 인정한다면 어떻게 될까? 만일 예수님이 여성의 말에 귀 기울이셨듯 복음주의 교회도 여성들의 말을 듣는다면 어떻게 될까?

여성은 구름같이 둘러싼 허다한 증인들과 함께 서 있다. 우리는 항상 그랬다. 우리는 아득한 그 과거를 기억해야 할 때다.

우리가 함께 서야 할 때이므로

2017년 7월 말, 나는 런던 지도를 든 채로 로열 앨버트 홀Royal Albert Hall 바로 뒤에 서 있었다. 그날 나는 걸어서 들를 수 있는 여성 참정권 운동가의 유적지를 찾아다녔는데, 문득 내가 선 그곳이 어디인지를 깨달았다. 로열 앨버트 홀은 런던에서 가장 중요한 참정권 유적지 중 한 곳이다.

  1908년에서 1913년 사이 이 홀에서 서른 번의 다양한 참정권 행사가 개최되었다. 여기에는 에멀린 팽크허스트Emmeline Pankhurst와 그녀의 딸들 크리스타벨Christabel, 실비아Sylvia, 아델라Adela가 이끄는 여성 사회 정치 연합Women's Social and Political Union 모임도 있었다. 실비아가 묘사했듯 "위대한 앨버트 홀의 모든 좌석은 행사가 열리기 훨씬 전에 매진되었고, 수백 명의 사람이 문 앞에서 발길을 돌려야 했다. 엄청나게 많은 회중이 전부 여성이었고, 하얀 유니폼을 갖춰 입은 200명의 여성 종업원이 있었다."[26] 로열 앨버트 홀은 영국에서 참정권을 위해 싸우는 여성들을 위한 "자유의 사원"으로 알려졌다. 그들의 목표는 모든 여성이 투표할 권리를 갖는 보통 선거권이었다. 결국 그들은 승리를 거두었고, (영국 제국주의와 여성 참정권 지도자들에 대한 제국주의자들의 태도에도 불구하고) 영국에서의 여성 투표권에는 유색 인종 여성과 노동자 계급 여성도 포함될 예정이었다.[27] 그러나 참정권은 서서히, 단계적으로 주어졌다. 1918년 오직 제한된 여성들만이 참정권을 얻었고, 여성이 남성과 동등한 투표권을 얻기까지는 또 다른 10년의 싸움이 필요했다.[28]

  1917년 잉글랜드에서 여성의 첫 번째 (일부) 참정권 승리를 1년 앞두고, 로열 앨버트 홀 합창단 여성들은 여성을 위한 국민 병역 대중 집회National Service Mass Meeting for Women의 연주회를 열었다. 이날 모임에는 제1차 세계대전을 지원했던 여성들(구급차 운전자, 간호사, 육군 등)을 기리는 자리가 마련되었으며, 메리 여왕이 참석했다.²⁹ 그 합창단은 투표를 위한 투쟁에서 여성의 끈기를 상징하게 될 노래를 불렀다. 실제로 다음 해 참정권 시위에서 처음으로(그러나 마지막은 아니었다) 이 노래가 제창되었다.

　　이 노래는 윌리엄 블레이크William Blake의 시 "아득한 옛날 저들의 발길은"And Did Those Feet in Ancient Time에 휴버트 패리Hubert Parry 경이 작곡한 곡을 붙여서 찬송가 "예루살렘"Jerusalem으로 다시 탄생했다.³⁰ 나는 몽롱한 아침 빛이 가득한 로열 앨버트 홀 계단에 서 있었다. 그 단어들이 굴곡진 건물 전체에, 벽을 넘어 런던의 거리로 울려 퍼지는 모습을 상상할 수 있었다.

　　나는 정신의 싸움Mental Fight을 멈추지 않으리,
　　나의 검도 내 손에서 멈추지 않게 하리라.
　　우리가 예루살렘을 세울 때까지,
　　잉글랜드의 푸르고 즐거운 땅에.³¹

고요한 회색 하늘로 솟은 빨간색과 금색의 반구형 지붕을 올려다보았다. 내 싸움이 끝나지 않았음을 알았다. 우리는 여전히 미래가 어떻게 될지 몰랐고 과거의 충격으로 매일 아팠다. 하지만 우리 가족은 자유로웠다. 우리가 살아왔던 억압된 분위기가 사라졌다. 나는 보복의 두려움 없이 글을 쓰고 가르칠 수 있었다. 내 남편은 실직의 두려움 없이 가르치고 설교할 수 있었다. 우리 아이들은 더는 예수님의 영원한 종속이나 여성과 남성에 대한 훼손된 가부장적 관념 같은 위험한 이단적 사상들을 배우지 않아

도 되었다.

내 딸은 자유로웠지만, 다른 여성의 딸들은 그렇지 않았다.

1918년 잉글랜드에서 여성 참정권을 쟁취하기 위해 끊임없이 싸웠던 참정권 운동가들처럼 나도 정신의 싸움을 멈출 수 없었다. 나는 이미 침묵을 그만두기로 했다. 이제 복음주의 세계에 들릴 만큼 큰 소리로 말할 차례였다.

성경적 여성은 기독교 가부장제다. 이것이 계속 번창하는 유일한 이유는 당신과 나처럼, 여성과 남성이 계속 이를 지지하기 때문이다. 만일 우리 모두 이것을 지지하지 않는다면 어떻게 될까? 우리가 교단 분열과 지엽적인 신학적 신념으로 계속 갈라지는 대신, 하나님이 이 세상을 변화시키라고 부르셨음을 믿는 믿음의 사람들로 함께 섰다면 어떻게 될까? 역사적으로 여성에게 가장 큰 문제 중 하나는 우리가 과거를 기억하지 못하고 미래를 바꾸기 위해 함께 노력하지 않는다는 사실이다. 우리는 함께 서지 않는다. 하지만 우리가 함께 선다면 어떻게 될까?

만일 성경에서 여성이 어떻게 묘사되는지를, 선택된 바울의 몇 구절이 아닌 전체 본문으로 고심해 보자는 베스 무어의 요구에 주의를 기울인다면 어떻게 될까? 무어는 "무엇보다도 우리는 예수 그리스도가 여성에게 보이신 태도와 실천을 살펴야 한다. 그분은 우리의 주님이시다. 그분에게는 여성 추종자들도 있었다!"라고 쓴다.[32] 우리가 진짜 이렇게 했다면 그리고 고린도전서 14장과 디모데전서 2장이 성경의 다른 모든 목소리를 잠식시키지 않게 한다면 어떻게 될까?

만일 우리가 과거를 망각하는 것을 멈추고 우리와 같은 여성들이 기독교 역사 내내 길을 개척했다는 사실을 기억해 낸다면 어떻게 될까? 우리가 여자 증인들에게 구름같이 둘러싸여 있고 결코 홀로 서지 않으리라는 사실을 기억한다면 어떻게 될까?

만일 도로시 세이어즈가 "[여성 서품을] 반대하는 논리적이거나 엄밀한 신학적 이유를 결코 찾을 수 없네요"라고 주장하는 말에 귀를 기울인다면 어떻게 될까?[33] 하나님이 설교자, 선생님, 선교사, 전도사 그리고 작가로서 여성이 그분의 일을 하도록 부르시기를 멈추지 않으신다는 사실을 우리가 깨닫는다면 어떻게 될까? 지구촌 전체를 고려할 때, 성별에 따라 직업을 정의하는 것이 말도 안 된다는 사실을 깨닫는다면 어떻게 될까? 바울이 우리에게 일깨워 준 말, 곧 우리의 모든 일이 중요하고 우리가 부름받은 일을 함으로써 그리스도의 몸을 함께 세운다는 사실은 타당하다. 만일 우리가 권력과 권위에 대한 논쟁으로 분열되는 대신에 예수님에 대한 믿음으로 마침내 함께 서게 된다면 어떻게 될까?

만일 예수님이 베다니의 마리아를 남자 제자들처럼 그분의 발아래 앉히셨던 것과 제자들을 막으시며 가나안 여인의 말을 똑똑히 들으라고 다그치셨던 것처럼, 우리도 이런 모습을 본받는다면 어떻게 될까? 남자 제자들이 여성들을 밀어낼 때도 예수님은 항상 여성들의 말에 귀 기울이셨다는 사실을 깨닫는다면 어떻게 될까? 상호보완주의는 가부장제이며 가부장제는 권력에 관한 것이다. 예수님에 관한 것이 아니었다.

언제부터였는지 기억나지는 않지만, 오래전부터 강의가 끝날 때마다 이 말을 하며 학생들을 내보낸다. 가세요, 자유하세요! 나는 이 책을 끝내기에도 적합한 방법이라 생각한다.

오래전 예수님은 여성들을 해방하셨다.

이제 복음주의 그리스도인도 같은 일을 할 때가 되지 않았는가?

가세요, 자유하세요!

주

들어가는 글

1   James Dobson, *Love for a Lifetime: Building a Marriage That Will Go the Distance* (1987; repr., Colorado Springs: Multnomah, 1998), p. 63. 『영원한 사랑』(서울성경학교출판부). 또한 Kristin Kobes Du Mez, *Jesus and John Wayne: How White Evangelicals Corrupted a Faith and Fractured a Nation* (New York: Liveright, 2020), p. 83를 보라.

2   Elisabeth Elliot, *Let Me Be a Woman: Notes to My Daughter on the Meaning of Womanhood* (1976; repr., Carol Stream, IL: Tyndale, 2013), p. 50.

3   나는 2013년 9월에 종교학연구소(Institute for the Study of Religion, ISR)를 도와 학술 토론회를 개최했고, 베일러 대학교의 한 강연에서 Ben Witherington은 이렇게 연설했다. 이 강연은 내 속에 깊이 자리 잡았다. 학술 토론회는 "여성과 성경"이란 이름으로 개최되었고, Kristin Kobes Du Mez가 주요 강연자였다. Witherington은 이 같은 진술을 여러 차례 언급했다. 그의 블로그에서도 볼 수 있다. Ben Witherington, "The Eternal Subordination of Christ and of Women", *Ben Witherington* (blog), March 22, 2006, http://benwitherington.blogspot.com/2006/03/eternal-subordination-of-christ-and-of.html.

4   Sarah Pulliam Bailey, "Southern Baptist Leader Paige Patterson Encouraged a Woman Not to Report Alleged Rape to Police and Told Her to Forgive Assailant, She Says", *Washington Post*, May 22, 2018,

5 https://www.washingtonpost.com/news/acts-of-faith/wp/2018/05/22/southern-baptist-leader-encouraged-a-woman-not-to-report-alleged-rape-to-police-and-told-her-to-forgive-assailant-she-says. Ken Camp, "Southern Baptists Deal with Fallout over Paige Patterson", *Baptist Standard*, May 25, 2018, https://www.baptiststandard.com/new/baptists/southern-baptists-deal-fallout-paige-patterson.

"Read Rachael Denhollander's Full Victim Impact Statement about Larry Nassar", CNN.com, January 30, 2018, https://www.cnn.com/2018/01/24/us/rachael-denhollander-full-statement/index.html. 다음 Morgan Lee와 Denhollander의 인터뷰도 보라. "My Larry Nassar Testimony Went Viral. But There's More to the Gospel Than Forgiveness", *Christianity Today*, January 31, 2018, https://www.christianitytoday.com/ct/2018/january-web-only/rachael-denhollander-larry-nassar-forgiveness-gospel.html.

6 Ed Stetzer, "Andy Savage's Standing Ovation Was Heard Round the World. Because It Was Wrong", *Christianity Today*, January 11, 2018, https://www.christianitytoday.com/edstetzer/2018/january/andy-savages-standing-ovation-was-heard-round-world-because.html.

7 Ruth Graham, "How a Megachurch Melts Down", *The Atlantic*, November 7, 2014, https://www.theatlantic.com/national/archive/2014/11/houston-mark-driscoll-megachurch-meltdown/382487.

8 Jen Pollock Michel, "God's Message to #MeToo Victims and Perpetrators", *Christianity Today*, January 18, 2018, https://www.christianitytoday.com/women/2018/january/gods-message-to-metoo-victims-and-perpetrators.html.

9 복음주의는 논쟁적인 용어다. 나는 복음주의가 공유된 신학적 신념들, 곧 성경 및 예수님의 부활에 대한 우리의 관심과 회심 및 전도에 대한 우리의 강조를 주로 가리킨다고 주장하고 싶지만, 그럴 수 없다. 복음주의는 공유된 일련의 신학적 신념이 아닌, 하나의 정체성(주로 백인 보수주의 정체성)이 되었다. Kristin Kobes Du Mez는 다음과 같이 썼다. "보수 백인 복음주의자들에게 기독교 복음의 '좋은 소식'은 가부장적 권위, 성 차이, 기독교 민족주의에 대한 확고한 헌신과 불가분의 관계가 되었고, 이 모든 것은 백인 인종 정체성과 얽혀 있다." Du Mez, *Jesus and John Wayne*, p. 7. 다음도 보라. Thomas S. Kidd, *Who Is An Evangelical?* (New Haven: Yale University Press, 2019).

하나 가부장제의 시작

1. Owen Strachan, "Divine Order in a Chaotic Age: On Women Preaching", *Thought Life* (blog), May 7, 2019, https://www.patheos.com/blogs/thoughtlife/2019/05/divine-order-in-a-chaotic-age-on-women-preaching. 창 1:1은 Strachan이 번역했다.
2. Russell Moore, "Feminism in Your Church and Home with Russell Moore, Randy Stinson, and C. J. Mahaney", Mark Dever의 인터뷰, 9Marks Leadership Interviews, April 30, 2007, 음성 파일, 01:05:01, 30:07를 인용, https://www.9marks.org/interview/feminism-your-church-and-home-russell-moore-randy-stinson-and-cj-mahaney.
3. Russell Moore, "After Patriarchy, What? Why Egalitarians Are Winning the Gender Debate", *Journal of the Evangelical Theological Society* 49, no. 3(September 2006): p. 574, https://www.etsjets.org/files/JETS-PDFs/49/49-3/JETS_49-3_569-576_Moore.pdf.
4. Rachel Held Evans, *A Year of Biblical Womanhood* (Nashville: Nelson, 2012), 『성경적 여성으로 살아 본 1년』(비아토르). 나는 Evans에게 감사하고 있다. 블로그와 책으로 접한 그녀의 목소리는 성경적 여성에 대한 나의 깊어지는 걱정을 공유했던 첫 목소리 가운데 하나였다. 그녀는 2019년, 예기치 못하게 37세의 나이에 비극적으로 세상을 떠났다.
5. Rachel Held Evans, "It's Not Complementarianism; it's Patriarchy", Rachel Held Evans (blog), May 3, 2012, https://rachelheldevans.com/blog/complementarians-patriarchy.
6. Owen Strachan, "Of 'Dad Moms' and 'Man Fails': An Essay on Men and Awesomeness", *Journal for Biblical Manhood and Womanhood* 17, no. 1 (Spring 2012): p. 25, https://cbmw.org/wp-content/uploads/2013/03/JBMW-Spring-12-Complete.pdf.
7. Judith Bennett, *History Matters: Patriarchy and the Challenge of Feminism* (Philadelphia: University of Pennsylvania Press, 2006), p. 55. 가부장제에 관한 그녀의 전체 논의는 다음을 보라. pp. 55-60.
8. "What Americans Think about Women in Power", Barna Group, March 8, 2017, https://www.barna.com/research/americans-think-women-power. 또한 바나 연구자들은 응답자들을 복음주의자로 분류하기 위해 사용한 "아홉 가지 구체적 신학 기준"에 대해 설명한다.
9. Katelyn Beaty는 다음에서 성 역할에 대한 복음주의적인 생각이 여성의

일에 어떻게 영향을 미치는지 이야기한다. *A Woman's Place: A Christian Vision for Your Calling in the Office, the Home, and the World* (New York: Howard, 2016). 예를 들어 그녀는 어떻게 샌프란시스코의 컴퓨터 소프트웨어 전문가 Karen Dabaghian이 그녀의 일과 교회에서 단절되는 현상을 겪었는지 설명한다. "첨단 기술 분야에서는 아무도 당신의 성별을 신경 쓰지 않습니다.…그리고 저는 더 넓은 기독교 환경에 들어왔고, 갑자기 그 다지 흥미롭지 않은 방식으로 제 성별을 느낍니다"(p. 236).

10 "Waco, TX", Data USA, February 18, 2020, https://datausa.io/profile/geo/waco-tx-metro-area#economy.

11 Moore, "After Patriarchy, What?", p. 576; Russell Moore, "Women, Stop Submitting to Men", *Journal for Biblical Manhood and Womanhood* 17, no. 1 (Spring 2012): p. 9, https://cbmw.org/wp-content/uploads/2013/03/JBMW-Spring-12-Complete.pdf.

12 Russell Moore, "Is Your Marriage Baal Worship?", RussellMoore.com, September 26, 2018, https://www.russellmoore.com/2018/09/26/is-your-marriage-baal-worship. 다음을 보라. Russell Moore, *The Storm-Tossed Family: How the Cross Reshapes the Home* (Nashville: B&H, 2018), pp. 82-90. 『폭풍 속의 가정』(두란노).

13 Moore, "Women, Stop Submitting to Men", pp. 8-9.

14 Moore, *Storm-Tossed Family*, pp. 84-89.

15 Beth Moore가 가르치고 설교하는 것에 대한 Russell Moore의 관점을 다룬 Sarah Pulliam Bailey의 기사를 보라. "남침례교(SBC)의 정책 담당자인 Russell Moore(Beth Moore와 관련 없다)는 인기 있는 성경 교사의 연설에 대한 최근 논쟁을, 교회에서 일요일 아침에는 반영되지 못할 '소셜 미디어 망신'이라고 불렀다. 그와 Mohler는 여성이 남성 앞에서 설교하는 것을 지지하지는 않지만, 교회 사이에 의견 충돌의 여지가 있다고 말한다." Sarah Pulliam Bailey, "Southern Baptists Are Supposed to Talk about Sexual Abuse. But Right Now They're Discussing Whether One Woman Can Preach", *Washington Post*, June 9, 2019, https://www.washingtonpost.com/religion/2019/06/09/southern-baptists-are-supposed-talk-about-sex-abuse-right-now-theyre-discussing-whether-one-woman-can-preach.

16 1998년에 추가된 수정 조항은 다음에서 확인할 수 있다. "Report of Committee on Baptist Faith and Message", Utm.edu, https://www.utm.edu/staff/caldwell/bfm/1963-1998/report1998.html. 다음도 보라. "Baptist

	Faith and Message 2000", Southern Baptist Convention, June 14, 2000, http://www.sbc.net/bfm2000/bfm2000.asp, "XVIII. The Family"라는 제목이 달린 단락을 보라.
17	Barry Hankins, *Uneasy in Babylon: Southern Baptist Conservatives and American Culture* (Tuscaloosa: University of Alabama Press, 2002), pp. 214-215.
18	Bennett, *History Matters*, pp. 82-107.
19	Danny P. Jackson, introduction to *The Epic of Gilgamesh*, trans. Danny P. Jackson, 2nd ed. (Wauconda, IL: BolchazyCarducci, 1997), pp. xi-xii.
20	Jackson, introduction to *Epic of Gilgamesh*, pp. xii-xvi.
21	Jackson, *Epic of Gilgamesh*, pp. 53-54.
22	Jackson, *Epic of Gilgamesh*, p. 17.
23	Rivkah Harris, "Images of Women in the Gilgamesh Epic", in *Lingering over Words: Studies in Ancient Near Eastern Literature in Honor of William L. Moran,* ed. Tzvi Abusch, John Huehnergard, and Piotr Steinkeller (Atlanta: Scholars Press, 1990), pp. 219-230.
24	Harris, "Images of Women in the Gilgamesh Epic", p. 220.
25	Jackson, *Epic of Gilgamesh*, p. 68.
26	Albert Mohler, "A Call for Courage on Biblical Manhood and Womanhood", *Albert Mohler* (blog), June 19, 2006, https://albertmohler.com/2006/06/19/a-call-for-courage-on-biblical-manhood-and-womanhood.
27	Denny Burk (@DennyBurk), "I've noticed that in Star Wars", Twitter, December 30, 2017, 11:39 a.m., https://twitter.com/DennyBurk/status/947145180913729537.
28	Marten Stol, *Women in the Ancient Near East*, trans. Helen Richardson and Mervyn Richardson (Boston: de Gruyter, 2016), p. 691.
29	"The National Intimate Partner and Sexual Violence Survey", Centers for Disease Control and Prevention, June 19, 2019 최종 수정, https://www.cdc.gov/violenceprevention/datasources/nisvs/index.html.
30	Hankins, *Uneasy in Babylon*, pp. 213-215, 225. 다음도 보라. "Baptist Faith and Message 2000", "XVIII. The Family"라는 제목이 달린 단락을 보라.
31	Hankins, *Uneasy in Babylon*, pp. 215-216.
32	Kate Narveson, *Bible Readers and Lay Writers in Early Modern England: Gender and Self-Definition* (London: Routledge, 2016), pp. 51-77.

33 Douay-Rheims 1899 American Edition. The Douay-Rheims은 라틴어 불가타의 영어 번역본이다. 1582년 처음 출판되었다.
34 Alice Mathews, *Gender Roles and the People of God: Rethinking What We Were Taught about Men and Women in the Church* (Grand Rapids: Zondervan, 2017), pp. 43-47.
35 Stanley Gundry, "From *Bobbed Hair, Bossy Wives, and Women Preachers to Woman Be Free*: My Story", in *How I Changed My Mind about Women in Leadership: Compelling Stories from Prominent Evangelicals*, ed. Alan F. Johnson (Grand Rapids: Zondervan, 2010), p. 102.
36 Kristin Kobes Du Mez, *A New Gospel for Women: Katharine Bushnell and the Challenge of Christian Feminism* (Oxford: Oxford University Press, 2015), pp. 120-122에서 재인용.
37 Du Mez, *A New Gospel for Women*, pp. 120-122.
38 Hedy Red Dexter and J. M. Lagrander, "Bible Devotionals Justify Traditional Gender Roles: A Political Agenda That Affects Social Policy", *Social Justice* 26, no. 1 (Spring 1999): pp. 99-114.
39 James Dobson, "A New Look at Masculinity and Femininity" (brochure published by Focus on the Family, 1994)을 Dexter and Lagrander, "Bible Devotionals Justify Traditional Gender Roles", p. 107에서 재인용.
40 James Dobson, *Love Must Be Tough* (Waco: Word, 1983), p. 148. 『사랑은 강인해야 한다』(프리셉트). 이 여성은 Dobson에게 조언을 구하는 편지를 썼다. 여성의 편지와 그의 대답에 대한 설명은 1999년과 2007년 편집본에 수록되었다. *Love Must Be Tough* (Dallas: Word, 1999), pp. 160-162; *Love Must Be Tough* (Carol Stream, IL: Tyndale, 2007), pp. 160-162. Kristin Kobes Du Mez는 그가 "가정 폭력의 특정 혐의들에 대해 건전한 회의론을 권장한다"라고 쓴다. Kristin Kobes Du Mez, *Jesus and John Wayne: How White Evangelicals Corrupted a Faith and Fractured a Nation* (New York: Liveright, 2020), p. 144.
41 Du Mez, *Jesus and John Wayne*, p. 167.
42 John Piper and Wayne Grudem, eds., *Recovering Biblical Manhood and Womanhood* (1991; repr., Wheaton: Crossway, 2006), pp. 409-410. 다음도 보라. Du Mez, *Jesus and John Wayne*, p. 167.
43 Wayne Grudem, *Systematic Theology: An Introduction to Biblical Doctrine* (Grand Rapids: Zondervan, 1994), p. 464. 『조직신학』(은성).
44 심리학 교수이자 철학 교수인 Mary Stewart Van Leeuwen은 상호보완주

의자와 평등주의자 모두의 "상호보완성 불안감"에 대해 통찰력 있는 개관을 제시한다. *A Sword between the Sexes? C. S. Lewis and the Gender Debates* (Grand Rapids: Brazos, 2010), pp. 168-170.

45　Gerda Lerner, *The Creation of Patriarchy* (New York: Oxford University Press, 1986), pp. 228-229. 『가부장제의 창조』(당대).

46　Clarice J. Martin, "Womanist Interpretations of the New Testament: The Quest for Holistic and Inclusive Translation and Interpretation", in *I Found God in Me: A Womanist Biblical Hermeneutics Reader*, ed. Mitzi J. Smith (Eugene, OR: Cascade Books, 2015), p. 32.

47　Clarice J. Martin, "The Haustafeln(Household Codes) in Afro-American Biblical Interpretation: 'Free Slaves' and 'Subordinate Women'", in *Stony the Road We Trod: African American Biblical Interpretation*, ed. Cain Hope Felder (Minneapolis: Fortress, 1991), p. 226.

48　Martin, "Haustafeln(Household Codes)", in Felder, *Stony the Road We Trod*, p. 228.

49　Merry E. Wiesner-Hanks, *Gender in History: Global Perspectives*, 2nd ed. (Malden, MA: Wiley-Blackwell, 2011), p. 18.

50　Mathews, *Gender Roles and the People of God*, p. 33.

51　Febbie C. Dickerson, "Acts 9:36-43: The Many Faces of Tabitha, a Womanist Reading", in Smith, *I Found God in Me*, p. 302.

52　Beth Moore (@BethMooreLPM), "What I plead for", Twitter, May 11, 2019, 9:44 a.m., https://twitter.com/bethmoorelpm/status/1127207937909325824; Beth Moore (@BethMooreLPM), "Is to grapple with the entire text", Twitter, May 11, 2019, 9:51 a.m., https://twitter.com/bethmoorelpm/status/1127209694500671489.

53　John Piper, "Headship and Harmony", Desiring God, May 1, 1984, https://www.desiringgod.org/articles/headship-and-harmony.

54　Sarah Bessey, *Jesus Feminist: An Invitation to Revisit the Bible's View of Women* (New York: Howard, 2013), p. 14.

둘　만일 성경적 여성이 바울에게서 온 것이 아니라면?

1　"What Americans Think about Women in Power", Barna Group, March 8, 2017, https://www.barna.com/research/americans-think-women-power.

2   Beth Allison Barr, "No Room in Wayne Grudem's World for a Female President", *The Anxious Bench* (blog), July 31, 2016, https://www.patheos.com/blogs/anxiousbench/2016/07/wayne-grudem-donald-trump-and-the-female-elephant-in-the-room.

3   "What Americans Think about Women in Power."

4   Bruce Ware, "Summaries of the Egalitarian and Complementarian Positions", The Council on Biblical Manhood and Womanhood, June 26, 2007, https://cbmw.org/2007/06/26/summaries-of-the-egalitarian-and-complementarian-positions.

5   Beverly Roberts Gaventa, "Gendered Bodies and the Body of Christ", in *Practicing with Paul: Reflections on Paul and the Practices of Ministry in Honor of Susan G. Eastman*, ed. Presian R. Burroughs (Eugene, OR: Cascade Books, 2018), p. 55.

6   Boykin Sanders, "1 Corinthians", in *True to Our Native Land: African American Biblical Interpretation*, ed. Brian K. Blount (Minneapolis: Fortress, 2007), p. 296.

7   나는 이 구절을 Dorothy L. Sayers의 구절에서 가져왔다. 그녀는 "분명히 교회가 할 일은 사람에게 그리스도를 순응시키는 것이 아니라 그리스도에게 사람을 순응시키는 것이다"라고 쓴다. Dorothy L. Sayers, *Letters to a Diminished Church: Passionate Arguments for the Relevance of the Christian Doctrine* (Nashville: Nelson, 2004), p. 20. 『도그마는 드라마다』(IVP).

8   『축일』에 관련한 자세한 내용은 다음을 보라. Beth Allison Barr, *The Pastoral Care of Women in Late Medieval England* (Woodbridge, UK: Boydell, 2008); 그리고 Beth Allison Barr and Lynneth J. Miller, "John Mirk", in *Oxford Bibliographies in Medieval Studies*, ed. Paul E. Szarmach (New York: Oxford University Press, 2018), https://www.oxfordbibliographies.com/view/document/obo-9780195396584/obo-9780195396584-0259.xml. 나는 이 설교를 다음에서도 다룬다. Beth Allison Barr, "Paul, Medieval Women, and Fifty Years of the CFH: New Perspectives", *Fides et Historia* 51, no. 1 (Winter/Spring 2019), pp. 1-17.

9   모든 자료는 BL MS Cotton Claudius A II에서 왔다. 자세한 내용은 다음을 보라. John Mirk, *John Mirk's "Festial"*, ed. Susan Powell (Oxford: Oxford University Press, 2009), 2: pp. 252-256.

10   Mirk, *John Mirk's "Festial"*, 2: pp. 253-254.

11   "Baptist Faith and Message 2000", Southern Baptist Convention, June 14,

2000, http://www.sbc.net/bfm2000/bfm2000.asp, "XVIII. The Family"라는 제목이 달린 단락을 보라.

12   Christine Peters, "Gender, Sacrament and Ritual: The Making and Meaning of Marriage in Late Medieval and Early Modern England", *Past & Present* 169 (November 2000): p. 78.

13   결혼식에서 신랑이 "성부와 성자와 성령의 이름으로, 이 반지와 함께 나는 당신과 결혼합니다"라고 선언하도록 함으로써 하나님의 우선성을 강조했다. 중세 여성이 죽을 때 종종 자신의 결혼반지를 교회에 맡겼던 것이 놀랍지 않은 이유다. 다음을 보라. Sue Niebrzydowski, *Bonoure and Buxum: A Study of Wives in Late Medieval English Literature*, vol. 2 of *Somerset Medieval Wills, Transcripts of Sussex Wills* (Oxford: Peter Lang, 2006), p. 87.

14   Barr, "Paul, Medieval Women", pp. 1-17.

15   Daniel Mark Cere, "Marriage, Subordination and the Development of Christian Doctrine", in *Does Christianity Teach Male Headship? The Equal-Regard Marriage and Its Critics*, ed. David Blankenhorn, Don Browning, and Mary Stewart Van Leeuwen (Grand Rapids: Eerdmans, 2004), p. 110.

16   Alcuin Blamires, "Paradox in the Medieval Gender Doctrine of Head and Body", in *Medieval Theology and the Natural Body*, ed. Peter Biller and A. J. Minnis (Woodbridge, UK: York Medieval Press, 1997), p. 29.

17   Blamires, "Paradox in the Medieval Gender Doctrine of Head and Body", pp. 22-23.

18   Pope John Paul II, Mulieris Dignitatem, p. 24를 Cere, "Marriage, Subordination and the Development of Christian Doctrine", p. 110에서 재인용.

19   Phyllis Trible이 "공포의 텍스트"(texts of terror)라는 표현을 만들었다. 다음을 보라. Phyllis Trible, *Texts of Terror: Literary-Feminist Readings of Biblical Narratives* (Philadelphia: Fortress, 1984). 『공포의 텍스트』(도서출판 100).

20   그리스 로마 시대 여성들에 대한 더 일반적인 자료는 다음을 추천한다. Sarah B. Pomeroy, *Goddesses, Whores, Wives, and Slaves: Women in Classical Antiquity* (1975; repr., New York: Schocken, 1995); *The Murder of Regilla: A Case of Domestic Violence in Antiquity* (Cambridge, MA: Harvard University Press, 2007). 로마 역사의 흥미로운 입문서로 다음도 추천한다. Mary Beard, *SPQR: A History of Ancient Rome* (New York: Liveright, 2016). 『로마는 왜 위대해졌는가』(다른).

21 Rachel Held Evans, "Aristotle vs. Jesus: What Makes the New Testament Household Codes Different", *Rachel Held Evans* (blog), August 28, 2013, https://rachelheldevans.com/blog/aristotle-vs-jesus-what-makes-the-new-testament-household-codes-different.

22 Carolyn Osiek and Margaret MacDonald, *A Woman's Place: House Churches in Earliest Christianity* (Minneapolis: Fortress, 2006), pp. 122-123. Osiek과 MacDonald는 여성이 사회적 자유와 존재감을 더 많이 획득했던 성장하는 문화 양상의 한 사례로, 여성의 "초대교회 집단에서 리더십 역할"을 든다(p. 249).

23 Shi-Min Lu, "Woman's Role in New Testament Household Codes: Transforming First-Century Roman Culture", *Priscilla Papers* 30, no. 1 (Winter 2016), p. 11, https://www.cbeinternational.org/resource/article/priscilla-papers-academic-journal/womans-role-new-testament-household-codes.

24 Aristotle, *Politics*, 1259a37, in *Women's Life in Greece and Rome*, ed. Mary R. Lefkowitz and Maureen B. Fant, 4th ed. (London: Bloomsbury, 2016), p. 64.

25 Lucy Peppiatt, *Rediscovering Scripture's Vision for Women: Fresh Perspectives on Disputed Texts* (Downers Grove, IL: IVP Academic, 2019), p. 92.

26 Scot McKnight, *The Letter to the Colossians* (Grand Rapids: Eerdmans, 2018), p. 346. 『NICNT 골로새서』(부흥과개혁사).

27 Beverly Roberts Gaventa가 고린도전서 12:17-21의 그리스도의 몸에 대해 같은 말을 했다. Gaventa, "Gendered Bodies", in Burroughs, *Practicing with Paul*, pp. 53-54.

28 Osiek and MacDonald, *Woman's Place*, p. 122.

29 Ian Morris, "Remaining Invisible: The Archeology of the Excluded in Classical Athens", in *Women and Slaves in Greco-Roman Culture*, ed. Sandra R. Joshel and Sheila Murnaghan (London: Routledge, 1998), pp. 217-220.

30 Aristotle, *Generation of Animals*, 737a, 775a, in *Woman Defamed and Woman Defended: An Anthology of Medieval Texts*, ed. Alcuin in Blamires, Karen Pratt, and C. W. Marx (Oxford: Clarendon, 1992), pp. 40-41.

31 Galen, *On the Usefulness of the Parts of the Body* II. 299, in Blamires, Pratt, and Marx, *Woman Defamed and Woman Defended*, pp. 41-42.

32 John Piper, "'The Frank and Manly Mr. Ryle'-The Value of a Masculine Ministry" (강연, Desiring God 2012 Conference for Pastors). 발표된 전체

내용은 다음 사이트에서 접속할 수 있다. https://www.desiringgod.org/messages/the-frank-and-manly-mr-ryle-the-value-of-a-masculine-ministry.

33 Beverly Roberts Gaventa, *Our Mother Saint Paul* (Louisville: Westminster John Knox, 2007), p. 7.
34 Gaventa, *Our Mother Saint Paul*, pp. 13-14.
35 Gaventa, *Our Mother Saint Paul*, p. 14.
36 Caroline Walker Bynum, *Jesus as Mother: Studies in the Spirituality of the High Middle Ages* (Berkeley: University of California Press, 1982), pp. 112-113.
37 Bynum, *Jesus as Mother*, pp. 113-114에서 재인용.
38 Pliny, "Pliny and Trajan: Correspondence, c. 112 CE", *Ancient History Sourcebook*, January 21, 2020 최종 수정, https://sourcebooks.fordham.edu/ancient/pliny-trajan1.asp.
39 Osiek and MacDonald, *Woman's Place*, p. 135.
40 John Piper and Wayne Grudem, eds., *Recovering Biblical Manhood and Womanhood* (1991; repr., Wheaton: Crossway, 2006), p. xv.
41 Peppiatt, *Rediscovering Scripture's Vision for Women*, p. 93.
42 Gaventa, "Gendered Bodies", in Burroughs, *Practicing with Paul*, p. 48.
43 Titus Livy, *History of Rome*, book 34를 Charles H. Talbert, "Biblical Criticism's Role: The Pauline View of Women as a Case in Point", in *The Unfettered Word*, ed. Robinson B. James (Waco: Word, 1987), p. 66에서 재인용. 『리비우스 로마사』(현대지성).
44 Pomeroy, *Goddesses, Whores, Wives, and Slaves*, pp. 177-180.
45 Livy, *History of Rome*을 Lefkowitz and Fant, *Women's Life in Greece and Rome*, p. 171에서 재인용.
46 Juvenal, *Satires* 6을 Talbert, "Biblical Criticism's Role", in James, *Unfettered Word*, p. 66에서 재인용. 이는 여러 예시 중 하나일 뿐이다.
47 Carolyn Osiek and David L. Balch, *Families in the New Testament World* (Louisville: Westminster John Knox, 1997), pp. 103-155. 다음도 보라. Margaret Y. MacDonald, "Reading 1 Corinthians 7 through the Eyes of Families", in *Text, Image, and Christians in the Graeco-Roman World: A Festschrift in Honor of David Lee Balch*, ed. Aliou Niang and Carolyn Osiek, Princeton Theological Monograph Series 176 (Eugene, OR: Pickwick, 2012), pp. 38-52.

48 Osiek and Balch, *Families in the New Testament World*, p. 112.

49 Lucy Peppiatt, *Women and Worship at Corinth: Paul's Rhetorical Arguments in 1 Corinthians* (Eugene, OR: Wipf & Stock, 2015), 4, pp. 67-68.

50 Peppiatt, *Rediscovering Scripture's Vision for Women*, p. 142.

51 D. W. Odell-Scott, "Let the Women Speak in Church: An Egalitarian Interpretation of 1 Cor 14:33b-36", *Biblical Theology Bulletin* 13 (August 1, 1983), pp. 90-93; Talbert, "Biblical Criticism's Role", in James, *Unfettered Word*, pp. 62-71; 다음도 보라. Linda Belleville, "Women in Ministry", in *Two Views on Women in Ministry*, ed. James R. Beck and Craig L. Blomberg (Grand Rapids: Zondervan, 2001), pp. 77-154. 『여성 리더십 논쟁』(새물결플러스). 바울의 말이 로마 문헌과 매우 유사하고 바울의 다른 가르침과 맞지 않기 때문에 많은 학자가 이 이론을 지지했다. 다른 학자들은 고린도인들의 말을 인용했다는 명확한 증거가 본문에 없음을 지적한다.

52 Marg Mowczko가 고전 14:34-35에 대한 접근 가능하고 잘 인용된 학술적 견해를 제공한다. 다음 그녀의 블로그 게시글 및 참고 문헌 목록을 보라. Marg Mowczko, "Interpretations and Applications of 1 Corinthians 14:34-35", *Marg Mowczko* (blog), July 9, 2011, https://margmowczko.com/interpretations-applications-1-cor-14_34-35.

53 상호보완주의를 벗어난 학자들은 바울이 모든 여성에게 침묵하라고 말하는 것이 아니라 단지 특정 문제를 다룰 뿐이라는 데 압도적으로 동의한다. 다음을 보라. Craig S. Keener, "Learning in the Assemblies: 1 Corinthians 14:34-35", in *Discovering Biblical Equality: Complementarity without Hierarchy*, ed. Ronald W. Pierce and Rebecca Merrill Groothius (Downers Grove, IL: InterVarsity, 2005), pp. 161-171; Ben Witherington III, *Conflict and Community in Corinth: A Socio-Rhetorical Commentary on 1 and 2 Corinthians* (Grand Rapids: Eerdmans, 1995); 다음도 보라. Cynthia Long Westfall, *Paul and Gender: Reclaiming the Apostle's Vision for Men and Women in Christ* (Grand Rapids: Baker Academic, 2016, 『바울과 젠더』, 새물결플러스).

54 Gaventa, "Gendered Bodies", in Burroughs, *Practicing with Paul*, p. 54.

55 "The good news is we can ditch Aristotle and keep Jesus", Evans가 2013년 8월 28일에 작성한 블로그 게시글을 보라. "Aristotle vs. Jesus."

56 Kevin Madigan and Carolyn Osiek, eds., *Ordained Women in the Early Church: A Documentary History* (Baltimore: Johns Hopkins University

	Press, 2011), pp. 13-19.
57	The Ryrie Study Bible (Chicago: Moody, 1986), p. 1564.
58	Eldon Jay Epp, *Junia: The First Woman Apostle* (Minneapolis: Fortress, 2005), pp. 60-65.
59	Beverly Roberts Gaventa, foreword to Epp, *Junia*, pp. xi-xii.
60	Origen, "Commentary on Romans 10.17 on Romans 16:1-2", in Madigan and Osiek, *Ordained Women in the Early Church*, p. 14.
61	John Chrysostom, "Homily 30 on Romans 16:1-2" in Madigan and Osiek, *Ordained Women in the Early Church*, pp. 14-15.
62	John Chrysostom, "Homily 11 on 1 Timothy 3:11" in Madigan and Osiek, *Ordained Women in the Early Church*, p. 19.
63	Madigan and Osiek, *Ordained Women in the Early Church*, p. 19.
64	Madigan and Osiek, *Ordained Women in the Early Church*, p. 205.

셋 취사선택한 중세의 기억

1	Margery Kempe, *The Book of Margery Kempe*, ed. B. A. Windeatt (New York: Penguin, 1985), p. 163. 『마저리 켐프 서』(황소자리). 나는 다음 논문에서 이 책을 간단히 다뤘다. Beth Allison Barr, "'She Hungered Right So after God's Word': Female Piety and the Legacy of the Pastoral Program in the Late Medieval English Sermons of Bodleian Library MS Greaves 54", *Journal of Religious History* 39, no. 1 (March 2015), pp. 31-50.
2	Kempe, *Book of Margery Kempe*, p. 163.
3	Kempe, *Book of Margery Kempe*, p. 164(강조는 내가 추가했다).
4	Kempe, *Book of Margery Kempe*, p. 164.
5	Kempe, *Book of Margery Kempe*, p. 164.
6	Kempe, *Book of Margery Kempe*, p. 167.
7	부부 관계의 빚에 관한 더 자세한 설명은 다음을 보라. James Brundage, *Law, Sex, and Christian Society in Medieval Europe* (1987; repr., Chicago: University of Chicago Press, 2009), p. 198.
8	Kempe, *Book of Margery Kempe*, p. 58.
9	Isabel Davis, "Men and Margery: Negotiating Medieval Patriarchy", in *A Companion to "The Book of Margery Kempe"*, ed. John Arnold and Katherine Lewis (Cambridge: Brewer, 2004), p. 52.

10　　Kempe, *Book of Margery Kempe*, pp. 86-87.
11　　Christine de Pizan, *The Book of the City of Ladies*, trans. Earl Jeffrey Richards (New York: Persea, 1982), p. 27.
12　　*The Oxford Handbook of Women and Gender in Medieval Europe* (New York: Oxford University Press, 2013)의 서문에서 Judith Bennett과 Ruth Mazos Karras는 "중세 기독교는 역사가들이 한때 생각했던 것보다 훨씬 더 유동적이었고, 여성을 위한 공간이 많았다. 오늘날 페미니스트의 역사는 아마도 다른 어떤 분야보다 이 연구 분야에서, 기회가 더 많았고 제약은 더 적었다고 말할 것이다"(p. 13). 나는 중세 여성의 역사에 관심 있는 이들에게 이 책을 추천한다.
13　　Jacobus de Voragine, "The Life of Saint Paula"을 Larissa Tracy, *Women of the Gilte Legende: A Selection of Middle English Saints Lives* (Woodbridge, UK: Boydell & Brewer, 2014), p. 47에서 재인용.
14　　John Mirk, John Mirk's *"Festial"*, ed. Susan Powell (Oxford: Oxford University Press, 2009), 2: pp. 181-183. Margaret의 이야기는 다음에서도 나온다. Tracy, *Women of the Gilte Legende*, pp. 40-44.
15　　Mirk, John Mirk's "Festial", 2: pp. 181-183.
16　　Mirk, John Mirk's "Festial", 2: p. 182. 나는 중세 영어로 된 본문을 현대 언어로 바꾸었다.
17　　Mirk, John Mirk's "Festial", 2: pp. 181-183.
18　　Katie M. Reid, *Made Like Martha: Good News for the Woman Who Gets Things Done* (New York: WaterBrook, 2018), p. 5.
19　　Sarah Mae, *Having a Martha Home the Mary Way: 31 Days to a Clean House and a Satisfied Soul* (Carol Stream, IL: Tyndale Momentum, 2016), p. 12.
20　　591년 9월 21일, 교황 그레고리오는 막달라 마리아를 눅 7:36-50, 요 11:1-45, 막 16:9의 여성으로 규정하며 설교했다. Katherine Ludwig Jansen, "Maria Magdalena: Apostolorum Apostola", in *Women Preachers and Prophets through Two Millennia of Christianity*, ed. Beverly Mayne Kienzle and Pamela J. Walker (Berkeley: University of California Press, 1998), p. 60.
21　　Jansen, "Maria Magdalena", in Kienzle and Walker, *Women Preachers and Prophets*, p. 66.
22　　Jacobus de Voragine, *The Golden Legend: Readings on the Saints*, trans. William Granger Ryan (Princeton: Princeton University Press, 2012), pp.

409-411.

23   Tracy, *Women of the Gilte Legende*, p. 102.
24   Carolyn A. Muessig, "Prophecy and Song: Teaching and Preaching by Medieval Women", in Kienzle and Walker, *Women Preachers and Prophets*, pp. 146-147.
25   Muessig, "Prophecy and Song", in Kienzle and Walker, *Women Preachers and Prophets*, p. 146.
26   Ben Witherington III, "Why Arguments against Women in Ministry Aren't Biblical", *The Bible & Culture* (blog), June 2, 2015, https://www.patheos.com/blogs/bibleandculture/2015/06/02/why-arguments-against-women-in-ministry-arent-biblical.
27   Jane Tibbetts Schulenburg, *Forgetful of Their Sex: Female Sanctity and Society, ca. 500-1100* (Chicago: University of Chicago Press, 2018), p. 186.
28   Lisa M. Bitel, *Landscape with Two Saints: How Genovefa of Paris and Brigit of Kildare Built Christianity in Barbarian Europe* (Oxford: Oxford Press, 2009), p. 71.
29   Bitel, *Landscape with Two Saints*, p. 184.
30   Bitel, *Landscape with Two Saints*, p. 184.
31   Barbara Newman, *Voice of the Living Light: Hildegard of Bingen and Her World* (Berkeley: University of California Press, 1998), pp. 20-21. 중세 성직자들이 바울의 금지를 들먹이기도 했지만, 내가 연구한 중세 후기 잉글랜드의 설교들은 그렇지 않았다. 바울의 금지는 교회법과 신학자들 사이에서 주로 나타난다. 다음을 보라. Jansen, "Maria Magdalena", in Kienzle and Walker, *Women Preachers and Prophets*, pp. 67-69.
32   Elaine J. Lawless, "Introduction: The Issue of Blood-Reinstating Women into the Tradition", in Kienzle and Walker, *Women Preachers and Prophets*, p. 2.
33   Jacqueline Murray, "One Flesh, Two Sexes, Three Genders?", in *Gender and Christianity in Medieval Europe: New Perspectives*, ed. Lisa M. Bitel and Felice Lifshitz (Philadelphia: University of Pennsylvania Press, 2013), p. 40.
34   Jerome, "Commentarius in Epistolam ad Ephesios 3.5"을 Dyan Elliott, "Gender and the Christian Traditions", in Bennett and Karras, *Oxford Handbook of Women and Gender*, p. 24에서 재인용.
35   이 주제에 관한 가장 좋은 책은 이것이다. Jennifer Thibodeaux, *The Manly*

36 *Priest: Clerical Celibacy, Masculinity, and Reform in England and Normandy, 1066-1300* (Philadelphia: University of Pennsylvania Press, 2015).
36 Thibodeaux, *Manly Priest*, p. 39.
37 Gary Macy, *The Hidden History of Women's Ordination: Female Clergy in the Medieval West* (Oxford: Oxford University Press, 2012), pp. 93-95에서 재인용. 다음도 보라. Alcuin Blamires, Karen Pratt, and C. W. Marx, eds., *Woman Defamed and Woman Defended: An Anthology of Medieval Texts* (Oxford: Clarendon, 1992), pp. 232-235.
38 Ian Forrest, "Continuity and Change in the Institutional Church", in *The Oxford Handbook of Medieval Christianity*, ed. John H. Arnold (Oxford: Oxford University Press, 2014), p. 192.
39 여성들은 더럼의 대성당이나 공동묘지에 들어가도록 허용되지 않았다. Dominic Marner, *St. Cuthbert: His Life and Cult in Medieval Durham* (Toronto: University of Toronto Press, 2000), p. 33.
40 Simeon of Durham, "A History of the Church of Durham"을 *Women's Lives in Medieval Europe: A Sourcebook*, ed. Emilie Amt, 2nd ed. (New York: Routledge, 2010), p. 191에서 재인용.
41 Jane Tibbetts Schulenburg, "Gender, Celibacy, and Proscriptions of Sacred Space: Symbol and Practice", in *Women's Space: Patronage, Place, and Gender in the Medieval Church*, ed. Virginia Chieffo Raguin and Sarah Stanbury (New York: SUNY Press, 2005), p. 189.
42 Simeon of Durham, "History of the Church of Durham"을 Amt, *Women's Lives in Medieval Europe*, p. 191에서 재인용.
43 De Pizan, *Book of the City of Ladies*, p. 219.
44 De Pizan, *Book of the City of Ladies*, p. 252.
45 Timothy Paul Jones, *Christian History Made Easy* (Torrance, CA: 2009), pp. 61, 85. 『하루만에 꿰뚫는 기독교 역사』(규장).
46 Justo L. González, *The Story of Christianity, vol. 1, The Early Church to the Dawn of the Reformation* (San Francisco: HarperOne, 2010), p. 4. 『초대교회사』, 『중세 교회사』(은성).
47 González, *Story of Christianity*, 1: p. 328.
48 Carolyn Muessig, introduction to *A Companion to Catherine of Siena*, ed. George Ferzoco, Beverly Kienzle, and Carolyn Muessig (Leiden: Brill, 2011), p. 18.
49 González, *Story of Christianity*, 1: p. 399.

50   Bruce Shelley, *Church History in Plain Language*, 4th ed. (Grand Rapids: Zondervan Academic, 2013), pp. 535-538, 『현대인을 위한 교회사』(CH 북스).

넷   복음주의 여성이 치른 종교개혁의 대가

1. Elizabeth H. Flowers, *Into the Pulpit: Southern Baptist Women and Power since World War II* (Chapel Hill: University of North Carolina Press, 2014), p. 130.
2. Flowers, *Into the Pulpit*, p. 131.
3. Flowers, *Into the Pulpit*, p. 132에서 재인용.
4. Flowers, *Into the Pulpit*, pp. 132-133.
5. Flowers, *Into the Pulpit*, p. 133.
6. Marilyn J. Westerkamp, *Women and Religion in Early America, 1600-1850: The Puritan and Evangelical Traditions* (London: Routledge, 1999), p. 5.
7. 나는 다음 책을 추천한다. Jane Tibbetts Schulenburg, *Forgetful of Their Sex: Female Sanctity and Society, ca. 500-1100* (Chicago: University of Chicago Press, 2018).
8. Lyndal Roper, *The Holy Household: Women and Morals in Reformation Augsburg* (Oxford: Oxford University Press, 1991), pp. 1-2.
9. Merry E. Wiesner-Hanks, *Gender in History: Global Perspectives*, 2nd ed. (Malden, MA: Wiley-Blackwell, 2011), pp. 123-124.
10. Katherine L. French and Allyson M. Poska, *Women and Gender in the Western Past* (Boston: Houghton Mifflin, 2007), 1: p. 219.
11. Susan C. Karant-Nunn and Merry E. Wiesner-Hanks, *Luther on Women: A Sourcebook* (Cambridge: Cambridge University Press, 2003), p. 177.
12. Kirsi Stjerna, *Women and the Reformation* (Malden, MA: Blackwell, 2009), pp. 51-70.
13. Judith M. Bennett, *Ale, Beer, and Brewsters in England: Women's Work in a Changing World, 1300-1600* (New York: Oxford University Press, 1996), p. 146.
14. Bennett, *Ale, Beer, and Brewsters in England*, p. 149.
15. Wayne Watson, "Somewhere in the World", Spotify, track 6 on *Giants in the Land*, World Entertainment, 1985.

16   Yusufu Turaki, "Marriage and Sexual Morality", ESV.org, https://www.esv.org/resources/esv-global-study-bible/marriage-and-sexual-morality.

17   Katelyn Beaty, *A Woman's Place: A Christian Vision for Your Calling in the Office, the Home, and the World* (New York: Howard, 2016), p. 109.

18   Andrea L. Turpin, "All the Single Ladies in the Church", *The Anxious Bench* (blog), January 8, 2020, https://www.patheos.com/blogs/anxious-bench/2020/01/all-the-single-ladies-in-the-church.

19   Virginia Woolf, *A Room of One's Own* (New York: Harcourt, Brace, 1929). 『자기만의 방』(민음사).

20   Margaret Bendroth, *Fundamentalism and Gender, 1875 to the Present* (New Haven: Yale University Press, 1993), pp. 88-89.

21   Merry E. Wiesner-Hanks, *Women and Gender in Early Modern Europe*, 3rd ed. (Cambridge: Cambridge University Press, 2008), p. 216.

22   Argula von Grumbach, *A Woman's Voice in the Reformation*, ed. Peter Matheson (Edinburgh: T&T Clark, 1995), p. 90.

23   Wiesner-Hanks, *Women and Gender in Early Modern Europe*, p. 216.

24   *Writings of Edward the Sixth: William Hugh, Queen Catherine Parr, Anne Askew, Lady Zane Grey, Hamilton, and Balnaves* (London: Religions Tract Society, 1836), p. 12.

25   Wiesner-Hanks, *Women and Gender in Early Modern Europe*, p. 217.

26   Wiesner-Hanks, *Women and Gender in Early Modern Europe*, p. 281에서 재인용.

27   Nicole Beriou, "The Right of Women to Give Religious Instruction in the Thirteenth Century", in *Women Preachers and Prophets through Two Millennia of Christianity*, ed. Beverly Mayne Kienzle and Pamela J. Walker (Berkeley: University of California Press, 1998), pp. 138-139.

28   R. N. Swanson, *Religion and Devotion in Europe* (Cambridge: Cambridge University Press, 1995), p. 304.

29   나는 이 주장을 다음에서 확장한다. Beth Allison Barr, "Paul, Medieval Women, and Fifty Years of the CFH: New Perspectives", *Fides et Historia* 51, no. 1 (Winter/Spring 2019), pp. 1-17.

30   Lancelot Andrewes, *Apospasmatia Sacra; or, A Collection of Posthumous and Orphan Lectures Delivered at St. Paul's and St. Giles His Church by the Right Honourable Reverend Father in God, Lancelot Andrewes* (London: R. Hodgkinsonne, 1657), p. 235(강조는 내가 추가했다).

31 Isaac Marlow, A *Brief Discourse concerning Singing in the Public Worship of God in the Gospel-Church* (London: n.p., 1690), p. 21을 Beth Allison Barr, "Women in Early Baptist Sermons: A Late Medieval Perspective", *Perspectives in Religious Studies* 41, no. 1 (2014), pp. 13-29에서 재인용. 나는 이 논문에서도 바울에 대한 내 주장을 확장하여 제시한다.

32 Benjamin Keach, *An Answer to Mr. Marlow's Appendix* (London: n.p., 1691), pp. 34-35. 동료 사역자 Hanserd Knollys도 Marlow의 해석을 거부했다. Knollys의 응답처럼 "여성은 (남성처럼) 영혼과 목소리에 모두 노래의 본질을 지녔으며, 성인들의 교회 전체에서 여성도 말하도록 허용된다." Hanserd Knollys, *An Answer to a Brief Discourse concerning Singing in the Publick Worship of God in the Gospel-Church by I. M. 1690* (London: n.p., 1691), pp. 11-12.

33 Wiesner-Hanks, *Women and Gender in Early Modern Europe,* p. 281에서 재인용.

34 Beth Allison Barr, "'She Hungered Right So after God's Word': Female Piety and the Legacy of the Pastoral Program in the Late Medieval English Sermons of Bodleian Library MS Greaves 54", *Journal of Religious History* 39, no 1 (March 2015), pp. 31-50.

35 Roper, *Holy Household*, p. 2.

36 Ann Eljenholm Nichols, *Seeable Signs: The Iconography of the Seven Sacraments, 1350-1544* (Woodbridge, UK: Boydell & Brewer, 1997).

37 아내인 여성뿐 아니라 모든 여성을 위해 모임이 존재했지만, 여기서 French의 관찰 대상은 아내인 여성들이었다. Katherine L. French, *The Good Women of the Parish: Gender and Religion after the Black Death* (Philadelphia: University of Pennsylvania Press, 2008), p. 156.

38 French, *Good Women of the Parish*, p. 221.

39 Beth Allison Barr, "'He Is Bothyn Modyr, Broþyr, & Syster vn-to Me': Women and the Bible in Late Medieval and Early Modern English Sermons", *Church History and Religious Culture* 94, no. 3 (Summer 2014), pp. 297-315.

40 French, *Good Women of the Parish*, pp. 226-227, 230.

41 French, *Good Women of the Parish*, p. 230.

다섯　영어 성경 바깥으로 밀려난 여성

1. Aimee Byrd의 책에는 성경 역본들에 나타난 성 구분을 탁월하게 연구하고 다룬 장이 실렸다. *Recovering from Biblical Manhood and Womanhood: How the Church Needs to Rediscover Her Purpose* (Grand Rapids: Zondervan Reflective, 2020), pp. 31-48.
2. Susan Olasky, "Femme Fatale: The Feminist Seduction of the Evangelical Church", *World* 12, no. 2 (March 29, 1997), pp. 12-15, https://world.wng.org/1997/03/femme_fatale.
3. Susan Olasky, "The Battle for the Bible", *World* 12, no. 5 (April 19, 1997), pp. 14-18, https://world.wng.org/1997/04/the_battle_for_the_bible.
4. Wayne Grudem, "What's Wrong with 'Gender-Neutral' Bible Translations?" (pamphlet, The Council on Biblical Manhood and Womanhood, Libertyville, IL, 1997), p. 27, http://www.waynegrudem.com/wp-content/uploads/2012/03/What-s-Wrong-with-Gender-Neutral-Bible-Translations.pdf.
5. "Colorado Springs Guidelines for Translation of Gender-Related Language in Scripture", Bible Research, September 9, 1997, http://www.bible-researcher.com/csguidelines.html.
6. "Resolution on Bible Translation", Southern Baptist Convention, Dallas, TX, 1997, http://www.sbc.net/resolutions/284/resolution-on-bible-translation.
7. Wayne Grudem, "The 'Gender-Neutral' NIV: What Is the Controversy About?", *Journal of Biblical Manhood and Womanhood* 7, no. 1 (Spring 2002): p. 37.
8. Art Toalston, "James Dobson Joins Critics of Gender-Neutral NIV Revision", *Baptist Press*, February 6, 2002, http://www.bpnews.net/12684/james-dobson-joins-critics-of-genderneutral-niv-revision.
9. David Bayly, "Decline of the NIV?", *World* 14, no. 22 (June 5, 1999), https://world.wng.org/1999/06/decline_of_the_niv.
10. ESV 웹사이트는 이런 John Piper, R. C. Sproul, Joni Eareckson Tada 그리고 Steve Green을 포함하는 이런 "지지 글"의 일부를 제공한다. 다음을 보라. "Endorsements", ESV.org, https://www.esv.org/translation/endorsements.
11. 순교자 성 마그누스 교회의 명판에서 직접 가져왔다.

12 Beryl Smalley, *The Study of the Bible in the Middle Ages* (1964; repr., Notre Dame, IN: University of Notre Dame Press, 1978), p. xxvii. 『중세의 성경 연구』(솔로몬).

13 Frans van Liere, *An Introduction to the Medieval Bible* (Cambridge: Cambridge University Press, 2014), p. 189.

14 Henry Ansgar Kelly, *The Middle English Bible: A Reassessment* (Philadelphia: University of Pennsylvania Press, 2016), p. 67.

15 Kelly, *Middle English Bible*, p. 130.

16 Stephen Morrison, ed., *A Late Fifteenth-Century Dominical Sermon Cycle*, 2 vols. (Oxford: Oxford University Press, 2012), 1: pp. xxi-liii.

17 Kelly, *Middle English Bible*, p. 63.

18 James H. Morey, *Book and Verse: A Guide to Middle English Biblical Literature* (Champaign: University of Illinois Press), p. 2000.

19 "Class 5: The High Middle Ages", Capitol Hill Baptist Church, June 24, 2016, https://www.capitolhillbaptist.org/sermon/class-5-the-high-middle-ages.

20 마르틴 루터, 존 칼뱅, 울리히 츠빙글리를 다룬 Class 6, Class 7을 참고하라. https://www.capitolhillbaptist.org/resources/core-seminars/series/church-history.

21 Van Liere, *Introduction to the Medieval Bible*, p. 178.

22 Larissa Taylor, *Soldiers of Christ: Preaching in Late Medieval and Reformation France* (New York: Oxford University Press, 1992), p. 4; Beverly Kienzle, *The Sermon* (Turnhout, Belgium: Brepols, 2000), p. 143.

23 Beth Allison Barr, "Medieval Sermons and Audience Appeal after the Black Death", *History Compass* 16, no. 9 (2018): pp. 2-3, https://doi.org/10.1111/hic3.12478.

24 Grudem, "'Gender-Neutral' NIV", p. 37.

25 Vern S. Poythress, "Small Changes in Meaning Can Matter: The Unacceptability of the TNIV", *Journal of Biblical Manhood and Womanhood* 10, no. 2 (Fall 2005): pp. 28-34.

26 Poythress, "Small Changes in Meaning Can Matter", p. 28.

27 Richard S. Hess, "Splitting the Adam: The Usage of '*adam* in Genesis i-v", in *Studies in the Pentateuch*, ed. J. A. Emerton (Leiden: Brill, 1991), pp. 1-15; Beth Allison Barr, "Words That Matter: The Significance of 'Good Men and Women'", in *The Pastoral Care of Women in Late Medieval*

28 England (Woodbridge, UK: Boydell, 2008), pp. 36-42.
Salisbury Cathedral MS 3, folio 54v.
29 Bodleian Library MS Greaves 54, folio 35v. 자세한 논의와 사례는 다음을 보라. Beth Allison Barr, "'He Is Bothyn Modyr, Broþyr, & Syster vn-to Me': Women and the Bible in Late Medieval and Early Modern English Sermons", *Church History and Religious Culture* 94, no. 3 (Summer 2014): p. 306.
30 Morrison, *Late Fifteenth-Century Dominical Sermon Cycle*, 1: pp. 348-354. Barr, "'He Is Bothyn Modyr, Broþyr, & Syster vn-to Me'", pp. 306-307.
31 Bart Ehrman, *Whose Word Is It? The Story behind Who Changed the New Testament and Why* (New York: Continuum), p. 55.
32 Linda Woodbridge는 이를 다음에서 인용한다. *English Revenge Drama: Money, Resistance, Equality* (Cambridge: Cambridge University Press, 2010), p. 149.
33 Maurice S. Betteridge, "The Bitter Notes: The Geneva Bible and Its Annotations", *The Sixteenth Century Journal* 14, no. 1 (Spring 1983): pp. 41-62.
34 Femke Molekamp, "Genevan Legacies: The Making of the English Geneva Bible", in *The Oxford Handbook of the Bible in Early Modern England, 1350-1700,* ed. Kevin Killeen, Helen Smith, and Rachel Willie (Oxford: University Press, 2015), p. 52.
35 이 주제에 관한 자세한 내용은 KJV를 다룬 내 글에서 각주로 달린 참고 문헌을 보라. Beth Allison Barr, "The Word That Endureth Forever: A Century of Scholarship on the King James Version", in *The King James Bible and the World It Made*, ed. David Lyle Jeffrey (Waco: Baylor University Press, 2011), pp. 149-176.
36 David Crystal, *Begat: The King James Bible and the English Language* (Oxford: Oxford University Press, 2010), pp. 110-111, 237, 32, 86, 258(쪽수는 각 인용구를 가리킨다).
37 Dorothy L. Sayers, *Are Women Human? Penetrating, Sensible, and Witty Essays on the Role of Women in Society* (1971; repr., Grand Rapids: Eerdmans, 2005), pp. 53-54. 『여성은 인간인가?』(IVP).
38 Hilda L. Smith, *All Men and Both Sexes: Gender, Politics, and the False Universal in England, 1640-1832* (University Park: Pennsylvania State University Press, 2002), pp. 198-200.

39 William Gouge, "VIII. Duties of Masters", in *Of Domesticall Duties: Eight Treatises* (1622; repr., Ann Arbor: Text Creation Partnership, 2011), A2r-A5r, http://name.umdl.umich.edu/A68107.0001.001. 그는 도입부 끝에 자신의 선택에 대해 설명한다. 나는 내 논문에서 Gouge를 다룬다. "'He Is Bothyn Modyr, Broþyr, & Syster vn-to Me'", pp. 307-308.
40 Gouge, *Of Domesticall Duties*, A2r-A5r.
41 Lucy Peppiatt, *Rediscovering Scripture's Vision for Women: Fresh Perspectives on Disputed Texts* (Downers Grove, IL: IVP Academic, 2019), pp. 132-134.
42 Peppiatt, *Rediscovering Scripture's Vision for Women*, p. 139.
43 Rodney Stark, "Reconstructing the Rise of Christianity: The Role of Women", *Sociology of Religion* 56, no. 3 (1995): p. 238를 Peppiatt, *Rediscovering Scripture's Vision for Women*, p. 134에서 재인용했다.
44 Naomi Tadmor, *The Social Universe of the English Bible: Scripture, Society, and Culture in Early Modern England* (Cambridge: Cambridge University Press, 2010), pp. 58-67. 나는 이를 2014년 논문에서도 다뤘다. "'He Is Bothyn Modyr, Broþyr, & Syster vn-to Me'", pp. 304, 313.
45 Tadmor, *Social Universe of the English Bible*, p. 67.
46 Tadmor, *Social Universe of the English Bible*, pp. 67-68.
47 Tadmor, *Social Universe of the English Bible*, pp. 58-59.

여섯   신성화된 종속

1 *Speculum Sacerdotale: Edited from British Museum MS. Additional 36791*, ed. E. H. Weatherly (London: Oxford University Press, 1936), p. 128.
2 James Brundage, *Law, Sex, and Christian Society in Medieval Europe* (1987; repr., Chicago: University of Chicago Press, 2009), pp. 198, 241-242.
3 Marilyn J. Westerkamp, *Women and Religion in Early America, 1600-1850: The Puritan and Evangelical Traditions* (New York: Routledge, 1999), pp. 131-133.
4 Westerkamp, *Women and Religion in Early America*, pp. 4-5.
5 Merry E. Wiesner-Hanks, Gender in History: Global Perspectives, 2nd ed. (Malden, MA: Wiley-Blackwell, 2011), p. 123.
6 Lynn Abrams, *The Making of Modern Woman: Europe, 1789-1918* (New York: Longman, 2002), p. 43.

7   Margaret Bendroth, *Fundamentalism and Gender, 1875 to the Present* (New Haven: Yale University Press, 1993), p. 69.
8   Abrams, *Making of Modern Woman*, p. 157.
9   Catherine A. Brekus, *Strangers and Pilgrims: Female Preaching in America, 1740-1845* (Chapel Hill: University of North Carolina Press, 2000), p. 153.
10   Abrams, *Making of Modern Woman*, p. 48.
11   Abrams, *Making of Modern Woman*, p. 48.
12   John MacArthur는 Beth Moore에게 2019년 "진리가 중요하다" 학회에서 이렇게 말했다. 이 내용을 다룬 팟캐스트는 다음과 같다. "John MacArthur's Truth Matters Conference: SBC Meltdown", October 20, 2019, in *The Reformed Rant* podcast, Stitcher, 51:08, https://www.stitcher.com/podcast/the-reformed-rant/e/64717094?autoplay=true.
13   Katherine L. French and Allyson M. Poska, *Women and Gender in the Western Past* (Boston: Houghton Mifflin, 2007), 2: p. 262.
14   French and Poska, *Women and Gender in the Western Past*, 2, p. 263.
15   Jean-Jacques Rousseau, *Emile* (London: Dent, 1948), p. 349. 『에밀』(돋을새김). Abrams, *Making of Modern Woman*, pp. 45-46도 보라.
16   French and Poska, *Women and Gender in the Western Past*, 2: p. 314에서 재인용. 다음을 보라. pp. 262-263.
17   French and Poska, *Women and Gender in the Western Past*, 2: p. 297.
18   Joyce Burnette, *Gender, Work and Wages in Industrial Revolution Britain* (Cambridge: Cambridge University Press, 2008), p. 134에서 재인용.
19   French and Poska, *Women and Gender in the Western Past*, 2: pp. 309-310에서 재인용.
20   Barbara Welter, "The Cult of True Womanhood", *American Quarterly* 18, no. 2 (1966): pp. 151-174에서 재인용.
21   French and Poska, *Women and Gender in the Western Past*, 2: pp. 313-314.
22   Judith Bennett, *History Matters: Patriarchy and the Challenge of Feminism* (Philadelphia: University of Pennsylvania Press, 2006), p. 54.
23   Kate Bowler, *The Preacher's Wife: The Precarious Power of Evangelical Women Celebrities* (Princeton: Princeton University Press, 2019), pp. 172-173.
24   Bowler, *Preacher's Wife*, p. 14.
25   Brekus, *Strangers and Pilgrims*, p. 152.
26   Brekus, *Strangers and Pilgrims*, p. 341.
27   Brekus, *Strangers and Pilgrims*, p. 340.

28 Randall Balmer, "American Fundamentalism: The Ideal of Feminin", in *Fundamentalism and Gender*, ed. John Stratton Hawley (New York: Oxford University Press, 1994), p. 55.
29 P. J. Tibayan, "Seeing Jesus on the Stage of Marriage", in *Happily Ever After: Finding Grace in the Messes of Marriage* (Minneapolis: Cruciform, 2016), p. 5.
30 Abrams, *Making of Modern Woman*, p. 29에서 재인용.
31 Shari Puterman, "Meet the Transformed Wife, Whose 'Working Mom' Chart Rocked the World", *Daily Advertiser*, December 23, 2018, https://www.theadvertiser.com/story/life/allthemoms/2018/12/17/story-behind-transformed-wifes-working-moms-chart/2317019002. 또한 *The Transformed Wife* 블로그 https://thetransformedwife.com를 보라.
32 "What Americans Think about Women in Power", Barna Group, March 8, 2017, https://www.barna.com/research/americans-think-women-power.

일곱 복음 진리가 된 성경적 여성

1 Russell D. Moore, "After Patriarchy, What? Why Egalitarians Are Winning the Gender Debate", *Journal of the Evangelical Theological Society* 49, no. 3 (September 2006): p. 572, https://www.etsjets.org/files/JETS-PDFs/49/49-3/JETS_49-3_569-576_Moore.pdf.
2 Moore, "After Patriarchy, What?", p. 571.
3 Moore, "After Patriarchy, What?", pp. 569, 576.
4 엘름모트 제일침례교회의 기록들은 여전히 정리되지 않은 채 베일러 대학교가 소장 중이다. 교회에 대한 역사적 기록 중 일부는 다음에 보존되어 있다. Hay Battaile, "A History of First Baptist Church of Elm Mott, Elm Mott, Texas, 1879-1979", 1979, Elm Mott First Baptist Church Records, The Texas Collection, Baylor University. 루이스 볼 여사에 관한 기록은 p. 10-11에 나오며, 손으로 쓰였기에 판독이 어렵지만, 매우 많은 정보가 기입되어 있다. 이후 인용들은 이 기록에서 왔다.
5 Elm Mott First Baptist Church Records, The Texas Collection, Baylor University.
6 Carol Ann Vaughn, "Baptist Women: Ordination within the Historical SBC", Good Faith Media, September 12, 2000, https://goodfaithmedia.

	org/baptist-women-ordination-within-the-historical-sbc-cms-414; Harry N. Hollis Jr., *Christian Freedom for Women and Other Human Beings* (Nashville: Broadman, 1974).
7	Charles Deweese, *Women Deacons and Deaconesses: 400 Years of Baptist Service* (Macon, GA: Mercer University Press, 2005), p. 11.
8	*The Broadman Bible Commentary*, vol. 10, *Acts-1 Corinthians* (London: Marshall, Morgan & Scott, 1971). 롬 16장에 관한 논의를 보라.
9	Timothy Larsen, "Evangelicalism's Strong History of Women in Ministry", *Reformed Journal* 5, no. 32 (September/October2017), https://reformedjournal.com/evangelicalisms-strong-history-women-ministry.
10	Larsen, "Evangelicalism's Strong History."
11	Larsen, "Evangelicalism's Strong History."
12	Wayne Grudem, "Women Pastors: Not the 'Path to Blessing'", Laura Sheahen이 진행한 인터뷰, *Beliefnet*, October 2006, https://www.beliefnet.com/faiths/christianity/2006/10/women-pastors-not-the-path-to-blessing.aspx.
13	Grudem, "Women Pastors."
14	Larsen, "Evangelicalism's Strong History."
15	Bettye Collier-Thomas, *Daughters of Thunder: Black Women Preachers and Their Sermons, 1850-1979* (San Francisco: Jossey-Bass, 1998).
16	Collier-Thomas, *Daughters of Thunder*, p. 91.
17	Collier-Thomas, *Daughters of Thunder*, pp. 153-154.
18	Florence Spearing Randolph, "If I Were White", in Collier-Thomas, *Daughters of Thunder*, pp. 128-129에 수록; John Piper, "Can a Woman Preach if Elders Affirm It?", February 6, 2015, in *Ask Pastor John* podcast, Desiring God, https://www.desiringgod.org/interviews/can-a-woman-preach-if-elders-affirm-it; Mary A. Kassian, "Women Teaching Men—How Far Is Too Far?", Desiring God, May 21, 2016, https://www.desiringgod.org/articles/women-teaching-men-how-far-is-too-far.
19	Curtis Freeman, *A Company of Women Preachers: Baptist Prophetesses in Seventeenth-Century England* (Waco: Baylor University Press, 2011), pp. 608, 610에서 재인용.
20	Hanserd Knollys, introduction to *A Christian Woman's Experiences of the Glorious Working of God's Free Grace*, Katherine Sutton (Rotterdam: Henry Goddæus, 1663; Rochester, NY: American Baptist Historical Society, 1981)을 Freeman, *Company of Women Preachers*, p. 592에서 인용.

	내 논문에서도 Sutton을 다루었다. "Women in Early Baptist Sermons: A Late Medieval Perspective", *Perspectives in Religious Studies* 41, no. 1 (2014): pp. 13-29.
21	Jacqueline Murray, "One Flesh, Two Sexes, Three Genders?", in *Gender and Christianity in Medieval Europe: New Perspectives*, ed. Lisa M. Bitel and Felice Lifshitz (Philadelphia: University of Pennsylvania Press, 2013), p. 49.
22	Kathleen Blumreich, ed., *The Middle English "Mirror": An Edition Based on Bodleian Library MS Holkham Misc. 40* (Tempe, AZ: Arizona Center for Medieval and Renaissance Studies, 2002), p. 86(pp. 82-87도 보라). 나는 여기와 이후 인용 시 중세 영어를 현대 영어로 바꾸었다.
23	Kathleen Blumreich, "'I Ne Sey Noght Is in Despyt of Women': Antifeminism in Robert de Gretham's Mirror", *Medieval Feminist Forum: A Journal of Gender and Sexuality* 38, no. 1 (2004): p. 42.
24	Geoffrey Chaucer, *The Riverside Chaucer*, ed. Larry D. Benson, 3rd ed. (Boston: Houghton Mifflin, 1987), pp. 262-269.
25	Karen Winstead, *Chaste Passions: Medieval English Virgin Martyr Legends* (Ithaca, NY: Cornell University Press, 2000). 그녀가 쓰듯 "일부 독자는 본문 대부분의 특징이기도 한, 너무 경박한 말투와 거친 언어에 불쾌감을 느낄 수 있다. 성인, 특히 여성 성인이 선원처럼 욕을 하리라고 기대하는 사람은 거의 없을 것이다. 신성함과 불경함을 이분법으로 나눠 생각하는 이들이 이런 이야기에서 얻을 주요 교훈 중 하나는, 중세의 성스러운 문화 속에 불경함이 얼마나 많이 녹아 있었는가 하는 점이다"(p. 5).
26	Blumreich, *Middle English "Mirror"*, p. 87.
27	Winstead, *Chaste Passions*, pp. 53-54.
28	Winstead, *Chaste Passions*, pp. 49-60.
29	Marilyn J. Westerkamp, *Women and Religion in Early America, 1600-1850: The Puritan and Evangelical Traditions* (New York: Routledge, 1999), p. 180.
30	Jemar Tisby, *The Color of Compromise: The Truth about the American Church's Complicity in Racism* (Grand Rapids: Zondervan Reflective, 2019), p. 19.
31	Coventry Patmore, *The Angel in the House* (London: Cassell & Company, 1887). "집의 천사"라는 표현은 이상적인 빅토리아 시대 여성, 곧 가정에 헌신적이며 사랑을 베푸는 (그리고 복종하는) 아내이자 어머니를 묘사한다.

32 Dorothy L. Sayers, "Are Women Human?", in *Are Women Human? Penetrating, Sensible, and Witty Essays on the Role of Women in Society* (1971; repr., Grand Rapids: Eerdmans, 2005), p. 49.

33 다음을 보라. Margaret Bendroth, *Fundamentalism and Gender, 1875 to the Present* (New Haven: Yale University Press, 1993) 그리고 George Marsden, *Fundamentalism and American Culture*, 2nd ed. (New York: Oxford Uni- versity Press, 2006).

34 Bendroth, *Fundamentalism and Gender*, p. 33.

35 무오성 문제는 간단하지 않다. Barry Hankins가 *Uneasy in Babylon: Southern Baptist Conservatives and American Culture* (Tuscaloosa: University of Alabama Press, 2002), pp. 4-5에서 설명하듯, 다양한 유형의 무오성이 있다. 그러나 나의 남침례교 세상에서 무오성이란 제로섬 게임이었다. Hankins는 "남침례회(SBC) 논란 때처럼, 대중적 의미에서는 과학, 역사를 포함해 성경에 대해 제기되는 모든 문제에 단순히 오류가 없다는 뜻이다"(p. 4).

36 Hankins, *Uneasy in Babylon*, p. 5.

37 Bendroth, *Fundamentalism and Gender*, p. 36.

38 사례로는 다음을 보라. John R. Rice, *Bobbed Hair, Bossy Wives, and Women Preachers: Significant Questions for Honest Christian Women Settled by the Word of God* (Murfreesboro, TN: Sword of the Lord, 1941), pp. 14-15. 무오성과 성의 연관성에 관한 더 자세한 내용은 다음을 보라. Bendroth, *Fundamentalism and Gender*, pp. 34-36, Kristin Kobes Du Mez, *Jesus and John Wayne: How White Evangelicals Corrupted a Faith and Fractured a Nation* (New York: Liveright, 2020), pp. 108-109.

39 Bendroth, *Fundamentalism and Gender*, p. 36에서 재인용.

40 Du Mez, *Jesus and John Wayne*, pp. 108-109.

41 Kevin Giles가 쓰듯 "이는 아타나시우스가 *Four Orations Against the Arians*의 첫 장에서 주장하는 바의 핵심이다." Kevin Giles, *The Trinity and Subordinationism: The Doctrine of God and the Contemporary Gender Debate* (Downers Grove, IL: InterVarsity, 2002), p. 41n37.

42 Katherine L. French and Allyson M. Poska, *Women and Gender in the Western Past* (Boston: Houghton Mifflin, 2007), 2: p. 519.

43 Mary Stewart Van Leeuwen, *A Sword between the Sexes? C. S. Lewis and the Gender Debates* (Grand Rapids: Brazos, 2010), pp. 70-87.

44 Giles, *Trinity and Subordinationism*, pp. 21-28.

45 Bruce Ware, *Big Truths for Young Hearts: Teaching and Learning the Greatness of God* (Wheaton, IL: Crossway, 2009), pp. 55-56. 『부모와 함께하는 청소년 교리 교실』(부흥과개혁사).

46 Aimee Byrd, *Recovering from Biblical Manhood and Womanhood: How the Church Needs to Rediscover Her Purpose* (Grand Rapids: Zondervan Reflective, 2020), p. 100.

47 Byrd, *Recovering from Biblical Manhood and Womanhood*, p. 101.

48 Phillip Cary, "The New Evangelical Subordinationism: Reading Inequality into the Trinity", in *The New Evangelical Subordinationism?: Perspectives on the Equality of God the Father and God the Son*, ed. Dennis W. Jowers and H. Wayne House (Eugene, OR: Pickwick, 2012), p. 1를 Van Leeuwen, *Sword between the Sexes?*, p. 80에서 재인용.

49 Giles, Trinity and Subordinationism, p. 41.

50 Giles, Trinity and Subordinationism, pp. 43-52.

51 Giles, Trinity and Subordinationism, p. 15.

52 Giles, Trinity and Subordinationism, pp. 109-112. Giles는 Karl Barth가 주장한 내용, 곧 "타락한 인간관계에서 신적 관계로" 비유적으로 이동하는 것이 신학적 오류의 가장 흔한 원인이라고 주장한다(p. 110).

53 Judith M. Bennett and Sandy Bardsley, *Medieval Europe: A Short History*, 12th ed. (New York: Oxford University Press, 2020), p. 47.

54 R. P. C. Hanson, *The Search for the Christian Doctrine of God: The Arian Controversy, 318-381* (London: T&T Clark, 2005), p. 122.

55 Byrd, *Recovering from Biblical Manhood and Womanhood*, p. 101.

56 Lynne Hybels, *Nice Girls Don't Change the World* (Grand Rapids: Zondervan, 2005), p. 24.

57 "Baptist Faith and Message 2000", Southern Baptist Convention, June 14, 2000, http://www.sbc.net/bfm2000/bfm2000.asp, "XVIII. The Family."라는 제목이 달린 단락을 보라.

58 "Foundational Documents: Confessional Statement", The Gospel Coalition, https://www.thegospelcoalition.org/about/foundation-documents/#confessional-statement.

59 Denny Burk, "How Complementarianism Is a Gospel Issue", *Denny Burk* (blog), August 16, 2012, https://www.dennyburk.com/why-complementarianism-is-a-gospel-issue.

여덟 여성이 해방될 시간

1. Alyssa Milano (@Alyssa_Milano), "If you've been sexually harassed or assaulted", Twitter, October 15, 2017, 4:21 p.m., https://twitter.com/Alyssa_Milano/status/919659438700670976.
2. Beth Allison Barr (@bethallisonbarr), "#Me Too: Thanks @kkdumez", Twitter, October 19, 2017, 10:04 a.m., https://twitter.com/bethallisonbarr/status/921014090197291008.
3. Kristin Kobes Du Mez, *Jesus and John Wayne: How White Evangelicals Corrupted a Faith and Fractured a Nation* (New York: Liveright, 2020), p. 76. Du Mez는 pp. 74-78에서 Bill Gothard의 사역 초기 스캔들을 비롯해 그의 사역이 부상했던 당시 상황을 설명한다.
4. Kate Bowler, *The Preacher's Wife: The Precarious Power of Evangelical Women Celebrities* (Princeton: Princeton University Press, 2019), p. ix.
5. Matt Mencarini, "The Sacrifice", *Courier Journal*, September 4, 2019, https://www.courier-journal.com/in-depth/news/2019/09/04/rachael-denhollander-sacrifice-continues-after-accusing-usa-gymnastics-larry-nassar/1919109001.
6. Bob Newhart, "Stop It!", Mad TV, season 6, episode 24, May 12, 2001 방영, YouTube video, 6:04 at 3:07, https://www.youtube.com/watch?v=4BjKS1-vjPs.
7. Du Mez, *Jesus and John Wayne*, pp. 292-294.
8. Du Mez, *Jesus and John Wayne*, pp. 282-283.
9. Du Mez, *Jesus and John Wayne*, pp. 279-280.
10. Robert Downen, Lise Olsen, and John Tedesco, "Abuse of Faith", *Houston Chronicle*, February 10, 2019, https://www.houstonchronicle.com/news/investigations/article/Southern-Baptist-sexual-abuse-spreads-as-leaders-13588038.php.
11. Du Mez, *Jesus and John Wayne*, p. 294.
12. Downen, Olsen, and Tedesco, "Abuse of Faith."
13. Ed Stetzer, "Complementarians in Closed Rooms", The Exchange, *Christianity Today*, (June 19, 2020), https://www.christianitytoday.com/edstetzer/2020/june/complementarians-closed-rooms-aimee-byrd-beth-moore.html.
14. Gerda Lerner, *The Creation of Patriarchy* (New York: Oxford Uni Press,

1986), p. 229. 『가부장제의 창조』(당대).

15 Kevin Giles, "Complementarian Theology in Crisis", in *Eyes to See and Ears to Hear Women: Sexual Assault as a Crisis of Evangelical Theology*, ed. Tim Krueger (Minneapolis: CBE International, 2018), p. 60, https://www.cbeinternational.org/resource/article/complementarian-theology-crisis.

16 Katie Geneva Cannon, "Slave Ideology and Biblical Interpretation", in *Katie's Canon: Womanism and the Soul of the Black Community* (New York: Continuum, 1995), p. 41.

17 Mitzi J. Smith, "'This Little Light of Mine': The Womanist Biblical Scholar as Prophetess, Iconoclast, and Activist", in *I Found God in Me: A Womanist Biblical Hermeneutics Reader*, ed. Mitzi J. Smith (Eugene, OR: Cascade Books, 2015), p. 111.

18 Mary Stewart Van Leeuwen, *A Sword between the Sexes? C. S. Lewis and the Gender Debates* (Grand Rapids: Brazos, 2010), pp. 80-81.

19 Van Leeuwen, *Sword between the Sexes?*, pp. 80-81.

20 Christine de Pizan, *The Book of the City of Ladies*, trans. Earl Jeffrey Richards (New York: Persea, 1982), pp. 3-5. 다음도 보라. Roberta Krueger, "Towards Feminism: Christine de Pizan, Female Advocacy, and Women's Textual Communities in the Late Middle Ages and Beyond", in Judith Bennett and Ruth Mazos Karras, *The Oxford Handbook of Women and Gender in Medieval Europe* (New York: Oxford University Press, 2013), pp. 590-606.

21 Krueger, "Towards Feminism", in Bennett and Karras, *Oxford Handbook of Women and Gender*, pp. 598-601에 수록.

22 Carolyn Dinshaw, *Chaucer's Sexual Poetics* (Madison: University of Wisconsin Press, 1989), p. 130에서 재인용.

23 Du Mez, *Jesus and John Wayne*, pp. 289-290. 다음도 보라. Jesse Carey, "Paige Patterson Made Some Really Creepy Comments about a 16-Year-Old Girl When He Was President of the SBC", *Relevant Magazine*, (May 2, 2018), https://relevantmagazine.com/god/church/paige-patterson-made-really-creepy-comments-16-year-old-girl-president-sbc.

24 Beverly Mayne Kienzle and Pamela J. Walker, eds., *Women Preachers and Prophets through Two Millennia of Christianity* (Berkeley: University of California Press, 1998), p. xiv.

25 Darleen Pryds, "Proclaiming Sanctity through Proscribed Acts: The Case

of Rose of Viterbo", in Kienzle and Walker, *Women Preachers and Prophets*, p. 16.

26 E. Sylvia Pankhurst, *The Suffragette: The History of the Women's Militant Suffrage Movement, 1905-1910* (New York: Sturgis & Walton, 1911), p. 209. 다음도 보라. Laura E. Nym Mayhall, *The Militant Suffrage Movement: Citizenship and Resistance in Britain, 1860-1930* (New York: Oxford University Press, 2003). 다음도 보라. the Royal Albert Hall website: https://www.royalalberthall.com.

27 잉글랜드의 참정권 및 인종에 대한 더 자세한 내용은 다음을 보라. Ian Christopher Fletcher, Laura E. Nym Mayhall, and Philippa Levine, eds., *Women's Suffrage in the British Empire: Citizenship, Nation and Race* (New York: Routledge, 2000).

28 Timothy Larsen은 "여성 유권자가 과반수를 넘지 않게 하고자 이 법안의 조항은 의도적으로 남성보다 여성의 자격에 제약을 두었음"을 일깨워 준다. Timothy Larsen, *Christabel Pankhurst: Fundamentalism and Feminism in Coalition* (Woodbridge, UK: Boydell, 2002), p. 9n20.

29 "Her Majesty and the Women's National Service Movement", *The Illustrated London News*, March 24, 1917, https://babel.hathitrust.org/cgi/pt?id=njp.32101059281764&view=1up&seq=359.

30 Martin Clayton and Bennett Zon, eds., *Music and Orientalism in the British Empire, 1780s-1940s: Portrayal of the East* (New York: Routledge, 2016), pp. 99-100. "예루살렘"(Jerusalem)은 로열 앨버트 홀에서 개최되는 프롬스(매년 7-8월, 8주간 로열 앨버트 홀에서 개최되는 산책 음악회 - 옮긴이)의 마지막 밤에 여전히 불린다.

31 William Blake, "And Did Those Feet in Ancient Time", in *English Romantic Poetry: An Anthology*, ed. Stanley Appelbaum (Mineola, NY: Dover, 1996), p. 22.

32 Beth Moore (@BethMooreLPM), "Is to grapple with the entire text", Twitter, May 11, 2019, 9:51 a.m., https://twitter.com/bethmoorelpm/status/1127209694500671489; Beth Moore (@bethmoorelpm), "Above all else", Twitter, May 11, 2019, 9:57 a.m., https://twitter.com/bethmoorelpm/status/1127211070811197440.

33 Van Leeuwen, *Sword between the Sexes?*, p. 80.

옮긴이 **이민희**는 대학 및 대학원에서 도시 계획과 토목공학을 공부했고, 다시 대학원에서 신학을 공부했다. 우리말로 옮긴 책으로는 『우리가 예배하는 하나님』, 『다시 읽는 아우구스티누스』(이상 공역, 도서출판100), 『사막의 지혜』(공역), 『그리스도교를 다시 묻다』(이상 비아), 『담대한 믿음』(이레서원), 『선교를 이루는 영성』(브랜든선교연구소)이 있다.

처치 걸

초판 발행_ 2023년 6월 21일

지은이_ 베스 앨리슨 바
옮긴이_ 이민희
펴낸이_ 정모세

펴낸곳_ 한국기독학생회출판부
등록번호_ 제2001-000198호(1978.6.1)
주소_ 04031 서울시 마포구 동교로 156-10
대표 전화_ (02)337-2257 팩스_ (02)337-2258
영업 전화_ (02)338-2282 팩스_ 080-915-1515
홈페이지_ http://www.ivp.co.kr 이메일_ ivp@ivp.co.kr
ISBN 978-89-328-2170-2

ⓒ 한국기독학생회출판부 2023

책값은 뒤표지에 있습니다.
무단 전재와 복제를 금합니다.